高等院校电子商务职业细分化创新型规划教材

ECETC | 电子商务从业人员培训考试认证项目指定教材

郭占锋◎主编

张赟◎副主编

人 民 邮 电 出 版 社

北 京

图书在版编目（CIP）数据

商品信息采编与专业优化 / 郭占锋主编. -- 北京 :
人民邮电出版社, 2016.8
高等院校电子商务职业细分化创新型规划教材
ISBN 978-7-115-42707-6

Ⅰ. ①商… Ⅱ. ①郭… Ⅲ. ①商品信息－信息处理－
高等学校－教材 Ⅳ. ①F713.51

中国版本图书馆CIP数据核字(2016)第132236号

内 容 提 要

本书从商品采编的基本概念和岗位技能入手，系统介绍各种商品采编的具体方法，分别介绍了美容护肤类商品、3C 数码类商品、服装配饰类商品、金属制品类商品、玻璃制品类商品的采编方法。书中引用了大量的实例资料，每个任务都由任务目标、任务描述、任务实施、任务评价这几个部分组成；各任务都设有“实战训练”栏目，帮助读者强化技能学习；各项目后均附有项目小结，帮助读者更好地理解和掌握。

本书不仅可以作为高等院校电子商务及相关专业的教材，也可供相关从业人员学习和参考。

◆ 主　　编　郭占锋
副 主 编　张　赟
责任编辑　刘　琦
执行编辑　朱海昀
责任印制　焦志炜

◆ 人民邮电出版社出版发行　　北京市丰台区成寿寺路 11 号
邮编　100164　　电子邮件　315@ptpress.com.cn
网址　http://www.ptpress.com.cn
北京隆昌伟业印刷有限公司印刷

◆ 开本：787×1092　1/16
印张：14.25　　2016 年 8 月第 1 版
字数：374 千字　　2016 年 8 月北京第 1 次印刷

定价：36.00 元

读者服务热线：(010)81055256　印装质量热线：(010)81055316
反盗版热线：(010)81055315

前言 —— FOREWORD

伴随我国电子商务的快速发展以及消费者在线购物的普及，电子商务这一现代交易形式受到更多企业的关注。与此同时，与电子商务紧密联系的商品信息采编工作也受到了更多人的重视。电子商务要想顺利开展，就必须要有科学、有效的商品信息采编作为辅助和支撑。

为了更好地帮助读者了解和掌握商品信息采编的工作，上海科学技术职业学院、遵义职业技术学院与上海商派网络科技有限公司组织国内行业专家，严格按照职业任务和技能要求，合作开发了本书。

本书的目标

本书编写的宗旨在于帮助读者系统地了解电子商务环境下商品信息采编的整个工作体系，并加深对商品采编实践的认识，掌握相应操作技能。本书首先明确了商品信息采编的定义和不同岗位的技能要求，并指出了商品信息采编的未来发展趋势。然后，书中按照商品的拍摄方法、图片美化、详情页制作这样的逻辑体系，分别对美容护肤品类商品、3C 数码类商品、服装配饰类商品、金属制品类商品、玻璃制品类商品进行了详细的操作解读。

内容特点

内容新颖、知识丰富：本书介绍了商品信息采编与专业优化方面的理论和实践知识，观点新颖，涵盖了网络销售中主流商品的信息采编与优化技能。

素材精美、操作性强：本书在商品图片素材的选取上力求精益求精，每种商品的采编与优化技能讲解详尽，易于学习者操作。

理实一体、强调实用：本书既融合了编者丰富的课堂教学经验，又融合了企业进行商品信息采编与优化的实践，具有较强的实用性。

体例特色

在对众多培训学校目前教学方式、教学内容等方面长达一年的调研基础上，编者有针对性地设计并编写了本书。全书体例特色如下。

- **情景导入：**以主人公“小李”的工作情景模式为例，引入本项目教学主题，帮助读者了解相关知识点在实际工作中的应用情况。
- **任务讲解：**结合读者阅读习惯，以任务的方式将必备的理论知识进行系统解析，并通过大量图片、图形和表格等形式，对枯燥的理论知识加以形象化说明，便于读者理解，提高学习效率。

FOREWORD

- **实战训练和任务评价**：每个任务完成后，结合实际工作的需要给出实训，充分训练读者的实践能力。读者完成本任务的学习后可以进行相关评价和自我总结。
- **项目小结**：通过项目小结对每个项目所讲的内容进行一次系统梳理，使读者在学习完每一个项目内容后，更好地温故。

本书配有 PPT 课件、教学素材等教学资源。选书的老师可以登录人民邮电出版社教学服务与资源网下载资源（www.ryjiaoyu.com）。读者还可以登录"我的书库网"（http://study.wdwd.net）获取相关教学资源，进行自主学习及交流活动。

本书由上海科学技术职业学院的郭占锋担任主编，遵义职业技术学院的张赟担任副主编。由于编者水平和经验有限，书中难免有欠妥和错误之处，恳请广大读者批评指正。

编者

2016 年 3 月

目录 —— CONTENTS

CONTENTS

目录 —— CONTENTS 

CONTENTS

目录 —— CONTENTS

CONTENTS

01 项目一 商品信息采编认知

小李毕业后到一家电子商务企业工作，所在部门主要负责商品信息采编。公司要对新员工进行岗前培训，部门经理向新员工说明商品信息采编的具体工作职责，以及公司对商品信息采编工作人员的具体要求。公司希望通过培训，使小李等新员工在实际工作中对该岗位有更加深刻的理解与认识。

知识目标

- 了解商品信息采编的定义
- 理解商品信息采编不同岗位的技能要求
- 了解商品信息采编的未来发展趋势

技能目标

- 掌握商品信息采编的技术工艺流程
- 掌握商品拍摄的方法
- 掌握使用工具软件进行图片的处理
- 掌握平台的使用方法

素养目标

- 具有良好的条理性
- 具有综合性思维能力

任务 1.1 了解商品信息采编的定义

任务目标

了解商品信息采编的定义。

掌握商品信息采编的技术工艺流程。

理解商品信息采编在电子商务中的重要性。

理解商品信息采编工作岗位的设置。

任务描述

本任务介绍了商品信息采编的定义和商品信息采编在电子商务中的重要性，以及 3 种类型的商品信息采编工作的岗位设置。读者通过学习需要掌握商品信息采编的技术工艺流程，明确商品信息采编岗位的重要意义。

任务实施

1.1.1 商品信息采编的含义

商品信息采编就是将商品信息进行编辑整理的过程。下面对商品信息采编的概述和商品信息采编的技术工艺流程进行具体介绍。

1. 商品信息采编概述

如果需要购买一支笔，在文具商店的货架上，可以看到摆放的笔的颜色、形状、造型，能拿在手上感受一下它，甚至可以用它写几个字判断是否合手，写起来是否流畅，比较一下几种不同的笔，最终买下心仪的一支。传统的购物过程中，这些都是自然而然的，因为真实的商品就在眼前。

当我们在网店中购买这支笔时，由于无法触摸并感知，只能通过展示商品的图片来感受，这些图片是否美观，信息是否全面都直接影响着消费者的购买决定，因此这是一个非常重要的环节。

通常要由专业人员通过对商品进行拍摄、美化、页面制作等步骤来完成，这一系列的工作被称为商品信息的采集与编辑，简称为商品信息采编。

2. 商品信息采编的技术工艺流程

如今，越来越多的人会在网上发布自己的旅游攻略，一方面可以对自己的游玩做一次纪念总结，另一方面可以向大家分享自己的游览心得和经验。旅游攻略的内容主要由 3 个部分组成，即风景拍摄、风景图片的美化和游记的写作。

商品信息采编的流程与旅游攻略的写作流程具有相似性，一般包括 3 个环节：商品拍摄、图片美化、详情页设计，图 1-1 所示为旅游攻略的写作流程与商品采编的 3 个环节。

（1）商品拍摄。写一篇图文并茂的旅游攻略，首先需要拍摄大量的风景图片和人物图片，用图片来展示和记录景区美丽的风景和独特的人文气息。商品的拍摄也是一样，在正式拍摄之前，要考虑所拍摄商品的特性和实际情况，将拍摄场地选在摄影棚或合适的室内外。然后，利用专业的摄影器材和拍摄方法多角度拍摄商品，将商品的各种信息和特点都尽量用照片体现出来，让照片上的商品呈现最佳效果，图 1-2 所示为商品拍摄流程，图 1-3 所示为商品室内拍摄的场景。

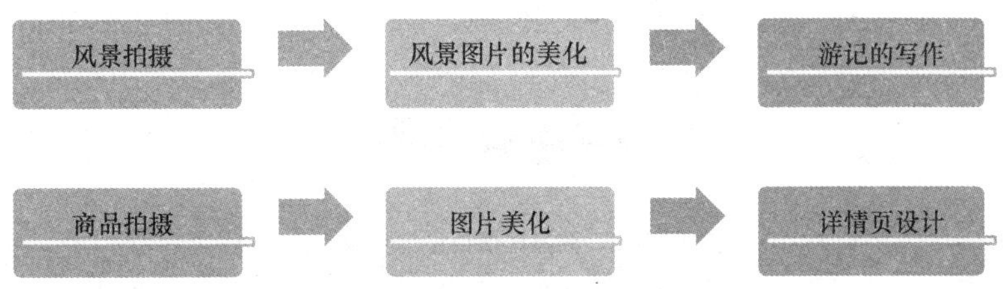

图 1-1　旅游攻略的写作流程与商品采编的 3 个环节

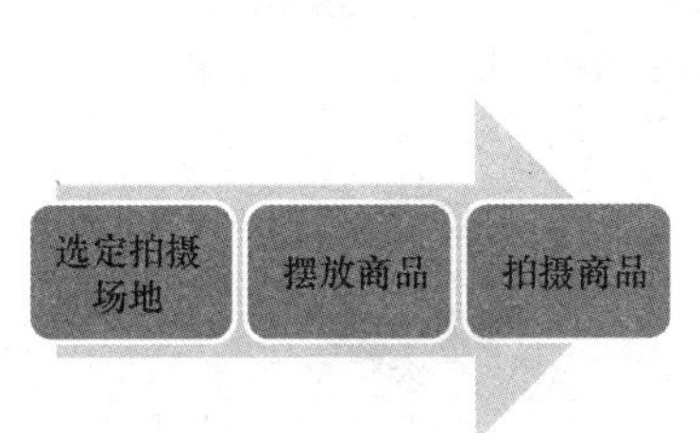

图 1-2　商品拍摄流程

图 1-3　商品室内拍摄的场景

（2）图片美化。景区照片拍摄结束后，需要将所有的照片导出，通过美图秀秀等美化软件裁剪照片尺寸，调整图片色调等，图 1-4 所示为图片美化流程。在商品采编中，对所拍摄的照片加以美化更是必不可少，通常会运用 Photoshop 等图像处理软件，对照片进行简单的处理，如调整尺寸、调整亮度对比度、修复瑕疵等，让图片变得更为美观，更能吸引消费者，如图 1-5 所示。

图 1-4　图片美化流程

图 1-5　图片美化

（3）详情页设计。图片处理好后，就要开始着手旅游攻略文字的写作，最后配以处理后的图片并将其编排得当，这样，一篇图文并茂的旅游攻略就完成了。商品采编的最后一步也是如此，我们要将处理后的商品图片拼接并进行图文编排，提供给消费者想要知道的信息，最终呈现一幅出色的商品图文详情页。图 1-6 所示为商品详情页设计的大致步骤。图 1-7 所示为详情页效果图。

图 1-6　商品详情页设计步骤

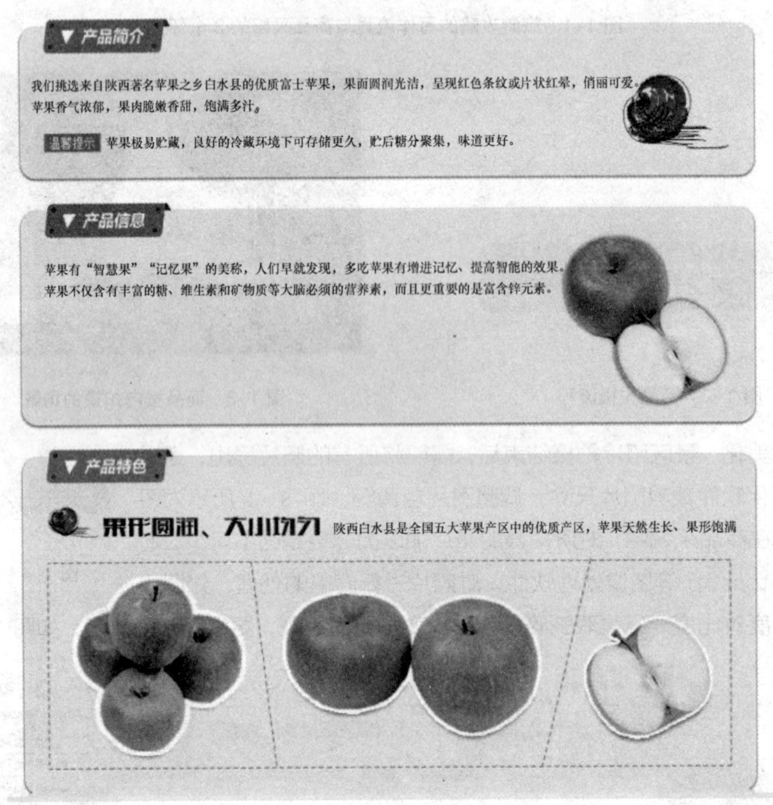

图 1-7　商品详情页设计

这 3 个环节看似简单，但其中却蕴含了相当丰富的技术技巧，真正做出一幅足以吸引消费者购买的商品图文详情页并不容易。后续课程将会详细讲解商品的采编与优化，学过之后，学生可以自己制作出各个类型的商品的购物网页展示页。

1.1.2　商品信息采编在电子商务中的重要性

苏轼讲过一个“盲人识日”的故事。盲人不知道太阳是什么样子，就向人们询问太阳的样子。有人告诉他说：“太阳的形状像铜盘。”盲人敲了一下铜盘，听到了铜盘的响声。有一天他听见钟声，认为那就是太阳。又有人告诉他：“太阳的光亮像蜡烛。”盲人摸了摸蜡烛，感知了它的形状。有一天他摸到短笛，以为那就是太阳。太阳与钟、短笛相差太远了，而盲人却分辨不出它们的不同。消费者在虚拟的电子商务中购物，某种意义上像盲人识日，网络虽然突破了时间和空间的界限，但也让我们无法依靠现场视觉、触觉、嗅觉亲身了解和体验商品，而消费者在购物过程中又不可避免地需要了解商品的各种信息，这些就需要图片和文字的介绍来弥补。只有清晰、完整的商品描述才能让消费者最大程度地了解商品，从而让他们在购物时不会像盲人识日一样，对所购买的商品与了解的商品有较大的偏差。具体来说，商品信息采编的重要性可归纳为以下 4 点。

1. 传递商品信息

商品详情页是传递商品信息的窗口，顾客在实体店进行购物时，可以直观地看到、摸到商品，了解商品的详细信息，而在网购过程中，他们只能通过网页上的图片和文字等内容了解商品信息。作为卖家需要从消费者的角度出发，了解他们想知道的内容，从而在页面中清晰完整地展示出来。如易迅网，向顾客传递了商品的 4 类信息：产品介绍、商品评价、规格参数、售后服务，如图 1-8 所示。

图 1-8 易迅网商品详情页

2. 降低运营成本

电子商务只能通过商品详情页与顾客进行沟通，商品详情页的信息不在于多，而在于精。好的商品详情页能够准确地把握顾客心理，将信息传递给顾客，使顾客无需咨询客服，仅仅通过浏览页面就能决定是否购买，从而降低了电商运营的客服成本。商品详情页可以看作是店家想要对顾客说的话，而说什么话，怎么说，都是很讲究的，页面详细程度在很大程度上决定着顾客对客服的依赖程度，因此提供尽可能详细全面的信息，使顾客无需客服就可以完成购买。

3. 提升产品品牌形象

电商企业在设计详情页的过程中需要挖掘商品信息，放大产品卖点与其他竞争企业形成差异。商品的采编过程中，专业化的商品拍摄以及富有设计感的详情页有助于形成这种差异，并让消费者产生良好的购物体验。商品详情页作为直接和消费者接触的沟通方式，其设计精美的页面可以引起消费者的好感，有助于塑造积极正面的品牌形象。图 1-9 和图 1-10 所示为商品详情页展示了不同的商品品质，并且图 1-10 的图片拍摄和页面设计提升了产品的品牌形象，更能让顾客信服。

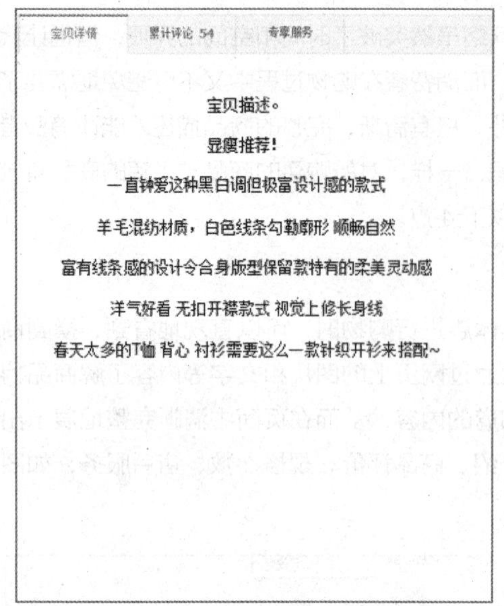

图 1-9　商品详情页文字部分

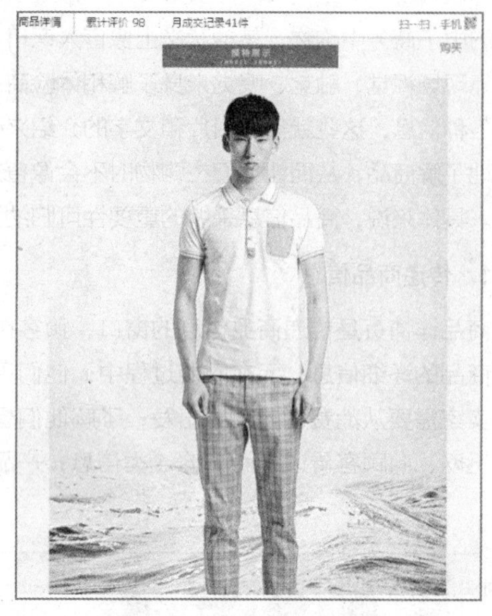

图 1-10　商品详情页模特展示

4．提高转换率

好的商品详情页可以将顾客的意愿直接转换为购买，从而提高商品销量。如图 1-11 和图 1-12 所示，一款相同的衣服，使用两种不同的展示方式，而模特试样的图片可以给顾客提供立体的展示，让顾客看到穿在身上的效果，而没有模特的图片则不能给顾客这种感觉，可见好的商品详情页可以更好地帮助顾客下单购买，提高转换率。

图 1-11　服装摆拍

图 1-12　服装模特展示

1.1.3　商品信息采编工作岗位的设置

商品信息采编工作的正常运转直接影响到整个电商企业的健康发展，因此有必要了解电商企业核心部门的设置以及采编工作所起的作用。根据企业性质的不同，下面将电商企业分 3 种类型介绍其商品信息采编工作的岗位设置。

1. 传统企业电商运营部门

近年来，随着天猫等各大电商网站的出现，越来越多的人开始在网上购买商品，网购成为了一种常见的消费方式。为了迎接变化，许多的品牌商开始在网上开设店铺，为了更好地服务消费者，还设置了电商运营部来管理网上店铺。电商运营部下设多个组别，其中美工组起到了重要的作用，美工组通常由 3 人组成，主管 1 名，设计师 2 名。由主管负责日常的商品采编活动，对商品采编进行统筹管理；设计师负责商品素材的搜集（拍摄）、图片的美化和店铺页面的制作，如图 1-13 所示。

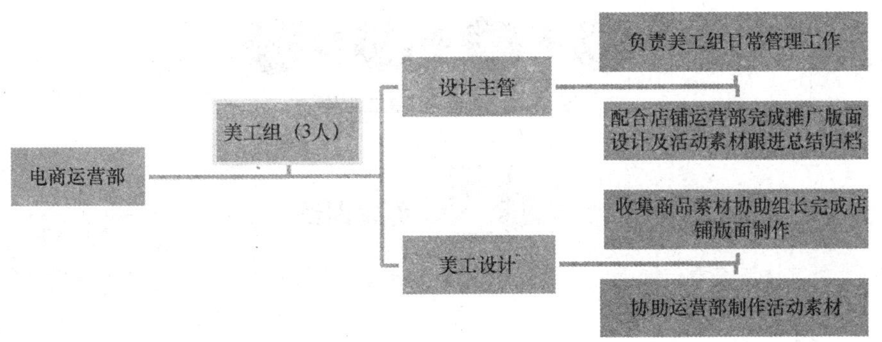

图 1-13　美工组组织架构

例如，某女装品牌的网店每逢每年的“光棍节”，美工组组长对促销页面设计思路进行整理，确定页面制作方案，并分配工作任务。组员搜集服装素材，按照方案完成页面设计。大促当天，该网店销售火爆。

2. 电商视觉服务公司

俗话说，一个好汉三个帮，当某品牌的网店效益越来越好的时候，就需要其他的专业公司来协助其完成商品采编工作，即电子商务视觉服务类公司。该电商品牌会将商品摄影、图像处理、店铺设计与后期包装等业务交给这类公司来完成。这类公司一般针对商品采编的 3 个环节设有专门的工作岗位，主要组织架构和岗位设置如图 1-14 所示。其中摄影助理辅助摄影师共同完成商品的拍摄，包括场景的选择，灯光的设置等。图片美化由文案和美工共同完成，美工负责图片的美化和修饰，文案负责配上相关的商品文字。商品详情页的设计制作过程中，设计师对图片和文字进行排版和美化，设计师助理负责完成辅助工作。

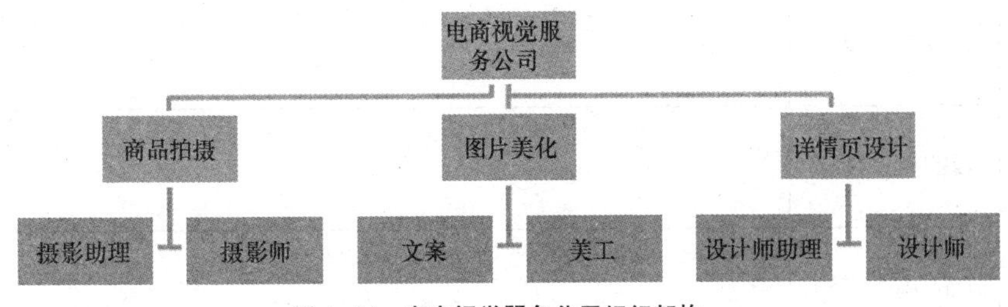

图 1-14　电商视觉服务公司组织架构

例如，某服装公司由于规模扩大，产品种类增加，美工组已经无法保质、保量地完成日常的工作。为了解决这一问题，开始寻求电商视觉服务公司的帮助，来完成商品详情页的设计及网店包装。

电商视觉服务公司派专人与该服装公司相关负责人接洽商讨后制定设计方案。服装公司将需要拍摄的服装送到视觉服务公司，由专业的摄影师完成商品拍摄。拍摄后，摄影师进行选图。随后美工对图片进行简单的调整，设计师根据服装公司的要求完成对商品详情页的设计。

3．普通网店

普通网店由于规模、资金有限，通常由 1 人（店主或美工）完成商品拍摄、图片美化、详情页制作及上传（设计）等工序，如图 1-15 所示。

图 1-15　普通网店美工架构

实战训练

在各大网店中，查看传递的商品信息、总结商品信息的传递方法，掌握如何提升产品的品牌形象，并对收集的信息进行归纳。

任务评价

自我评价

<table>
<tr><th rowspan="2" colspan="2">主要内容</th><th colspan="4">自我评价等级（在符合的情况下面打“√”）</th></tr>
<tr><th>全都做到了</th><th>大部分（80%）做到了</th><th>基本（60%）做到了</th><th>没做到</th></tr>
<tr><td colspan="2">收集网店信息，并对信息进行归纳</td><td></td><td></td><td></td><td></td></tr>
<tr><td rowspan="4">自我总结</td><td>我的优势</td><td colspan="4"></td></tr>
<tr><td>我的不足</td><td colspan="4"></td></tr>
<tr><td>我的努力目标</td><td colspan="4"></td></tr>
<tr><td>我的具体措施</td><td colspan="4"></td></tr>
</table>

小组评价

主要内容	小组评价等级（在符合的情况下面打“√”）			
	全都做到了	大部分（80%）做到了	基本（60%）做到了	没做到
收集网店信息，并对信息进行归纳				
建议	组长签名：　　　　　年　月　日			

教师评价

主要内容	教师评价等级（在符合的情况下面打“√”）			
	优秀	良好	合格	不合格
收集网店信息，并对信息进行归纳				
评语	教师签名：　　　　　年　月　日			

任务 1.2 理解不同岗位的技能要求

任务目标

理解商品拍摄的技能要求。

理解商品图片美化的技能要求。

理解商品详情页制作的技能要求。

任务描述

通过任务 1.1 的学习，了解到在不同的企业中，虽然商品信息采编相关的工作岗位设置存在差异，但对于商品信息采编的技术要求是一样的。商品信息采编过程中的 3 种技能分别为：商品拍摄、图片美化、详情页制作。

任务实施

1.2.1 商品拍摄的技能要求

商品拍摄的美观度是影响商品采编后整体效果的重要部分，而作为商品拍摄的重要工具——单反相机，它的使用是拍摄效果的决定因素。掌握不同类型的商品的拍摄方法与技巧，则是赋予商品灵魂的重要途径。

1. 单反相机的使用

拍摄时需要一台相机，在相机的选择上，一般采用单反相机。单反相机有较多的功能和参数设置，可以拍摄各种不同和复杂的场景，如图 1-16 所示。在单反相机的使用上，需要熟练掌握光圈和快门的使用。拍摄一张好的照片，进光量的控制显得尤为重要，光圈越大，进光量越多，同理，快门越长也意味着采光时间越长。这就好比水库，闸口相当于光圈，水就好比进光量，开闸时间就是快门设置的时间，闸口打开的时间越长进入水库的水也就越多，反之越少。图 1-17 所示为相机光圈。

图 1-16 单反相机

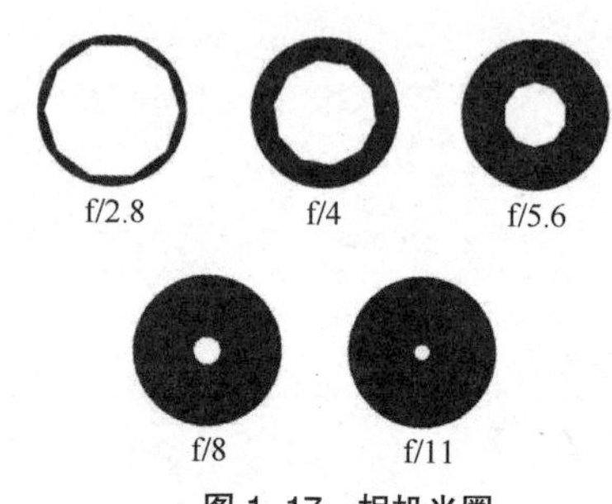

图 1-17 相机光圈

2. 不同类型商品的拍摄方法与技巧

不同类型的商品有不同的拍摄手法和技巧，我们在实际的操作过程中应当具体问题具体处理，这样才能拍摄出满意的照片。如一些质地不同表面光滑的商品，如金银饰品、瓷器、漆器、电镀制品等，它们的表面结构光滑如镜，具有强烈的单向反射能力，直射灯光聚射到这种商品表面，会产生强烈的光线改变。所以拍摄这类商品，一是要采用柔和的散射光线进行照明，二是可以采取间接照明的方法，即灯光作用在反光板或其他具有反光能力的商品上，通过反射出来的光照明商品，这样能够得到柔和的照明效果。图 1-18 和图 1-19 所示为杯子拍摄实物图，我们可以明显地看到光对于拍摄的重要性。

图 1-18　光线不足情况下的拍摄效果

图 1-19　光线充足情况下的拍摄效果

1.2.2　商品图片美化的技能要求

掌握了商品拍摄要求并拍摄好图片后，可使用 Photoshop 软件对不满意的图片进行修整，使其更加符合需求。然后使用图文混排的方式对说明性文字和修整后的图片进行排版和配色，使其更加完美。

1. Photoshop 软件中常用的工具

商品拍摄完毕后，我们需要对图片进行处理，以达到图片美化的效果。一般采用 Photoshop 软件（以下简称 PS）进行图片美化，它是由 Adobe Systems 公司开发并发行的图像处理软件。在商品图片的美化过程中，PS 常用工具包括裁剪工具、魔棒工具、直接选择工具、修复画笔工具等，可对图片进行简单的调整、修饰。如出去郊游时，由于天气、环境等条件的限制，可能会拍摄出自己难以满意的图片，这时可以利用 PS 的常用工具对图片进行修整，将图 1-20 所示的照片利用 PS 软件修整成图 1-21 所示的照片。

图 1-20　修整前效果

图 1-21　修整后效果

2. 图文混排的方式

图文排版，顾名思义就是将图片和文字通过艺术的形式整合到一起，使其达到美化视觉的效果。好的图文排版可以吸引消费者浏览商品，增加对商品的好感。图文排版可以分为嵌入式（见图 1-22）、四周型环绕型、紧密型环绕、上下型环绕（见图 1-23）、穿越行环绕、浮于文字下方（见图 1-24）、衬于文字下方等几种形式。

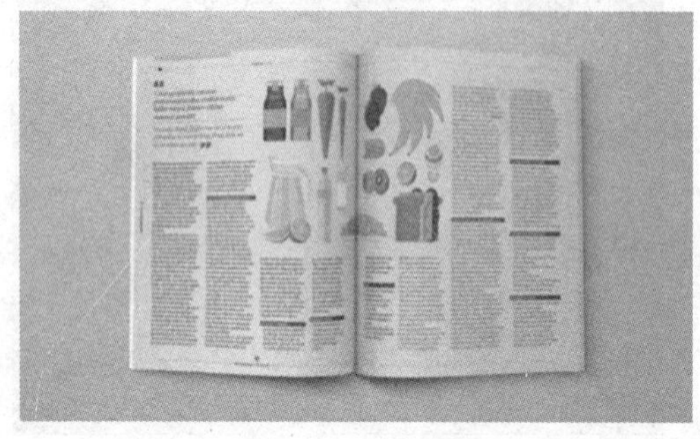

图 1-22　嵌入式

图 1-23　上下型环绕

图 1-24　浮于文字下方

3. 基础配色法则

配色在图片的美化中有着重要的作用，好的配色可以让受众产生身心愉悦的效果，反之也会让受众产生不适。配色就是将颜色摆在适当的位置，做一个最好的安排，达到一种和谐、融为一体的大效果，同时配色可以通过改变空间的舒适程度和环境气氛来满足人们在视觉和心理方面的需求。

图片的美化过程中，要根据商品的特点、属性以及店铺的风格使用合适的配色，以达到令人满意的效果。如页面设计的经典颜色之一——蓝色色调，其深沉的特性可以让人更快地进入平静、专注的状态，并且长时间观看不会有强烈的视觉刺激。给人一种理智、精确、智慧的抽象感受，适用于学术交流、科技产品等网站。图 1-25 所示为红色和灰色的搭配，其中红色纯度较高，但明度却不高，给人一种厚重、浓烈的感觉，还有血液一般的强烈的视觉冲击力，和灰色的搭配使得这种红色显得华丽，整体上明度差异不是很大，红色和灰色的搭配在现代设计中十分常见，京东商城在页面的设计上就采用了这种红色和灰色的经典搭配模式，如图 1-26 所示。

图 1-25　对比配色

图 1-26　京东商城主页面

1.2.3　商品详情页制作的技能要求

1. PS 工具的组合使用

商品图片美化完成后，需将美化后的图片整合起来便形成商品详情页，这就要求熟练掌握 Photoshop CS6 高阶工具以及工具组合的使用技巧，表 1-1 中介绍的几种 PS 工具组合，包括图片美化工具和页面制作工具。

表 1-1　PS 工具组合

图片美化（工具/用法）	页面制作（工具/用法）
1. 用魔棒工具在强对比的图片中抠图 2. 用多边形工具制作圆形背景效果图片	1. 使用图层样式美化图层 2. 用油漆桶工具填充颜色 3. 使用文字工具编辑文字

续表

图片美化（工具/用法）	页面制作（工具/用法）
1. 用钢笔工具抠素材图 2. 用描边工具 描边(S)... 对图片进行描边 3. 借助图像变形工具变形 对图片水平调整组合排列	1. 用圆角矩形工具制作背景图层 2. 用钢笔工具制作虚线框 3. 用椭圆工具排列圆形组合
1. 用钢笔工具进行人像抠图 2. 用图层蒙版制作衬底图片	1. 使用钢笔工具进行抠图 2. 使用描边工具制作边角效果 3. 环形组合搭配 4. 用矩形工具和钢笔工具制作引导线
1. 用钢笔工具、填色工具制作表格 2. 用矢量蒙版工具制作图片包边	使用参考线精确排版
1. 用剪贴蒙版工具对图片整合排版 2. 用矩形工具设计图框 3. 使用油漆桶工具填充颜色	1. 用椭圆工具和蒙版工具制作半弧 2. 用蒙版工具使图片融合

2. 详情页构图布局

商品详情页的设计过程中，应掌握页面排版的构图布局，使整个页面看起来井然有序，使消费者在浏览页面的过程中得到舒适的体验。接下来将介绍几种页面的构图布局，如图 1-27 所示。

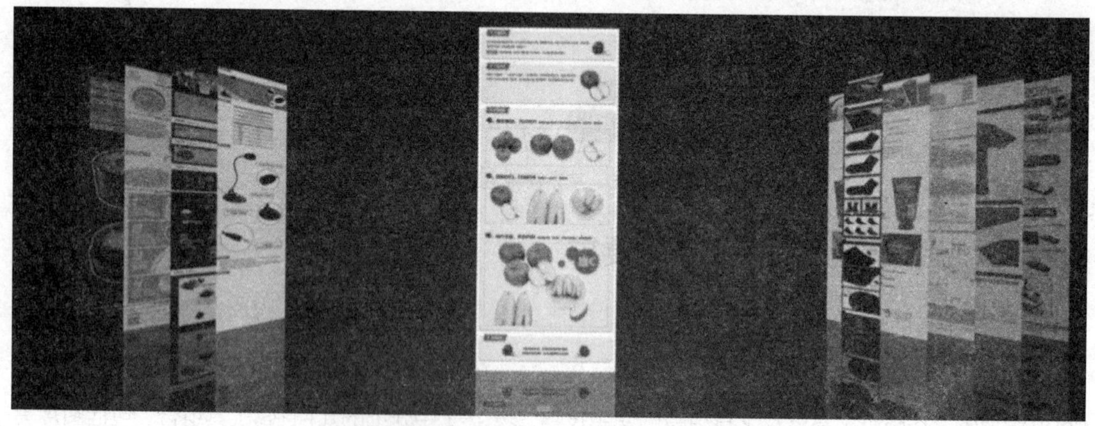

图 1-27 商品详情页的构图布局

实战训练

使用 Photoshop 软件，对拍摄的 10 张照片进行处理，并使用图文混排的方式进行排版。

任务评价

自我评价

主要内容		自我评价等级（在符合的情况下面打"√"）			
		全都做到了	大部分（80%）做到了	基本（60%）做到了	没做到
处理 10 张图片，并对该图片进行图文排版					
自我总结	我的优势				
	我的不足				
	我的努力目标				
	我的具体措施				

小组评价

主要内容	小组评价等级（在符合的情况下面打"√"）			
	全都做到了	大部分（80%）做到了	基本（60%）做到了	没做到
处理 10 张图片，并对该图片进行图文排版				
建议	组长签名：　　　　年　月　日			

教师评价

主要内容	教师评价等级（在符合的情况下面打"√"）			
	优秀	良好	合格	不合格
处理 10 张图片，并对该图片进行图文排版				
评语	教师签名：　　　　年　月　日			

任务 1.3 了解商品信息采编的未来发展趋势

任务目标

了解移动平台。

了解扁平化设计。

了解虚拟互动。

任务描述

在电子商务环境中，商品信息采编与专业优化所做的工作是将商品信息以数字化（图文、多媒体等）的形式进行描述，以便商品的具体信息能被准确、清晰、详细地传达。我们主要通过基础摄影技术、图片美化技巧以及图文编排设计，来完成商品拍摄、图片处理、最终形成商品详情页等。那么，商品采编工作的未来发展趋势是什么样的呢？通过本任务的学习来了解商品信息采编工作的最新发展趋势。

任务实施

能准确抓取商品显示信息以及通过简练的描述编辑出商品要点是商品信息采编岗位的必要技能。随着移动互联网技术等的发展，商品信息采编工作也在面临着新的变化。

1.3.1 移动平台

2015 阿里“双十一”全天的支付宝交易额为 912.17 亿元。而当天手机淘宝活跃用户高达 1 亿，成交订单数量为 1.2 亿个，占总体交易数量的 25.7%，手机支付宝的交易额达到 626.42 亿元，约占总交易额的 68.67%。从这些数据中可以看到，使用手机购买商品的消费者较多，而未来使用手机购买商品的消费者将会越来越多。手机等移动终端具有其他电子设备所不具有的优势，那就是随时随地购物的便捷性。未来移动电商将成为电子商务领域中一个新的增长点，代表了未来电商发展的趋势。

随着终端显示尺寸多样化和消费者浏览习惯的改变，设计师需要对移动终端上的图片尺寸和页面布局进行相应的改变。这些改变的跟进可以让消费者在移动平台上获得更好的购物体验，使消费者享受到移动平台带来的购物乐趣和便捷感，图 1-28 所示为移动手机端购物平台首页。

1.3.2 扁平化设计

扁平化是一个新鲜的词语，它不仅使设计理念发生了改变，同时也是一场工业革命。扁平化的设计理念即放弃一切装饰效果，如阴影、透视、纹理和渐变等，所有元素的边界都干净利落，没有任何羽化、渐变或阴影。另外，它意味着工作步骤的减少，不再需要前期的采集，只需要通过色块的拼接就可以完成设计工作，这在很大程度上代表着工业革命的浪潮。

扁平化的设计概念，主要通过丰富的色彩和有趣的图形来传达信息，带给人耳目一新的感觉，用户在这样的界面上操作，也会感受到舒服和自然，如图 1-29 所示。不难发现，目前已经有一些电商平台及商家在店铺装修中引入扁平化设计，未来也将会有更多扁平化的设计呈现在消费者眼前，图 1-30 所示为采用扁平化设计的淘宝网首页。

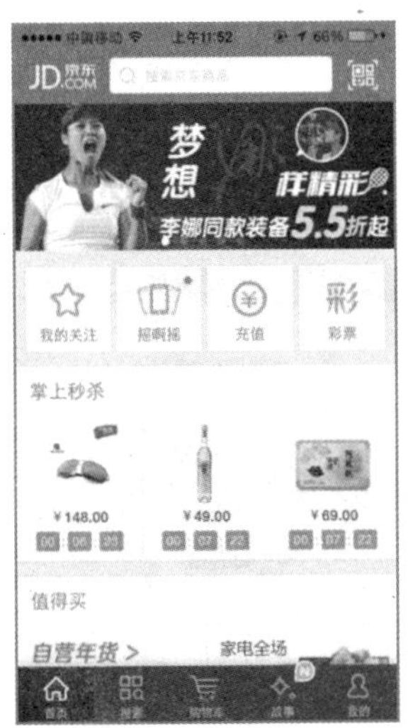

图 1-28　移动手机端购物平台首页

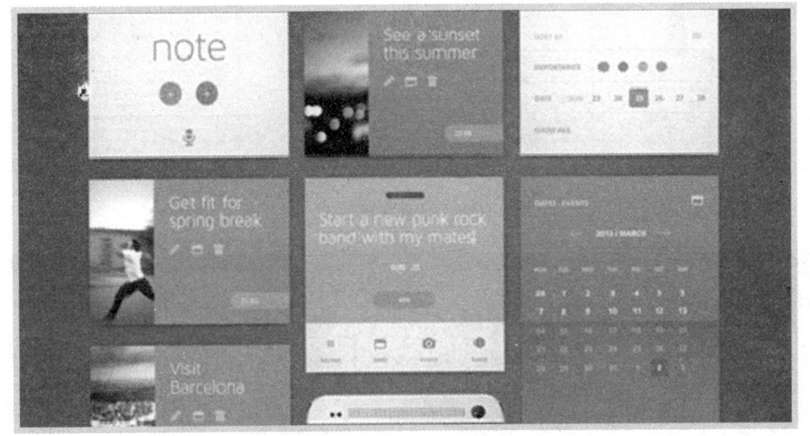

图 1-29　扁平化设计

图 1-30　采用扁平化设计的淘宝网首页

1.3.3 虚拟互动

我们在网上购买衣服等商品总会遇到这样的问题：不能试穿怎么知道这件衣服穿在自己身上的效果呢？为了解决这样的问题，很多电商公司都开始研究新的解决方法。目前京东正在研发移动端用户的“试穿试戴”功能，如图 1-31 所示。用户可以通过用户拍照、修改形象、更换模特、更换背景、调整姿势、移除全部衣服几项功能来体验试穿，图 1-32 所示为京东虚拟穿戴界面。

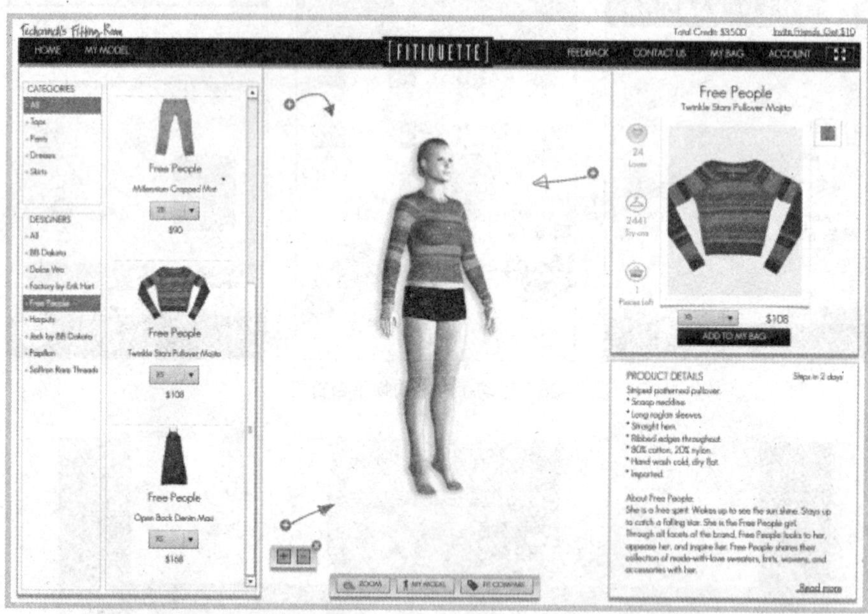

图 1-31　虚拟穿戴技术

图 1-32　京东虚拟穿戴界面

为了让消费者产生更好的购物体验，越来越多的电商都开始注重虚拟互动技术开发，这也预示着网购已经开始朝着虚拟穿戴的方向发展，未来用户足不出户，即可买到适合自己身材的衣服、鞋帽。

实战训练

在各大招聘类网站使用商品信息采编等关键词，搜集 10 家电商企业工作岗位的招聘要求。

任务评价

自我评价

<table>
<tr><th colspan="2" rowspan="2">主要内容</th><th colspan="4">自我评价等级（在符合的情况下面打“√”）</th></tr>
<tr><th>全都做到了</th><th>大部分（80%）做到了</th><th>基本（60%）做到了</th><th>没做到</th></tr>
<tr><td colspan="2">搜集 10 家电商企业工作岗位的招聘要求</td><td></td><td></td><td></td><td></td></tr>
<tr><td rowspan="4">自我总结</td><td>我的优势</td><td colspan="4"></td></tr>
<tr><td>我的不足</td><td colspan="4"></td></tr>
<tr><td>我的努力目标</td><td colspan="4"></td></tr>
<tr><td>我的具体措施</td><td colspan="4"></td></tr>
</table>

小组评价

<table>
<tr><th rowspan="2">主要内容</th><th colspan="4">小组评价等级（在符合的情况下面打“√”）</th></tr>
<tr><th>全都做到了</th><th>大部分（80%）做到了</th><th>基本（60%）做到了</th><th>没做到</th></tr>
<tr><td>搜集 10 家电商企业工作岗位的招聘要求</td><td></td><td></td><td></td><td></td></tr>
<tr><td>建议</td><td colspan="4">组长签名：　　　　　　　年　　月　　日</td></tr>
</table>

教师评价

<table>
<tr><th rowspan="2">主要内容</th><th colspan="4">教师评价等级（在符合的情况下面打“√”）</th></tr>
<tr><th>优秀</th><th>良好</th><th>合格</th><th>不合格</th></tr>
<tr><td>搜集 10 家电商企业工作岗位的招聘要求</td><td></td><td></td><td></td><td></td></tr>
<tr><td>评语</td><td colspan="4">

教师签名:　　　　　　年　　月　　日</td></tr>
</table>

项目小结

本项目中首先介绍了商品信息采编的定义，其次介绍了不同岗位的技能要求，最后简介了商品信息采编的未来发展趋势。

商品信息采编作为影响商品出售量的重要部分，其工艺流程包括商品拍摄、图片美化、详情页设计 3 个环节。商品拍摄主要是通过单反相机，并通过熟练掌握光圈和快门的使用对图像进行瞬间的记录。在拍摄时还要掌握不同类型商品的拍摄方法和技巧。而图片美化则主要是使用 Photoshop 软件中的裁剪、魔棒、选择和修复画笔等工具，对图片进行简单的调整、修饰，使其更加美观。详情页主要是在图片处理完成后，进行文字的编写，并配合处理后的图片使用混排的方式进行文字的排版。在排版时需要掌握详情页结构的分布，完成后还需要了解商品信息采编的未来发展趋势，紧跟潮流，从而提高商品的出售率。

02 项目二 美容护肤类商品信息采编与优化

小李作为刚进入公司的新人，就被上司选为这次商品拍摄项目的负责人，要完成一款保湿喷雾护肤品的图片收集及网店页面的设计工作，他仔细研究产品后，制定了以下工作计划。

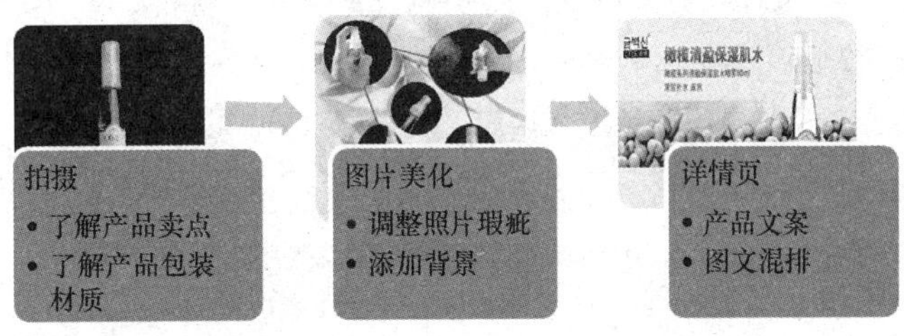

小李把工作计划交给主管审核，得到主管批准后，开始了保湿喷雾护肤品的商品信息采编工作。

知识目标

- 掌握保湿喷雾护肤品的拍摄
- 掌握保湿喷雾护肤品商品图片美化的方法
- 掌握保湿喷雾护肤品商品详情页的制作

技能目标

- 掌握保湿喷雾护肤品的拍摄技巧和卖点
- 掌握美容护肤类商品拍摄技巧
- 掌握保湿喷雾护肤品各个部分的制作方法

素养目标

- 具有清晰的思路
- 具有整体意识和创新思维

任务 2.1 保湿喷雾护肤品的拍摄

任务目标

分析保湿喷雾护肤品的卖点。

理清保湿喷雾护肤品拍摄样张的整体设计思路。

任务描述

小李的第一个任务是保湿喷雾护肤品的拍摄。小李既兴奋又紧张，他大体分两个步骤进行保湿喷雾护肤品的拍摄，首先是分析保湿喷雾产品的卖点，从品牌的内容、喷雾成分、使用效果等方面进行细分，然后理清拍摄保湿喷雾护肤品时的整体设计思路，从整体到局部，使用展示以及拍摄器材参考数据等信息进行细分，以便从整体上了解美容护肤类产品的拍摄手法。

任务实施

2.1.1 了解保湿喷雾护肤品的产品卖点

拿到拍摄样品后，首先需要仔细地了解和分析产品的相关介绍资料，明确商品是什么，使用效果怎么样，有什么用，从而分析出产品的功能、特色以及卖点，并以此设计出产品的拍摄角度。

下面将这款保湿喷雾护肤品的卖点总结为 3 个。

健康品牌文化

秉承诚信、创造美好生活的经营理念，诚信经营、注重健康品质，引进世界先进技术，生产多种优质的个人护理、清洁洗涤、皮肤护理等日化家用品。悠久的历史，创新技术研究出专业的护肤品，为使用者树立健康观念。

纯天然的配方

采用无污染的植物和果蔬作为配方，不添加色素、香精和防腐剂，萃取新鲜橄榄果的天然汁液，保持了橄榄的香气和营养，被誉为“天然的化妆品”。

瞬间保湿肌肤，使妆容持久自然

蕴含多种美肤成分，随时随地上妆后使用，为皮肤提供及时的补水和保湿，锁住水分，使妆容持久自然。

2.1.2 拍摄样张的思路设计

通过对保湿喷雾护肤品卖点的详细分析，可以从以下 3 个角度对产品进行拍摄。

1. 整体展示图

本款保湿喷雾护肤品使用较为新颖的透明外观设计，给人清新自然的视觉感受。在液体颜色上采用了与透明瓶装较为相近的透明无色配色，突出其来源于自然的健康品牌文化。

（1）由于产品的瓶身是透明塑料材质，内置无色液体，因此在拍摄时使用黑色背景和黑色亚克板来突出产品的透明光泽感。正面全景图如图 2-1 所示，能清晰显示保湿喷雾护肤品的品牌以及基本信息介绍，让消费者了解该商品的大致信息。

（2）整体呈现反面全图，使商品无死角展示。如果对商品的光线和遮挡要求更高，也可以使用柔光进行拍摄，突出其柔光、不反光的精美效果。背身全图能显示保湿喷雾护肤品的详细信息，让消费者了解详细情况，如图 2-2 所示。

图 2-1　正面全景图

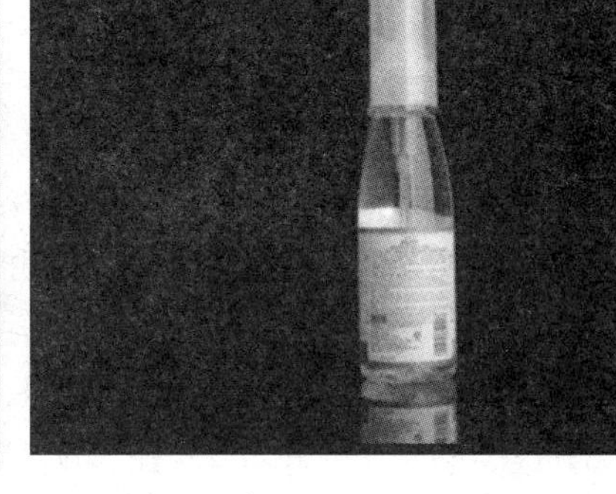

图 2-2　反面全景图

（3）打开瓶盖放于一侧，瓶盖呈现 45° 角拍摄，进行整体拍摄，凸显产品的立体透明感，如图 2-3 所示。

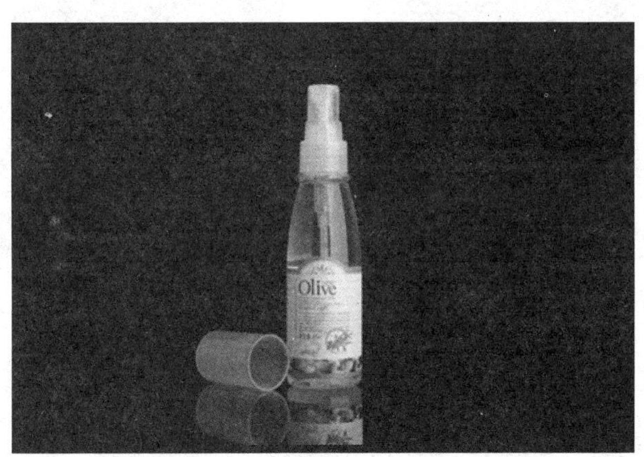

图 2-3　瓶盖呈 45° 角拍摄

2．局部细节图

为了突出保湿喷雾护肤品在细节上的用心之处，可采用局部拍摄的方法，画面中展现出产品简洁的工业设计风格，突出产品人性化的设计。局部细节图可以放大产品的优点，使产品的特点更加清晰，一目了然。

（1）喷头可以体现产品包装的简洁、耐用、环保的设计理念，因此在拍摄时，可以自己手握或者让同学帮忙，拿着瓶身，拍出产品上半部分喷头的细节图，如图 2-4 所示。

（2）打开喷头的盖头，拍摄里面喷头的细节构造。拍摄时需要注意，防止瓶身透明反光处投射出图像，可以尝试不断改变拍摄细节的角度，找到不反光的视角，如按 45° 角斜拍，如图 2-5 所示。

图 2-4　喷头细节

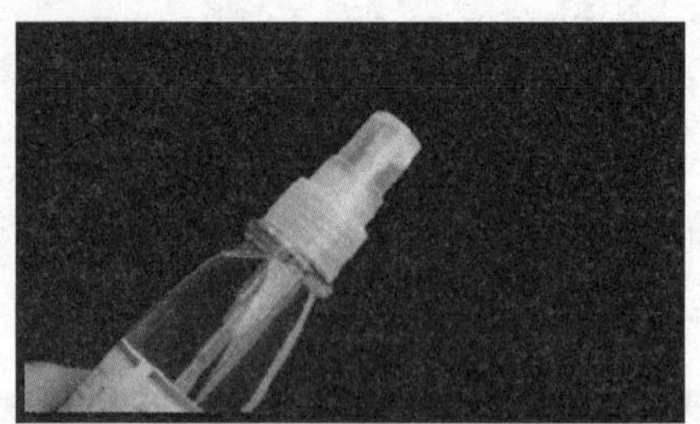

图 2-5　按 45° 角斜拍

3．使用展示图

产品使用展示图既可以详细展示产品的使用方法，又能突出产品的特点。为了突出商品使用方便的特点，要拍摄使用中的照片，可以采用调整不同拍摄视角进行对比的方法，突出使用者在使用时的方便性和舒适性。

（1）拍摄时使用者的手放于一侧，不遮挡瓶身，能清晰地看到使用者使用时的状态。将喷雾的效果显示出来，消费者可以产生瞬间为皮肤补水的感觉，如图 2-6 所示。

（2）为了突出喷射出的雾量大，可以在拍摄前，多喷射几次，使喷头保持惯性。在构图上产品主体画面占总画面的 2/5，其余画面部分留给喷射的空间。可以在拍摄喷雾时，延长按快门时间（快门 1/125 秒），增加空间的喷雾量，如图 2-7 所示。

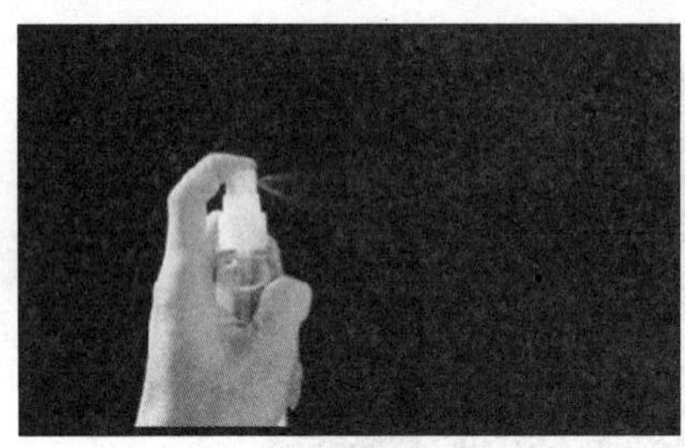

图 2-6　喷雾效果

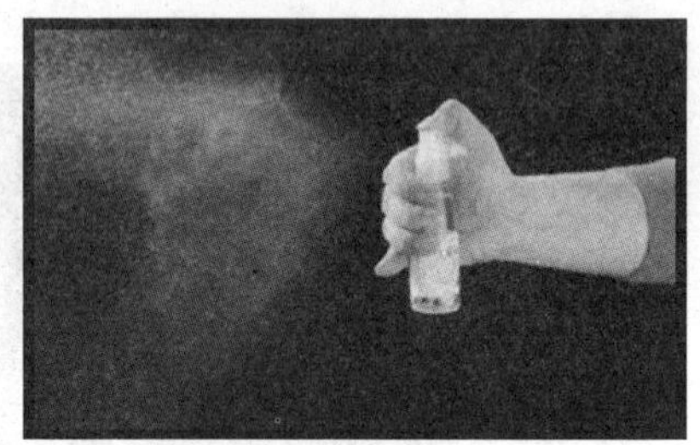

图 2-7　查看喷雾量

2.1.3　拍摄数据参考

进行拍摄时，要用到图 2-8～图 2-12 所示的设备。

图 2-8　照相机

图 2-9　反光伞

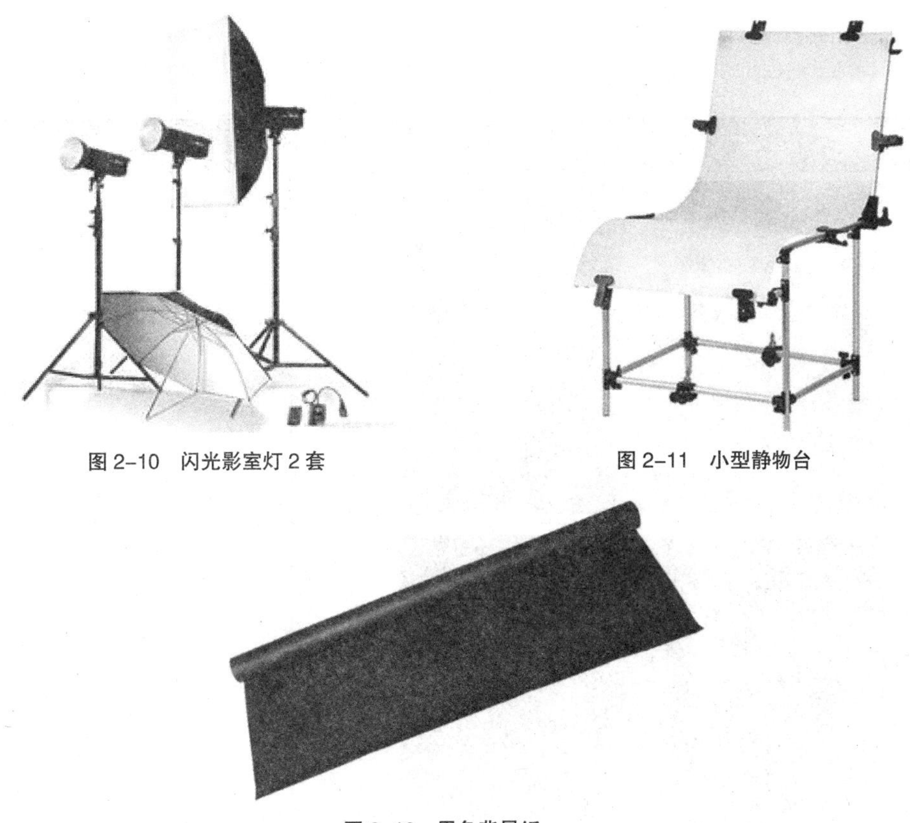

图 2-10 闪光影室灯 2 套

图 2-11 小型静物台

图 2-12 黑色背景纸

其拍摄环境如图 2-13 所示。

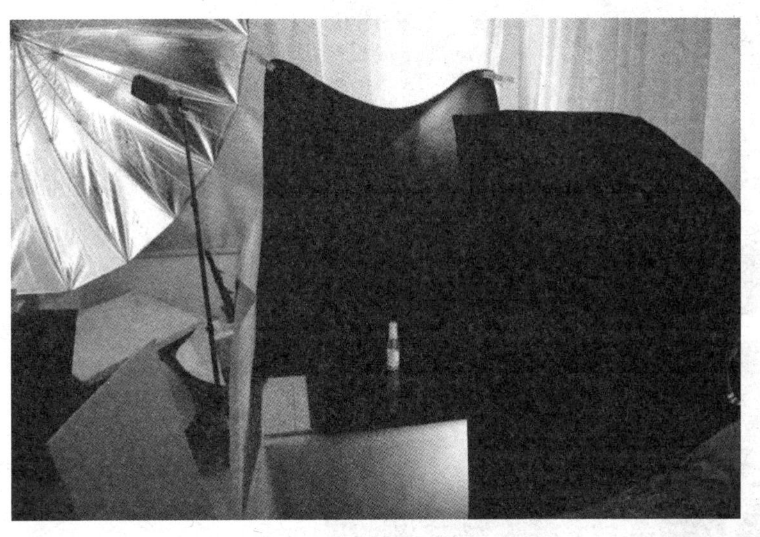

图 2-13 拍摄环境

拍摄时注意事项主要有以下 2 点。

（1）禁止使用闪光灯。

（2）使用 2 个柔光箱左右靠近商品或单个柔光箱加反光伞。

其样张及拍摄参数如表 2-1 所示。

表 2-1　样张详情及拍摄参数

样张详情	拍摄参数
	1. 光圈 F/9 2. 快门 1/125 秒 3. ISO-160
	1. 光圈 F/9 2. 快门 1/125 秒 3. ISO-160
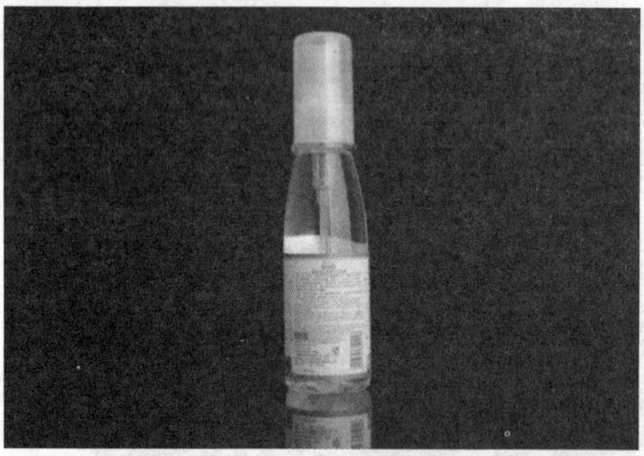	1. 光圈 F/9 2. 快门 1/125 秒 3. ISO-160
	1. 光圈 F/9 2. 快门 1/125 秒 3. ISO-160

续表

样张详情	拍摄参数
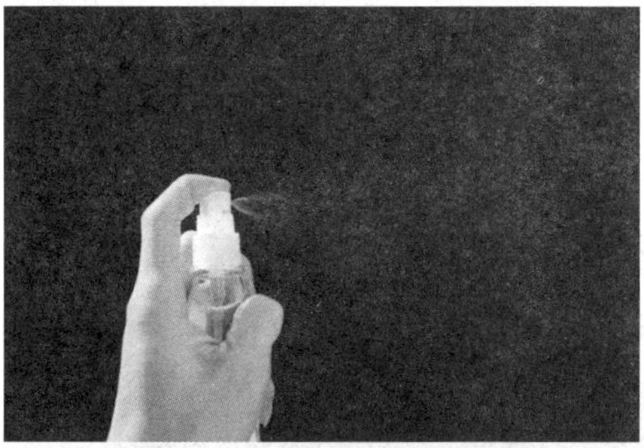	1. 光圈 F/9 2. 快门 1/125 秒 3. ISO-160
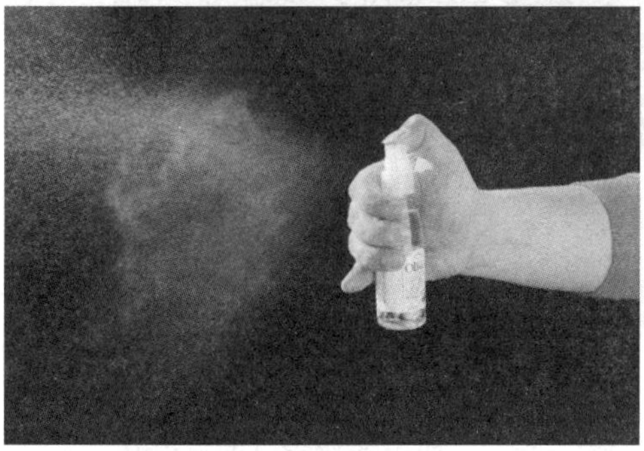	1. 光圈 F/9 2. 快门 1/125 秒 3. ISO-160

拍摄时产生错误的照片主要包括 2 点。

（1）背景为白色，造成瓶体拍摄反光。

（2）拍摄角度不对，摆放的机位太高，导致反光面不均匀，商品效果不够立体，如图 2-14 所示。

图 2-14　拍摄时产生错误的照片

2.1.4　美容护肤类拍摄技巧

综合保湿喷雾的拍摄过程，将美容护肤类商品的拍摄技巧总结出以下 6 点。

（1）商品卖点可以从上述品牌文化、组成成分和使用效果等方面进行细分。拍摄的思路可以紧密结合所提出的卖点，从整体到局部，使用并展示商品成分等方面进行拍摄。

（2）拍摄时所用器材，可结合商品需要进行自由调整，例如，在拍摄保湿喷雾护肤品时，根据商品的透明属性，可将灯光以及背景挡板统一摆放后，拍摄参数不变，只需从不同角度和距离进行拍摄。所以在使用相机时，拍摄数据参数尽量统一，从而保持整体图片的风格统一性。

（3）在拍摄透明商品时，可以选择黑色背景和黑色亚克板来突出商品的透明性。如图 2-15 所示，在拍摄瓶装啤酒时，选用黑色亚克板来衬底反光。

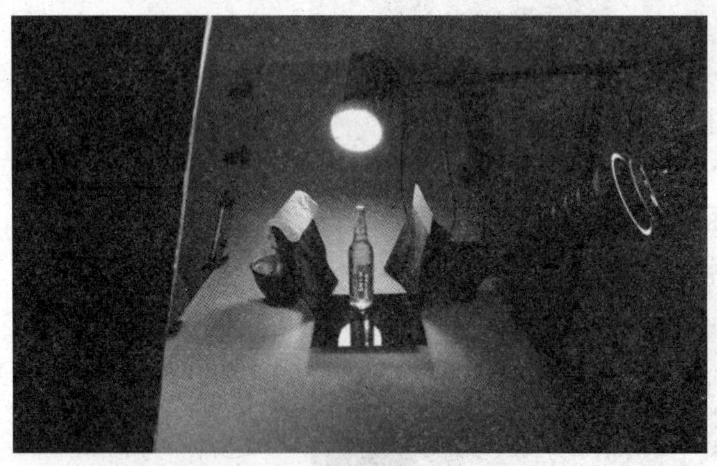

图 2-15　啤酒拍摄环境

（4）避免拍摄照片时出现反光以及光面不均匀的错误，可以多次尝试拍摄角度。

（5）在拍摄时可适时增加对比物，以展示商品的大小、体积，以免使消费者对真实商品产生误解；还可采用拍摄产品集体照（如同系列或同品牌保养类化妆品、彩妆类化妆品）的手法，买家在浏览某种化妆品的同时会对其他化妆品产生兴趣，进而增加访问量。比如在拍摄保湿喷雾护肤品时可以放置一个同品牌的洗面奶和面膜，使其有对比性，能让消费者了解该商品的大小，同时又可以展示同品牌的其他商品，间接产生关联销售，让消费者产生兴趣。如图 2-16 所示，展示了该保湿喷雾护肤品与同品牌的其他系列，以及使用效果，让消费者产生联想。

图 2-16　化妆品拍摄技巧

（6）拍摄时尽量不要逆光拍摄，光线是最重要的；采用纯色背景，背景色不能喧宾夺主；要还原产品的真实性，拍摄时不能为了图片的美观而放弃了图片的真实性。例如在拍摄保湿喷雾护肤品时，采用顺光和柔光，用纯黑色背景和黑色亚克板，来还原保湿喷雾护肤品的透明特性，尽量使照片真实，减少后期的过度美化。

2.1.5 制作保湿喷雾护肤品美化图片

下面对制作保湿喷雾护肤品美化图片进行介绍，其具体操作如下。

（1）启动 Photoshop CS6 程序，选择【文件】→【新建】命令，打开“新建”对话框，设置名称为“产品展示”，设置宽度为 790 像素，高度为 866 像素，分辨率为 72 像素/英寸，颜色模式为 RGB 颜色 8 位，背景内容为黑色，单击 确定 按钮，如图 2-17 所示。

（2）选择【文件】→【打开】命令，打开“打开”对话框，选择“背景”素材，单击 打开(O) 按钮。双击“背景”图层，打开“新建图层”对话框，单击 确定 按钮，新建图层，如图 2-18 所示。把图片拖入到产品展示图层中，合理调整位置和大小，效果如图 2-19 和图 2-20 所示。

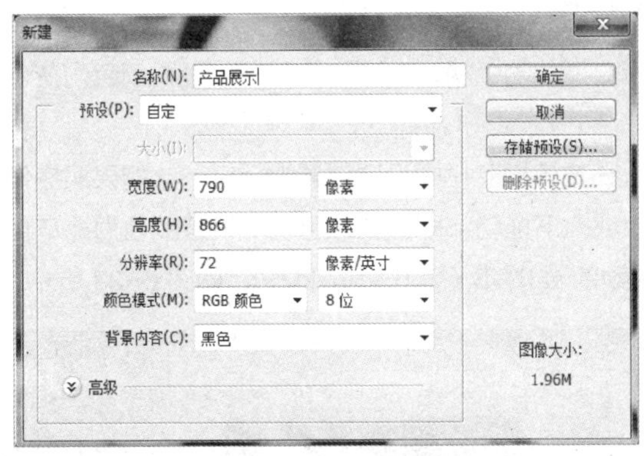

图 2-17 “新建”对话框

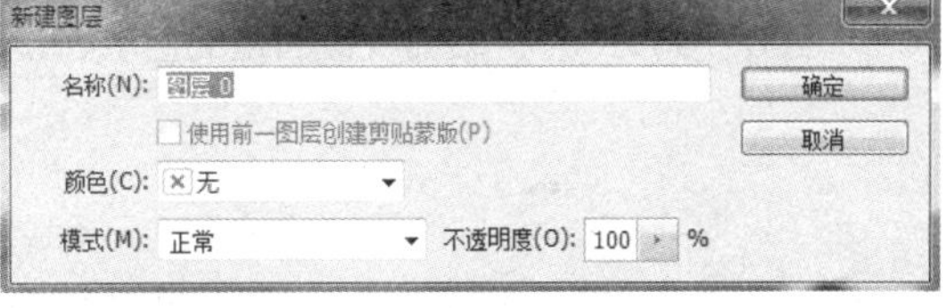

图 2-18 新建图层

图 2-19 背景图

图 2-20 增加背景图后的效果图

（3）双击该图层，打开“图层样式”对话框，选择“渐变叠加”选项，设置混合模式为“滤色”，单击渐变色块，如图 2-21 所示。

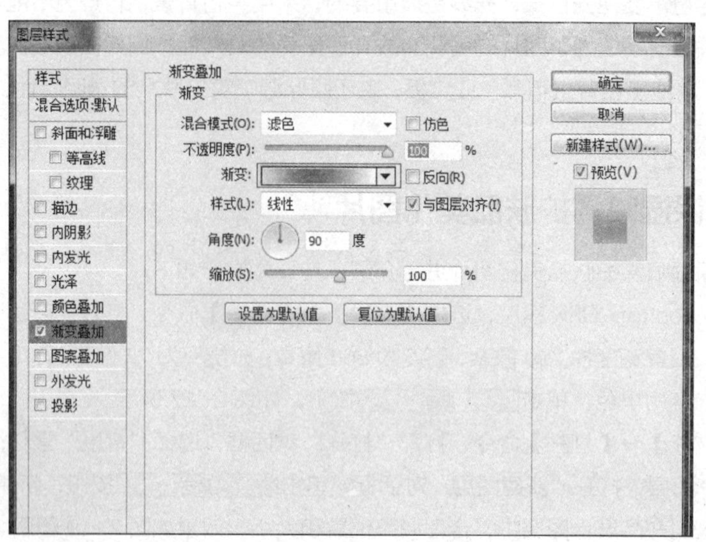

图 2-21　设置渐变色块

（4）打开“渐变编辑器”对话框，单击渐变色带左下角的色块，在“色标”栏中设置颜色为灰色RGB（221:221:220），如图 2-22 所示。

（5）单击渐变色带下方空白处，添加一个色块，在“色标”栏中设置位置为 45%，（如果误操作多增加了色块，可在色块上按住鼠标左键不放，向上或向下拖动，即可删除色块）设置颜色为深灰色RGB（100:100:100），然后设置右边的色块，设置颜色为 RGB（255:255:255），如图 2-23 所示。

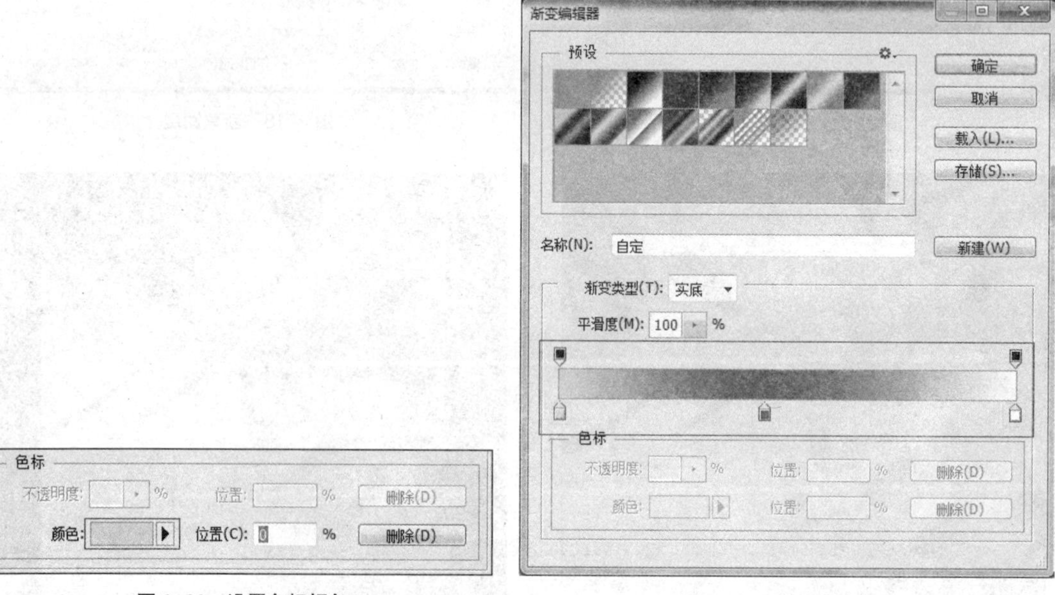

图 2-22　设置色标颜色

图 2-23　设置渐变色

（6）单击确定按钮，效果如图 2-24 所示。

（7）选择【文件】→【打开】命令，在打开的“打开”对话框中选择“素材 1”素材，单击打开(O)按钮，打开“素材 1”素材，如图 2-25 所示。

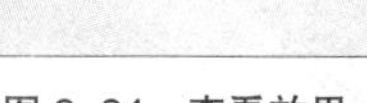

图 2-24　查看效果

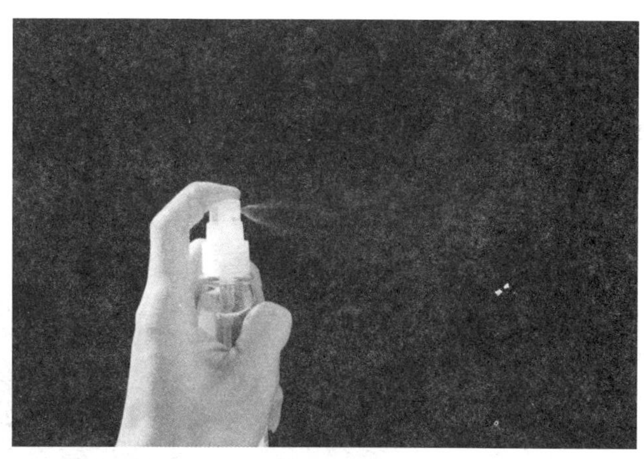

图 2-25　打开素材 1

（8）选择椭圆选框工具，在绘图窗口中单击拖动鼠标建立一个圆形选框，宽高均为 23cm，调整位置，效果如图 2-26 所示。

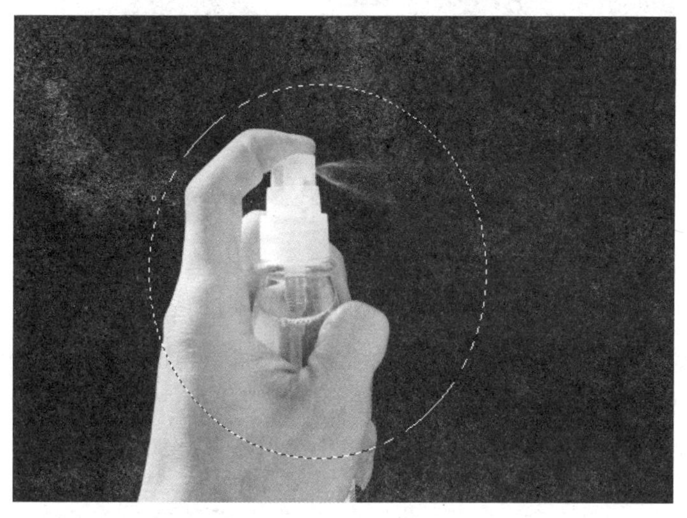

图 2-26　绘制椭圆

（9）选择移动工具，将椭圆中的部分拖入到产品展示中，调整大小和位置，效果如图 2-27 所示。

图 2-27　查看调整后的效果

（10）打开“素材 2”“素材 3”“素材 4”“素材 5”，用椭圆选框工具制作出大小不一样的椭圆，“素材 2”，宽度设置为 30.55cm，高度设置为 22.3cm，“素材 3”，宽度设置为 20cm，高度设置为 31.5cm，“素材 4”，宽度设置为 17cm，高度设置为 27cm，“素材 5”，宽度设置为 27cm，高度设置为 27cm，将各个椭圆中的部分拖到产品展示中，调整位置，效果如图 2-28 所示。

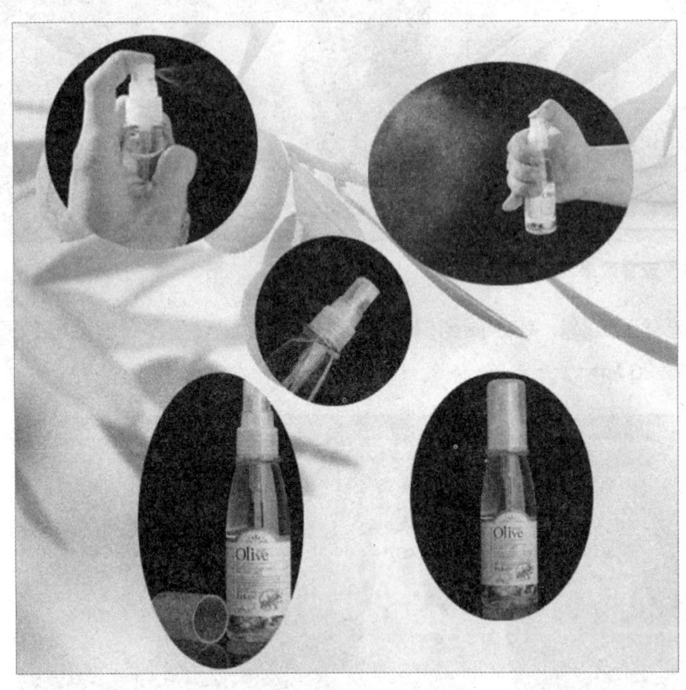

图 2-28　图片调整后的效果

（11）选择直线工具，设置描边颜色为 RGB（75:111:39），8 点，粗细为 5 像素，在椭圆 1 与椭圆 2 之间绘制一条直线，效果如图 2-29 所示。

（12）使用相同的方法在其他椭圆之间绘制直线，效果如图 2-30 所示。

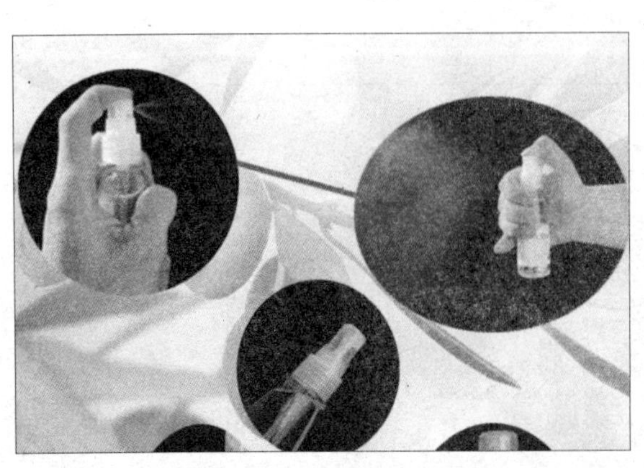

图 2-29　绘制直线

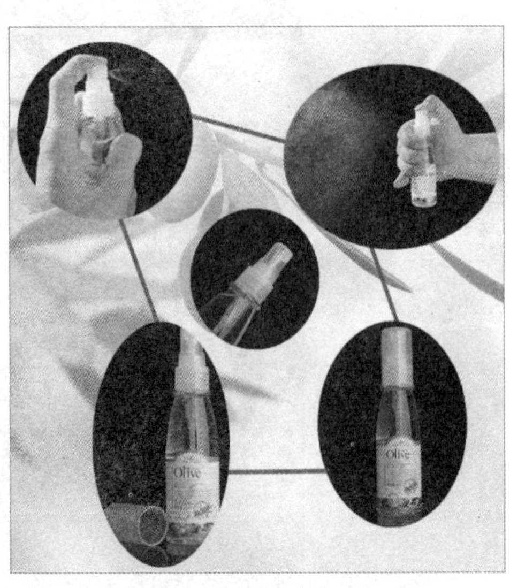

图 2-30　完成其他直线的绘制

实战训练

根据自行选定的拍摄的美容护肤类商品的图片，使用 Photoshop CS6 软件对图片进行美化，可参照保湿喷雾护肤品美化图形式。

任务评价

自我评价

主要内容		自我评价等级（在符合的情况下面打“√”）			
		全都做到了	大部分（80%）做到了	基本（60%）做到了	没做到
图片美化					
自我总结	我的优势				
	我的不足				
	我的努力目标				
	我的具体措施				

小组评价

主要内容	小组评价等级（在符合的情况下面打“√”）			
	全都做到了	大部分（80%）做到了	基本（60%）做到了	没做到
图片美化				
建议	组长签名：　　　　年　　月　　日			

教师评价

主要内容	教师评价等级（在符合的情况下面打“√”）			
	优秀	良好	合格	不合格
图片美化				
评语	教师签名：　　　　年　　月　　日			

任务 2.2　保湿喷雾护肤品的详情页制作

任务目标

学会使用魔棒工具，抠取素材图片。

用矢量蒙版工具，制作保湿喷雾倒影。

用文字工具，组合编辑文字。

任务描述

小李要将保湿喷雾护肤品美化后的成品图以及给定的介绍文字，进行适当的组合排版，最终制作出图 2-31 所示的详情页效果图片。小李做的这张保湿喷雾护肤品详情页的效果图，整体以浅灰色调打底，区块分割布局，用标签划分出 5 个部分，分别是产品信息、信息细化、成分介绍、产品展示和品牌故事。在详情页制作中需要完成这 5 个部分。

图 2-31　保湿喷雾护肤品详情页

任务实施

2.2.1　制作产品信息部分

下面对产品信息部分的制作方法进行介绍，其具体操作如下。

（1）启动 Photoshop CS6 程序，选择【文件】→【新建】命令，在打开的“新建”对话框中设置名称为保湿喷雾详情页，宽度为 794 像素，高度为 2970 像素，分辨率为 72 像素/英寸，颜色模式为 RGB 颜色 8 位，背景内容为白色，单击 确定 按钮，如图 2-32 所示。

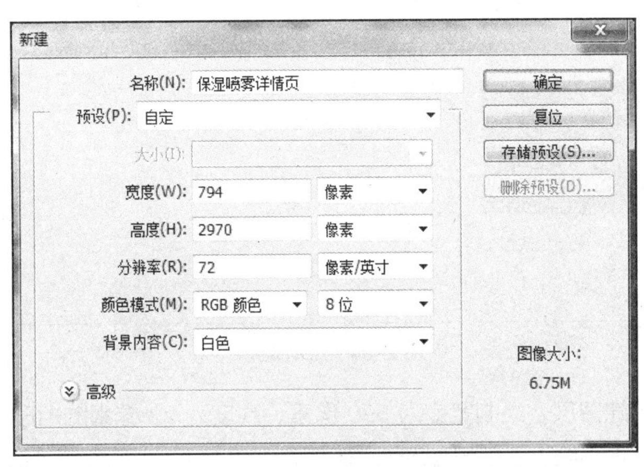

图 2-32　设置背景尺寸

（2）设置工具栏里面的前景色为 RGB（244:244:244），选择油漆桶工具，在绘图窗口中单击鼠标填充前景色，效果如图 2-33 所示。

图 2-33　填充前景色

（3）选择矩形工具，设置前景色为 RGB（75:111:39），按住【Ctrl+R】组合键，打开标尺，在标尺的 0.85 厘米处绘制宽为 44 像素、高为 22 像素的图形，新建图层，调整位置，效果如图 2-34 所示。

图 2-34　绘制矩形

（4）颜色不变，新建图层，绘制宽度为 590 像素、高度为 22 像素的矩形，调整位置，使其与刚绘制的矩形保持在同一水平线上，效果如图 2-35 所示。

图 2-35　新建图层并与长矩形对齐

（5）选择文字工具，设置字体为“创艺简粗黑”，字体大小为 35.36 点，字体颜色为 RGB（75:111:39），输入文字“产品信息”，调整位置，效果如图 2-36 所示。

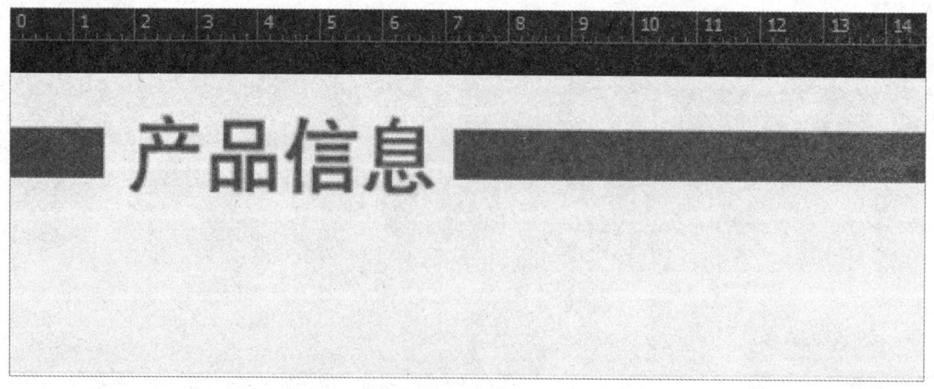

图 2-36　输入文字

（6）选择【文件】→【打开】命令，在打开的“打开”对话框中选择“橄榄枝”素材，单击 打开(O) 按钮，打开“橄榄枝”素材，如图 2-37 所示。

（7）双击图片图层，新建图层，如图 2-38 所示。

图 2-37 打开素材

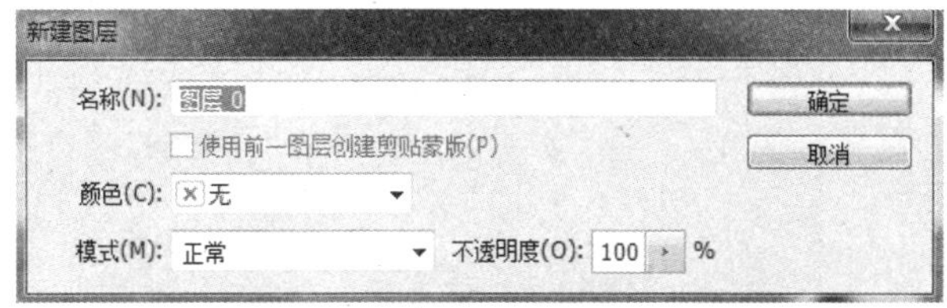

图 2-38 新建图层

（8）选择魔棒工具单击图片中的白色部分，再按住【Shift】键，选中橄榄枝中间白色部分，如图 2-39 所示。

（9）选择【选择】→【反向】命令，选中橄榄枝，在选择的范围上按住鼠标左键不放拖到主页中，合理调整大小和位置，效果如图 2-40 所示。

图 2-39 选中白色部分

图 2-40 查看调整后的效果

（10）选择文字工具，设置字体为“创艺简中圆”，字体大小为 20.09 点，输入文字“Product information”，调整位置，设置字体颜色为 RGB（255:255:255），效果如图 2-41 所示。

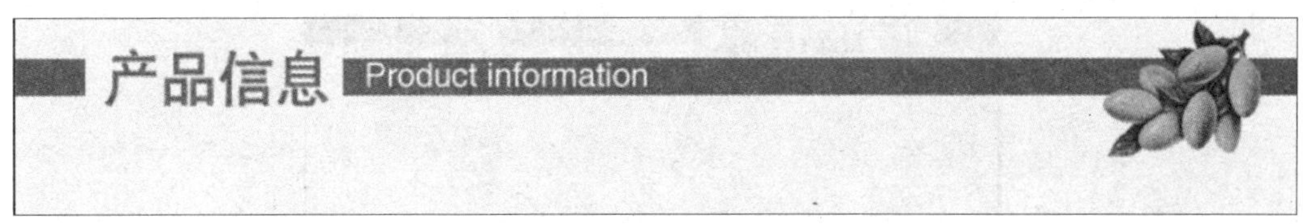

图 2-41 输入文字并调整位置

（11）设置前景色为 RGB（239:238:210）选择矩形工具，绘制宽度为 794 像素、高度为 457 像素的矩形，新建图层，调整位置，效果如图 2-42 所示。

（12）选择【文件】→【打开】命令，在打开的“打开”对话框中选择“韩伊 LOGO”素材，单击打开(O)按钮，打开“韩伊 LOGO”素材，如图 2-43 所示。

（13）双击图片图层，新建图层，如图 2-44 所示。

图 2-42　新建图层并调整其位置

图 2-43　打开“韩伊 LOGO”素材

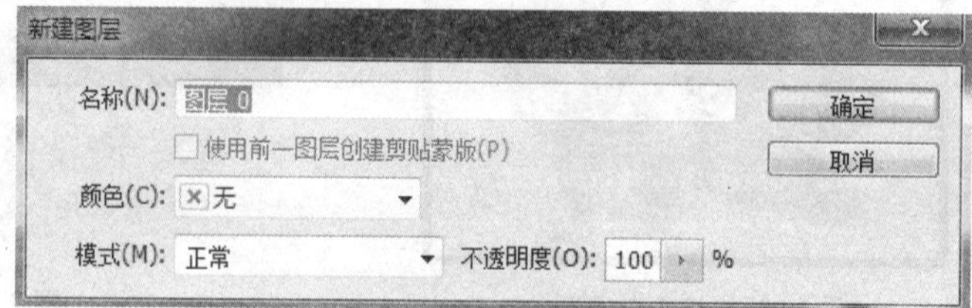

图 2-44　新建图层

（14）单击图片按住鼠标左键不放拖到主页中，合理调整大小和位置，效果如图 2-45 所示。

图 2-45　调整 LOGO 位置

（15）单击【文件】→【打开】命令，在打开的“打开”对话框中选择“素材 3”素材，单击 打开(O) 按钮，打开“素材 3”素材，如图 2-46 所示。

（16）双击图片图层，新建图层，如图 2-47 所示。

图 2-46　打开“素材 3”

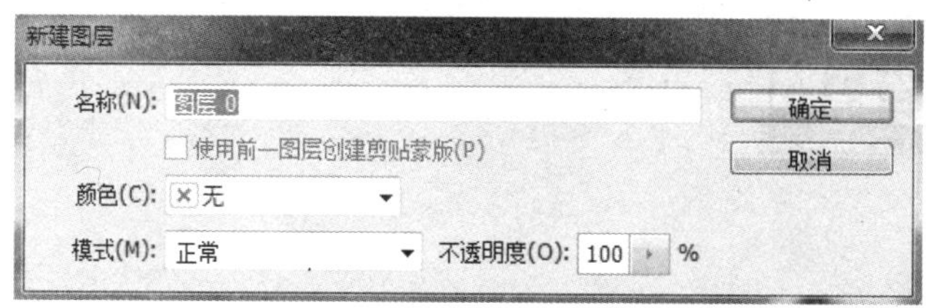

图 2-47　新建图层

（17）选择钢笔工具，将“素材 3”的保湿喷雾护肤品的图像抠取出来，如图 2-48 所示。

（18）将抠取的保湿喷雾护肤品图像拖到主页中，并调整其位置，如图 2-49 所示。

图 2-48　抠取保湿喷雾护肤品图像

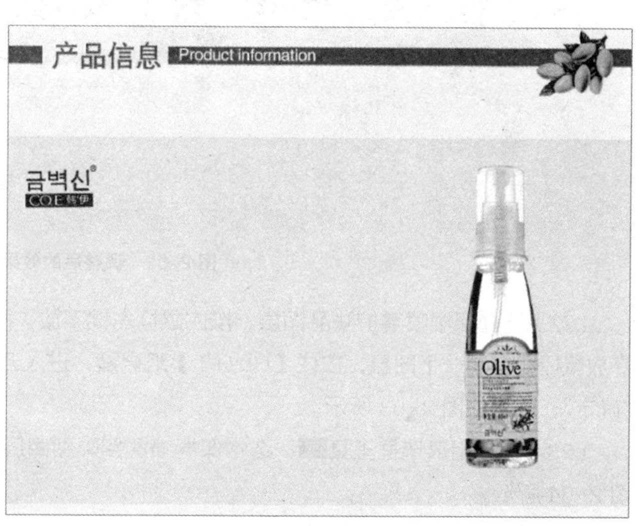

图 2-49　调整图形主页位置

（19）选择【文件】→【打开】命令，在打开的“打开”对话框中选择“橄榄背景图”素材，单击 打开(O) 按钮，打开“橄榄背景图”素材，如图 2-50 所示。

图 2-50　打开“橄榄背景图”素材

（20）双击图片图层，新建图层，如图 2-51 所示。

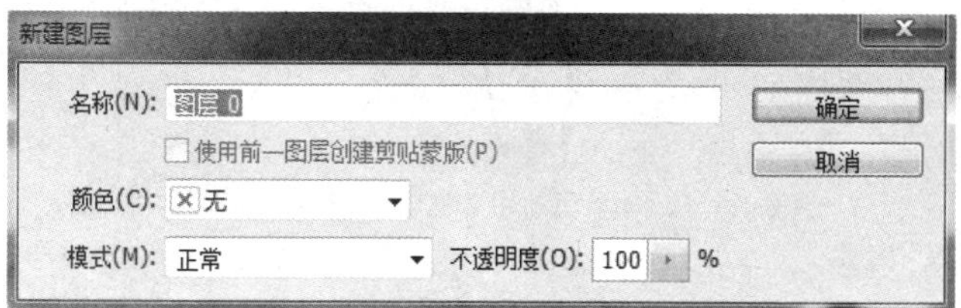

图 2-51　新建图层

（21）将“橄榄背景图”图片拖到主页中，合理调整大小和位置，再将图层放于保湿喷雾护肤品图层之下，效果如图 2-52 所示。

图 2-52　调整后的效果

（22）选择保湿喷雾护肤品图层，按住鼠标左键不放，拖动到右下角的“创建新图层”按钮上，释放鼠标，复制一个图层，按住【Ctrl+T】组合键，进入到编辑状态，垂直翻转，调整位置，再点击“确定”，效果如图 2-53 所示。

（23）选择矩形选框工具，选中保湿喷雾倒影图图层，选择【选择】→【反向】命令，效果如图 2-54 所示。

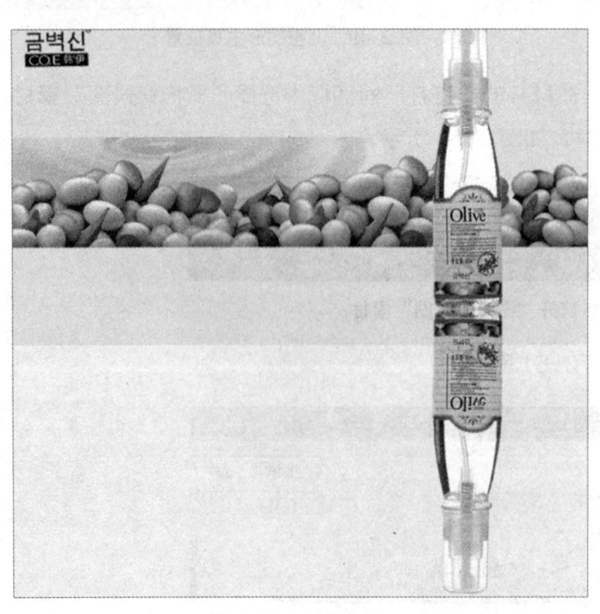

图 2-53　翻转图形

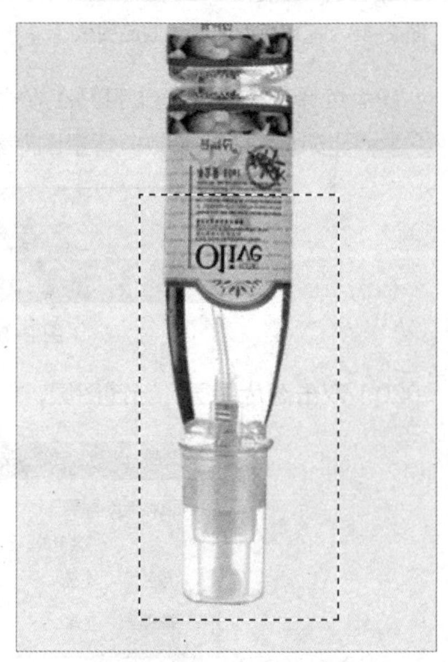

图 2-54　绘制矩形

（24）单击右下角的“添加图层蒙版”按钮，形成蒙版图层，如图 2-55 所示。

图 2-55 形成蒙版

（25）在图层右上方，设置该图层的不透明度为 10%，效果如图 2-56 所示。

图 2-56 有图层面板的图

（26）选择橡皮擦工具，设置大小为 30 像素，如图 2-57 所示，橡皮擦头设置为柔边圆。

（27）擦掉底部多余部分，效果如图 2-58 所示。

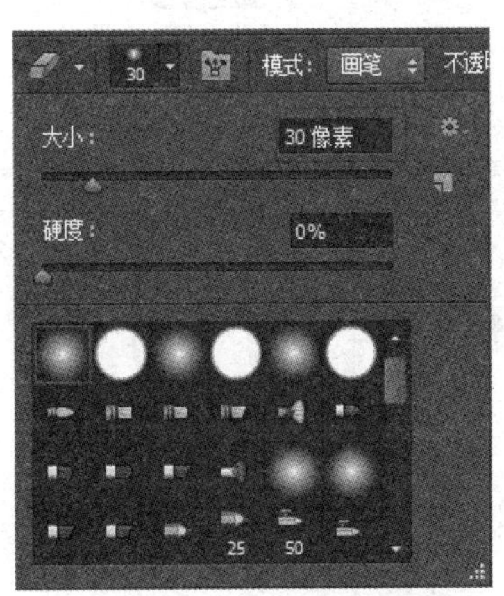

图 2-57 设置橡皮擦大小

图 2-58 擦掉底部多余部分

（28）选择文字工具，设置字体为宋体，字体大小为 13 点，字体颜色为黑色，输入文字“【产品名称】CO · E/韩’伊橄榄清盈保”“【规格类型】正常规格”“【化妆品净含量】80mL”“【功效】

补水保湿其他/other”“【品牌】CO.E 韩伊”“【化妆水/爽肤水单品】 橄榄清盈保湿肌水”，设置上下间距为 30.66 点，调整位置，效果如图 2–59 所示。

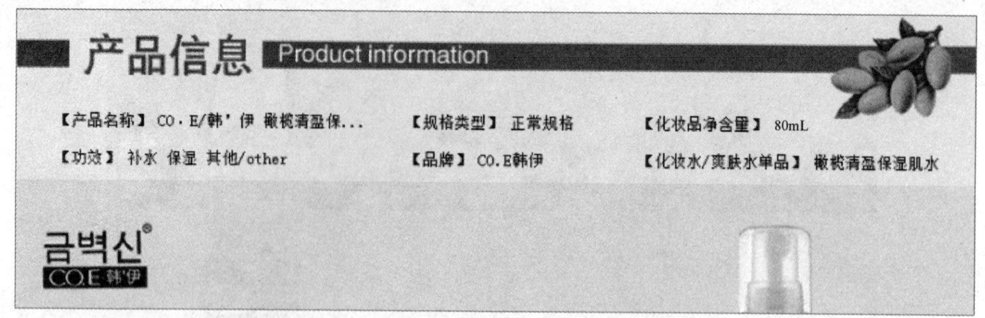

图 2–59 输入并调整文字

（29）新建图层，设置字体为“创艺简粗黑”，字体大小为 37.39 点，输入文字“橄榄清盈保湿肌水”，调整位置，效果如图 2–60 所示。

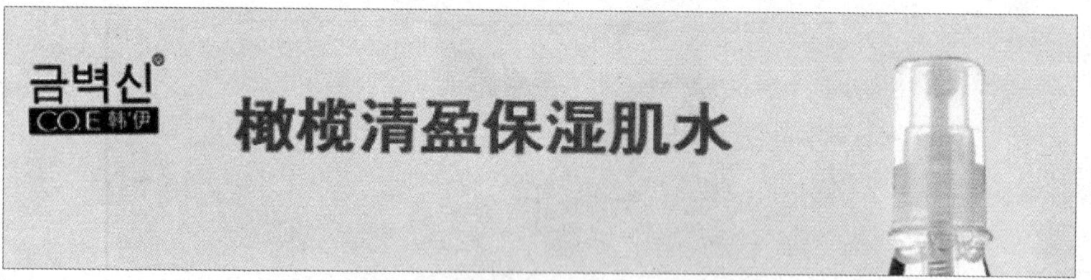

图 2–60 新建图层并输入文字

（30）双击该文字图层，打开“图层样式”对话框，选择“渐变叠加”选项，单击渐变色块，如图 2–61 所示。

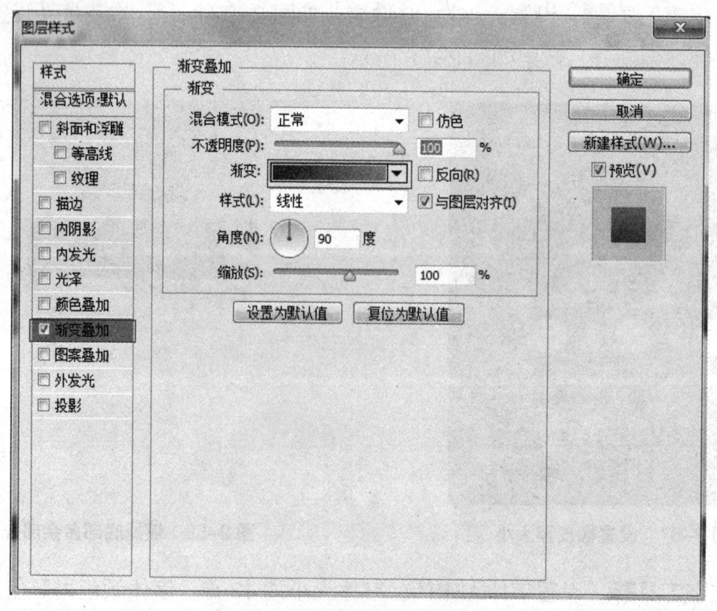

图 2–61 “图层样式”对话框

（31）打开“渐变编辑器”对话框，如图 2-62 所示。

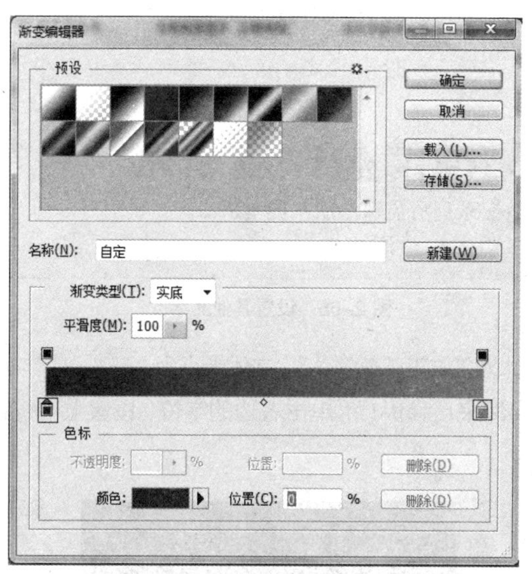

图 2-62 打开“渐变编辑器”对话框

（32）单击渐变色带左下角的色块，在“色标”栏中设置颜色为 RGB（200:0:0），再单击渐变色带右下角的色块，在“色标”栏中设置颜色为 RGB（250:117:30），依次单击 确定 按钮，关闭“图层样式”对话框，文字效果如图 2-63 所示。

图 2-63 设置渐变色后的字体效果

（33）新建图层，设置字体为“创艺简粗黑”，字体大小为 19.42 点，颜色为 RGB（75:111:39），输入文字“橄榄系列清盈保湿肌水喷雾 80mL”，调整位置，效果如图 2-64 所示。

图 2-64 输入并设置其他文字

（34）新建图层，设置字体为“创艺简中圆”，字体大小为 19.27 点，颜色为 RGB（127:86:41），输入文字“深层补水 滋润”，调整位置，效果如图 2-65 所示。

图 2-65 设置其他文字

（35）新建图层，设置字体为“方正黄草简体”，字体大小为 28.56 点，字体颜色为 RGB（89:89:89），输入文字“美丽源于自然，自然来自韩伊！”，单击右边的字符，设置上下行距为 35.03 点，字距为-50，如图 2-66 所示。

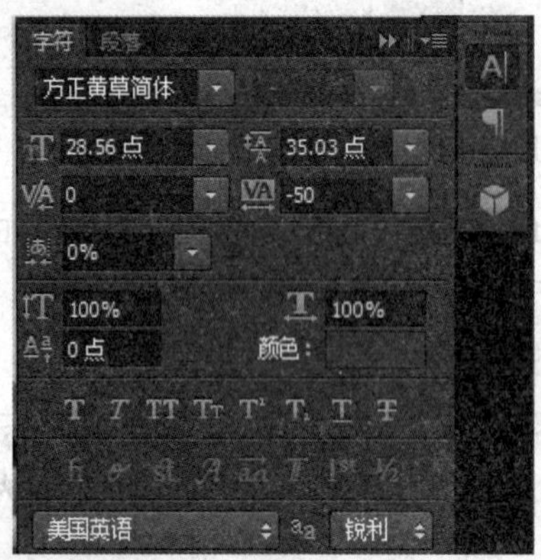

图 2-66 设置字体样式

（36）调整文字位置，完成后的效果如图 2-67 所示。

图 2-67 完成后的效果

2.2.2 制作其他产品信息部分

下面对其他产品信息部分的制作方法进行介绍，其具体操作如下。

（1）设置前景色为 RGB（75:111:39），选择矩形工具▣，绘制宽度为 44 像素、高度为 22 像素的矩形，新建图层，调整位置，效果如图 2-68 所示。

图 2-68 绘制矩形并调整位置

（2）颜色不变，新建图层，绘制宽度为 590 像素、高度为 22 像素的矩形，调整位置，效果如图 2-69 所示。

图 2-69 新建图层并设置高度

（3）选择文字工具T，设置字体为“创艺简粗黑”，字体大小为 35.36 点，字体颜色为 RGB（75:111:39），输入文字“产品信息”，调整位置，效果如图 2-70 所示。

图 2-70 输入文字

（4）选择【文件】→【打开】命令，在打开的“打开”对话框中选择“橄榄枝”素材，单击 打开(O) 按钮，打开“橄榄枝”素材，如图 2-71 所示。

（5）双击图片图层，新建图层，如图 2-72 所示。选择魔棒工具，单击图片中白色部分，然后按住【Shift】键，单击橄榄枝中间白色部分，如图 2-73 所示。

图 2-71　打开“橄榄枝”素材

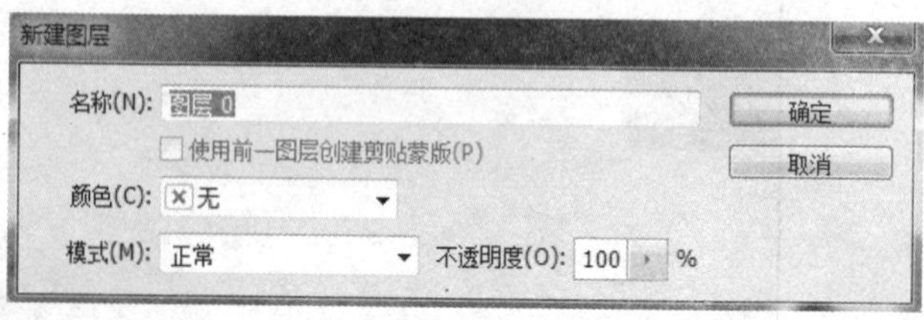

图 2-72　新建图层

图 2-73　选择选区

（6）选择【选择】→【反向】命令，选中橄榄枝，把橄榄枝拖到主页中，合理调整大小和位置，效果如图 2-74 所示。

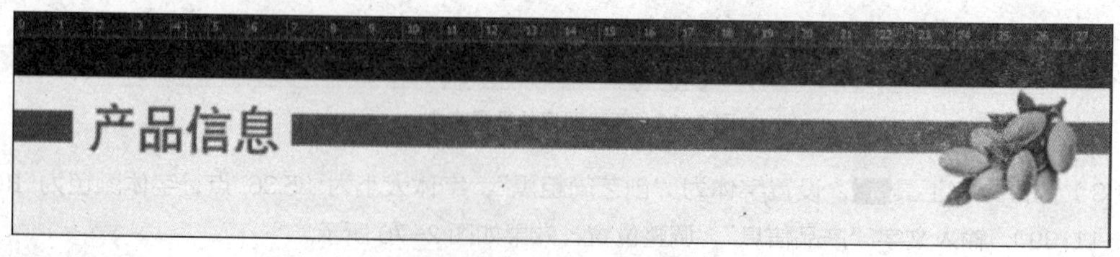

图 2-74　查看调整后的效果

（7）选择文字工具，设置字体为“创艺简中圆”，字体大小为 20.09 点，输入英文“Product information”，调整位置，效果如图 2-75 所示。

（8）选择【文件】→【打开】命令，在打开的“打开”对话框中选择“素材 3”素材，单击 打开(O) 按钮，打开“素材 3”素材，如图 2-76 所示。

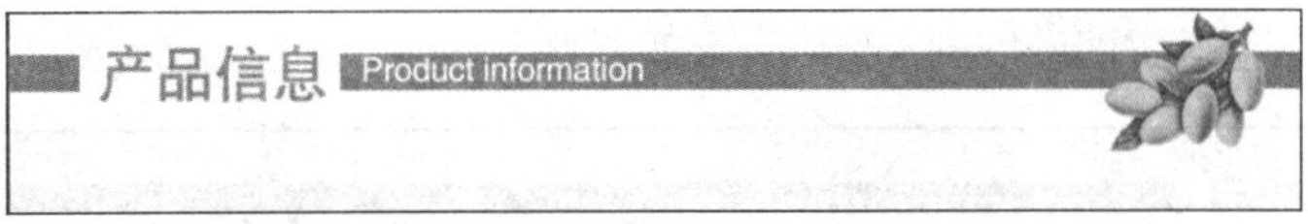
产品信息
Product information

图 2–75 输入英文“Product information”

Olive

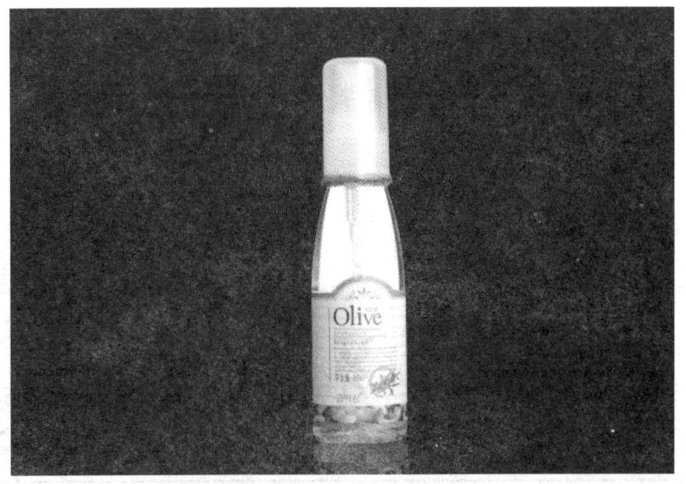

图 2–76 打开“素材 3”素材

（9）双击图片图层，新建图层，如图 2–77 所示。

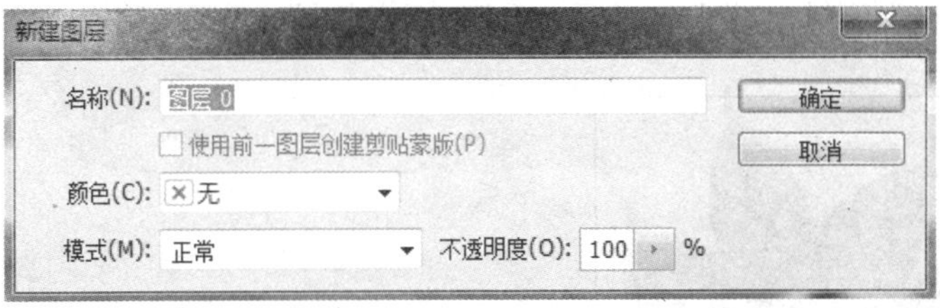
新建图层
名称(N): 图层 0
确定
使用前一图层创建剪贴蒙版(P)
取消
颜色(C): 无
模式(M): 正常
不透明度(O): 100 %

图 2–77 新建图层

（10）选择钢笔工具，将素材 3 的保湿喷雾图像抠取出来，如图 2–78 所示。

Olive

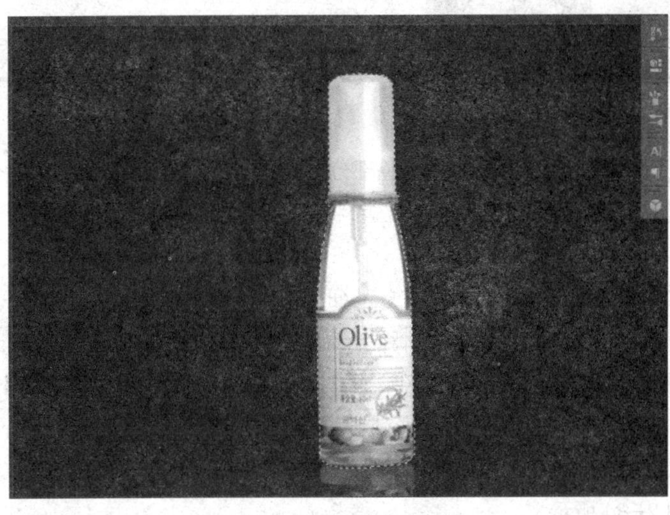

图 2–78 抠取保湿喷雾图像

（11）将抠取的保湿喷雾图像拖到主页中，合理调整大小和位置，效果如图 2-79 所示。

图 2-79　合理调整大小和位置

（12）选择【文件】→【打开】命令，在打开的“打开”对话框中选择“素材 2”素材，单击打开(O)按钮，打开“橄榄枝 2”素材，如图 2-80 所示。双击图片图层，新建图层，如图 2-81 所示。

图 2-80　打开“橄榄枝 2”素材

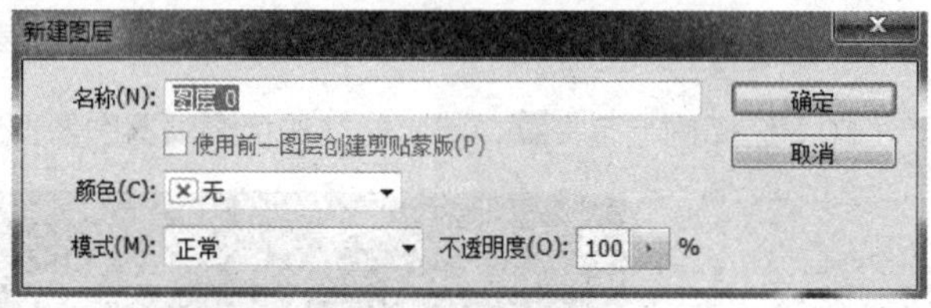

图 2-81　新建图层

（13）选择魔棒工具，单击图片中的白色部分，选择【选择】→【反向】命令，选中橄榄枝，将选择的橄榄枝拖到主页中，合理调整大小和位置，将该图层放于保湿喷雾图层的下方，效果如图 2-82 所示。

（14）选择文字工具，设置字体为“方正细黑一简体”，字体大小为 18 点，颜色为 RGB（101:128:25），输入文字“韩伊 olive 橄榄清盈保湿肌水喷雾 80mL 中国广东 36 元 3 年（具体详情见实物）任何肤质/所有人群蕴含多种美肤成分，随时随地或上妆后使用，为皮肤提供及时的补水和保湿，带来意想不到的滋润效果!并在肌肤表层形成一层保护膜，锁住水分使妆容持久、自然，充满光泽。瞬间保湿肌肤、使状容持久、自然。”调整上下行距为 30.66 点。文字行距为-25，如图 2-83 所示。调整位置，效果如图 2-84 所示。

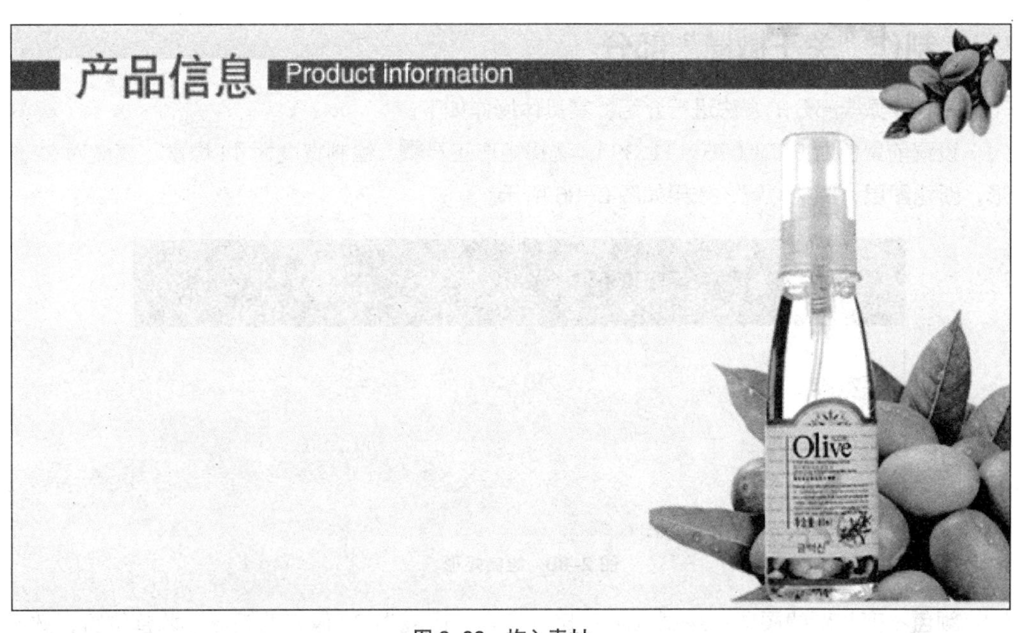

图 2-82 拖入素材

图 2-83 设置字体样式

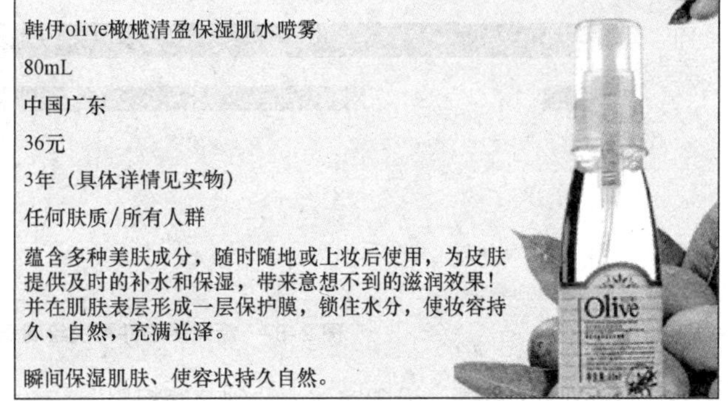

图 2-84 文字效果

（15）新建图层，设置字体为创艺简粗黑，字体大小为 20 点，字体颜色为 RGB（101:128:25），输入文字“商品名称:”“产品规格:”“产地:”“专柜价:”“保质期:”“适合人群:”“产品介绍:”“产品特点:”，调整位置，效果如图 2-85 所示。

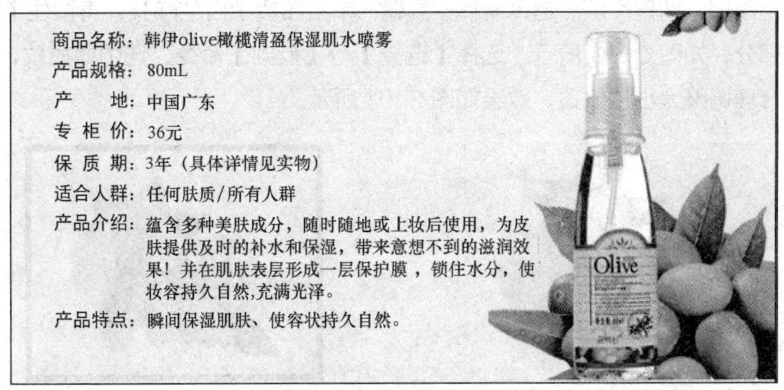

图 2-85 设置字体

2.2.3 制作“关于橄榄”部分

下面对制作橄榄部分的方法进行介绍，其具体操作如下。

（1）设置前景色为 RGB（75:111:39），选择矩形工具，绘制宽度为 44 像素、高度为 22 像素的矩形，新建图层，调整位置，效果如图 2-86 所示。

图 2-86 绘制矩形

（2）颜色不变，新建图层，绘制宽度为 590 像素、高度为 22 像素的矩形，调整位置，效果如图 2-87 所示。

图 2-87 新建图层并再次绘制矩形

（3）选择文字工具，设置字体为“创艺简粗黑”，字体大小为 35.36 点，颜色为 RGB（75:111:39），输入文字“关于橄榄”，调整位置，效果如图 2-88 所示。

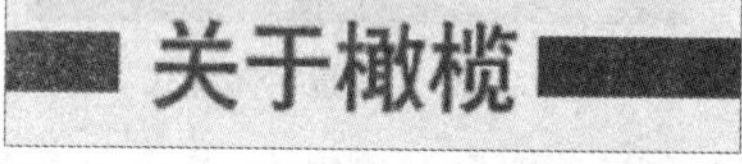

图 2-88 输入文字

（4）选择【文件】→【打开】命令，在打开的“打开”对话框中选择“橄榄枝”素材，单击打开(O)按钮，打开“橄榄枝”素材，如图 2-89 所示。

（5）双击图片图层，新建图层。选择魔棒工具，单击图片中白色部分，再按住【Shift】键单击橄榄枝中间白色部分，如图 2-90 所示。选择【选择】→【反向】命令，选中橄榄枝，将选中的橄榄枝拖到主页中，合理调整大小和位置，效果如图 2-91 所示。

图 2-89 打开“橄榄枝”素材

图 2-90 选中橄榄枝白色部分

图 2-91　调整图片大小和位置

（6）选择文字工具▣，设置字体为“创艺简中圆”，字体大小为 20.09 点，输入文字“About olive”，调整位置，效果如图 2-92 所示。

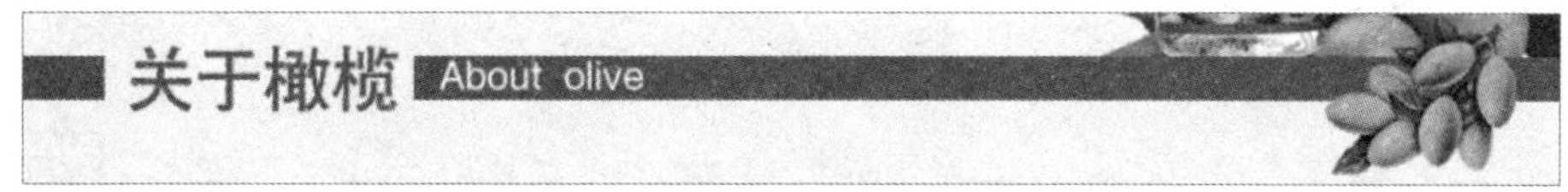

图 2-92　输入文字

（7）选择【文件】→【打开】命令，在打开的“打开”对话框中选择“素材 4”素材，单击[打开(O)]按钮，打开“素材 4”素材，如图 2-93 所示。

（8）双击图片图层，新建图层，选择魔棒工具▣，单击图片中白色部分，再按住【Shift】，单击素材其他白色部分。选择【选择】→【反向】命令，选中素材，将选择的素材拖到主页中，按【Ctrl+T】组合键，进行编辑状态，单击鼠标右键，在弹出的快捷菜单中选择“水平翻转”命令，合理调整其大小和位置，效果如图 2-94 所示。

（9）使用相同的方法添加如图 2-95 所示的素材。

图 2-93　打开“素材 4”素材

图 2-94　水平翻转素材

图 2-95　添加素材

（10）将其放到主页中，再调整其大小和位置，效果如图 2-96 所示。

（11）选择文字工具▣，设置字体为“创艺简粗黑”，字体大小为 27.6 点，字体颜色为 RGB（101:128:25），输入文字“天堂之果——橄榄，不一般的呵护！”，调整位置，效果如图 2-97 所示。

（12）新建图层，设置字体为黑体，字体大小为 17 点，输入文字：橄榄油的脂肪酸中 80%以上为不饱和脂肪酸，富含维生素 A、维生素 D、维生素 E 等，对人体很有好处。橄榄油在地中海沿岸国家有几千年的历史，在西方被誉为“液体黄金”“植物油皇后”“地中海甘露”，原因就在于其极佳的天然保健、美容功效。输入完后调整位置，效果如图 2-98 所示。

图 2-96　调整素材位置

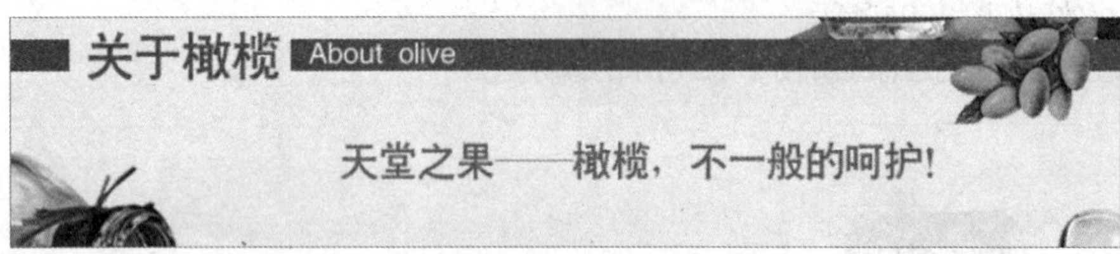

图 2-97　输入文字

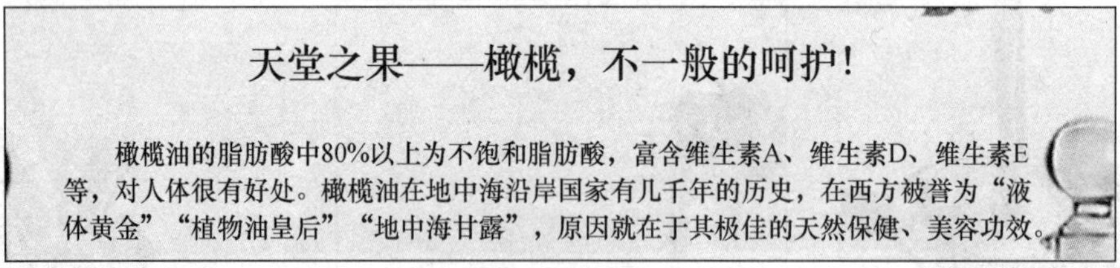

天堂之果——橄榄，不一般的呵护！

橄榄油的脂肪酸中80%以上为不饱和脂肪酸，富含维生素A、维生素D、维生素E等，对人体很有好处。橄榄油在地中海沿岸国家有几千年的历史，在西方被誉为“液体黄金”“植物油皇后”“地中海甘露”，原因就在于其极佳的天然保健、美容功效。

图 2-98　输入文字

（13）新建图层，输入文字“橄榄油富含与皮肤亲和力极佳的角鲨烯和人体必需脂肪酸，被人体吸收迅速，有效保持皮肤弹性和润泽；橄榄油中所含丰富的单不饱和脂肪酸和维生素 E、维生素 K、维生素 A、维生素 D 等及酚类抗氧化物质，能消除面部皱纹；防止肌肤衰老，有护肤护发和防治手足皲裂等功效，是可以“吃”的美容护肤品！洗发、护发方面，橄榄油将会使头发变得更光亮和顺滑。作为沐浴露，橄榄油可美白、滋润皮肤。另外，用橄榄油抹皮肤能抗击紫外线，防止皮肤癌。”双击该文字图层，打开“图片样式”对话框，选择“描边”选项，设置大小为 3 像素，颜色为 RGB(244:244:244)，如图 2-99 所示。调整位置，效果如图 2-100 所示。

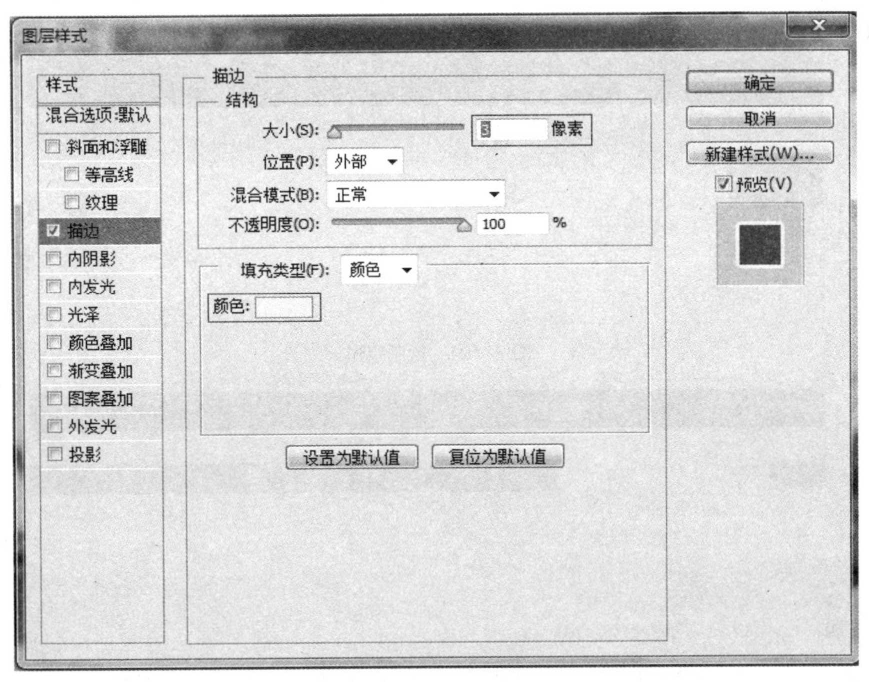

图 2-99 设置文字图层样式

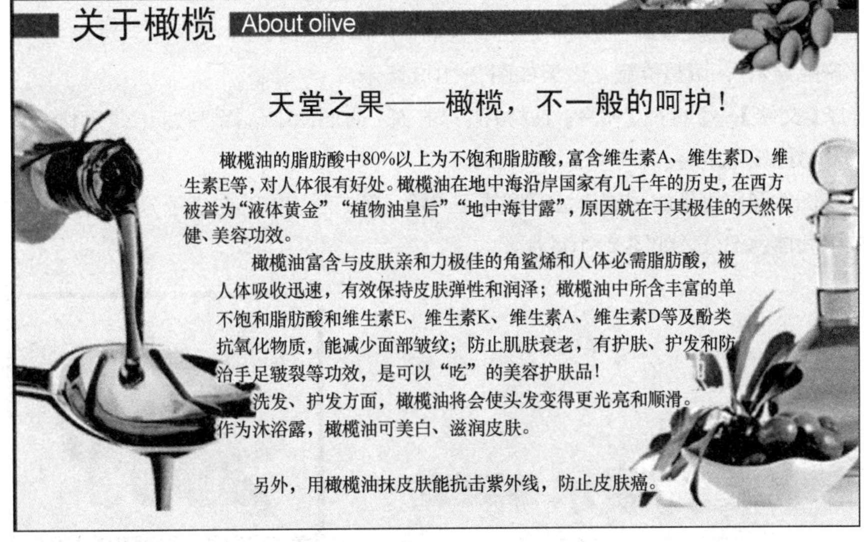

图 2-100 调整文字位置后的效果

2.2.4 制作产品展示部分

下面对产品展示部分的制作方法进行介绍，其具体操作如下。

（1）设置前景色为 RGB（75:111:39），选择矩形工具■，绘制宽度为 44 像素、高度为 22 像素的矩形，新建图层，调整位置，效果如图 2-101 所示。

（2）颜色不变，绘制矩形，设置宽度为 590 像素，高度为 22 像素，调整位置，效果如图 2-102 所示。

图 2-101　绘制矩形

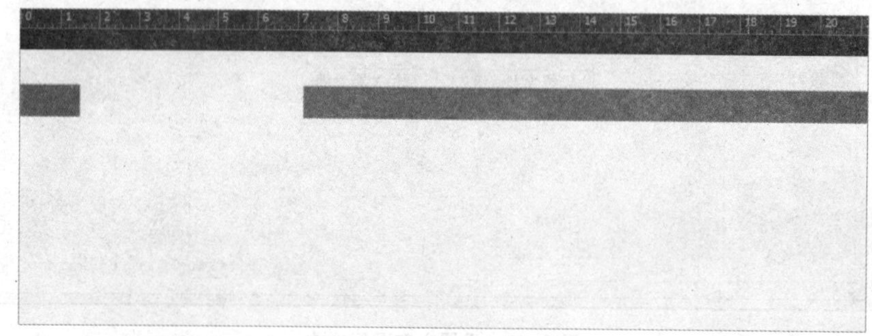

图 2-102　新建图层并再次绘制矩形

（3）选择文字工具T，设置字体为“创艺简粗黑”，字体大小为35.36点，颜色为RGB（75:111:39），输入文字“产品展示”，调整位置，效果如图 2-103 所示。

（4）选择【文件】→【打开】命令，在打开的“打开”对话框中选择“橄榄枝”素材，单击打开(O)按钮，打开“橄榄枝”素材。

（5）双击图片图层，新建图层。选择魔棒工具，单击图片中的白色部分，再按住【Shift】键，单击橄榄枝中间白色部分，如图 2-104 所示。

图 2-103　输入文字

图 2-104　选中白色部分

（6）选择【选择】→【反向】命令，选中橄榄枝，将选中的橄榄枝拖到主页中，合理调整大小和位置，效果如图 2-105 所示。

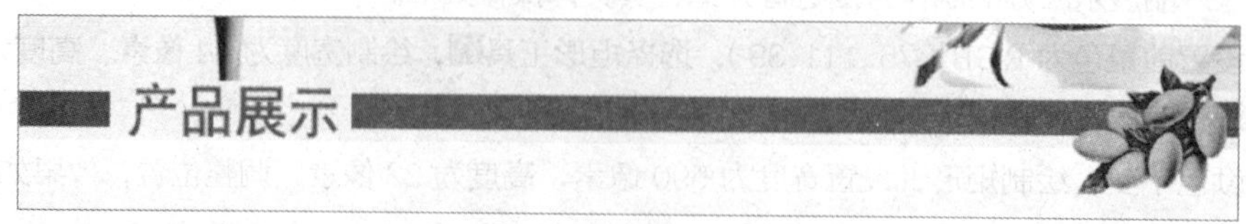

图 2-105　调整图片大小和位置

（7）选择文字工具T，设置字体为“创艺简中圆”，字体大小为 20.09 点，输入文字“Product exhibition”，调整位置，效果如图 2-106 所示。

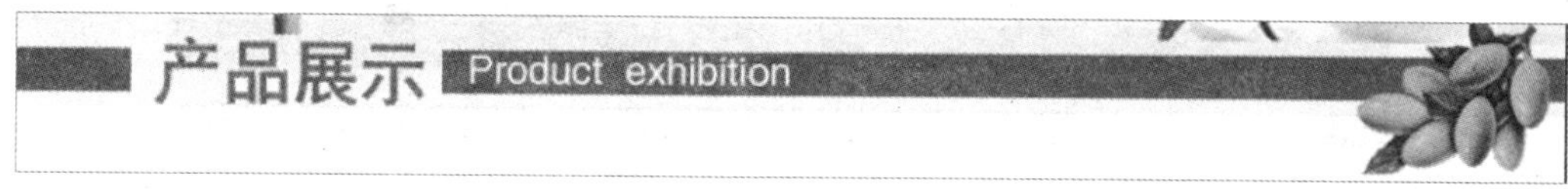

图 2-106　输入文字

（8）选择【文件】→【打开】命令，在打开的“打开”对话框中选择“产品展示”素材，单击打开(O)按钮，打开“产品展示”素材，如图 2-107 所示。双击图片图层，新建图层。将素材拖到主页中，合理调整大小和位置，效果如图 2-108 所示。

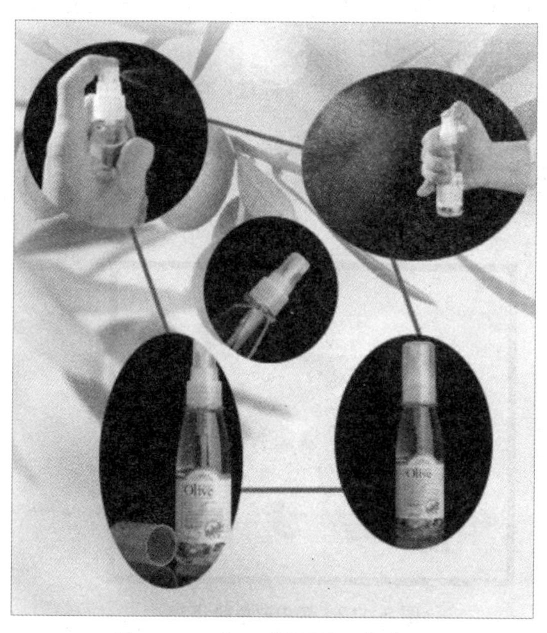

图 2-107　打开“产品展示”素材

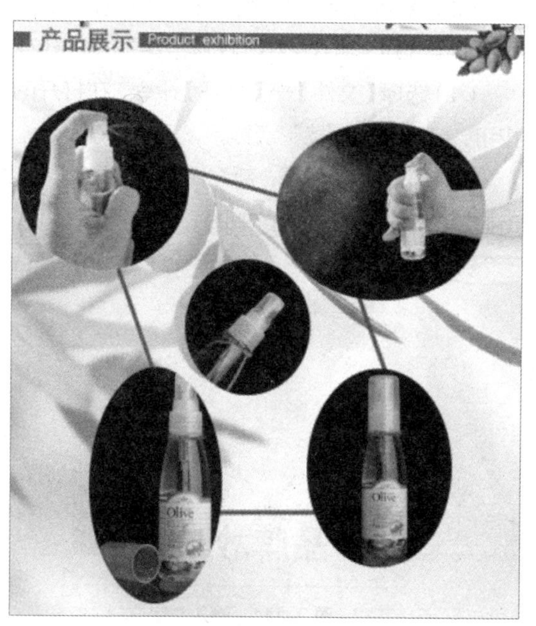

图 2-108　调整图片大小和位置

2.2.5　制作品牌故事部分

下面对制作品牌故事部分的方法进行介绍，其具体操作如下。

（1）设置前景色为 RGB（75:111:39），选择矩形工具，绘制宽度为 44 像素，高度为 22 像素的矩形，新建图层，调整位置，效果如图 2-109 所示。

图 2-109　绘制矩形

（2）颜色不变，新建图层，绘制矩形，设置宽度为 590 像素，高度为 22 像素。调整位置，效果如图 2-110 所示。

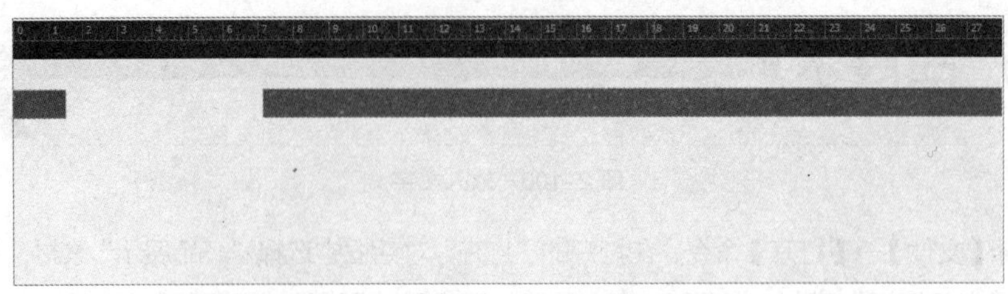

图 2-110　新建图层并再次绘制矩形

（3）选择文字工具，设置字体为“创艺简粗黑”，字体大小为 35.36 点，字体颜色为 RGB（75:111:39），输入文字“品牌故事”，调整位置，效果如图 2-111 所示。

（4）选择【文件】→【打开】命令，在打开的“打开”对话框中选择“橄榄枝”素材，单击打开(O)按钮，打开“橄榄枝”素材。

（5）双击图片图层，新建图层。选择魔棒工具，单击图片中白色部分，再按住【Shift】键，单击橄榄枝中间白色部分，如图 2-112 所示。

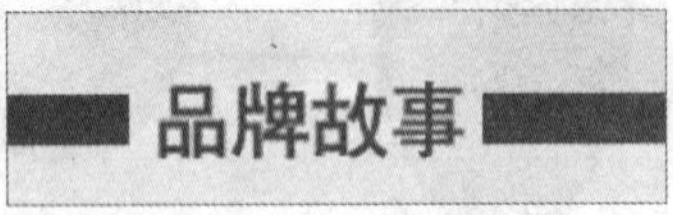

品牌故事

图 2-111　输入文字

图 2-112　选中白色部分

（6）选择【选择】→【反向】命令，选中橄榄枝，将橄榄枝拖到主页中，合理调整大小和位置，如图 2-113 所示。

图 2-113　调整大小和位置

（7）选择文字工具，设置字体为“创艺简中圆”，字体大小为 20.09 点，输入英文“Brand story”，调整位置，效果如图 2-114 所示。

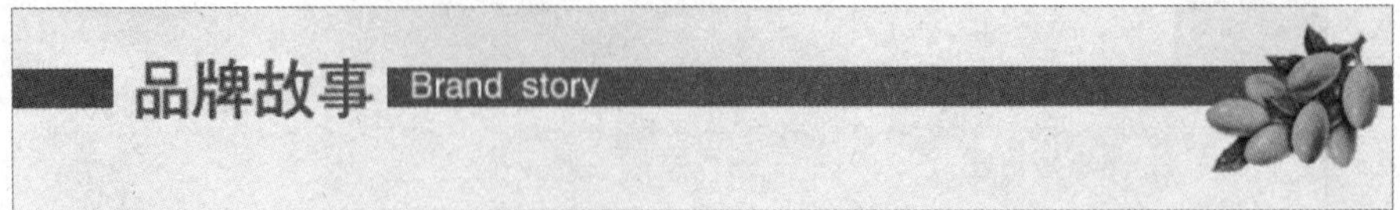

图 2-114　输入英文

（8）设置前景色为 RGB（75:111:39），选择圆角矩形工具■，绘制圆角矩形，设置宽度为 126 像素，高度为 52 像素，半径为 10 像素，绘制 3 个圆角矩形，调整位置，效果如图 2-115 所示。

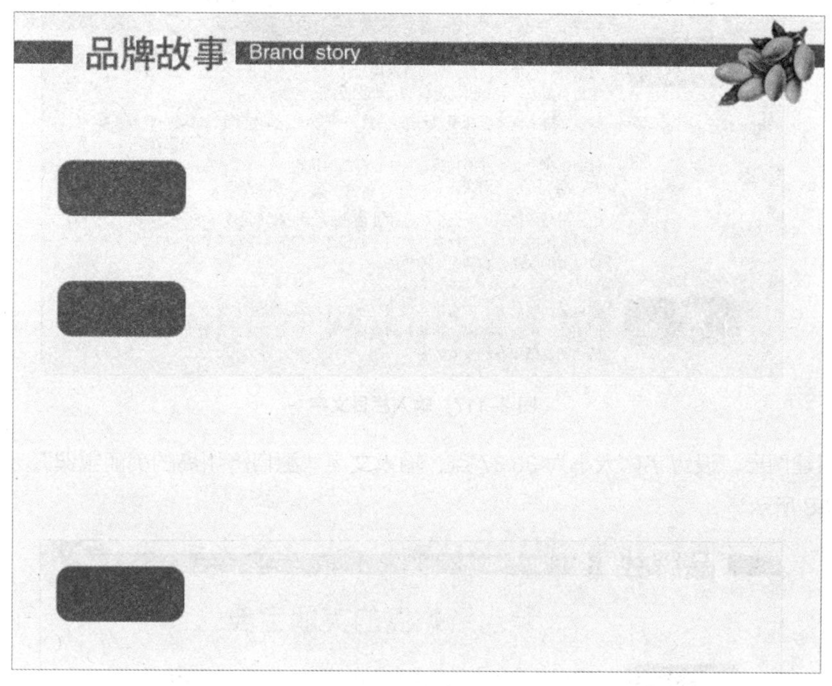

图 2-115 绘制圆角矩形

（9）选择文字工具■，设置字体为“创艺简中圆”，字体大小为 15 点，颜色为 RGB（75:111:39），输入如图 2-116 所示文字。

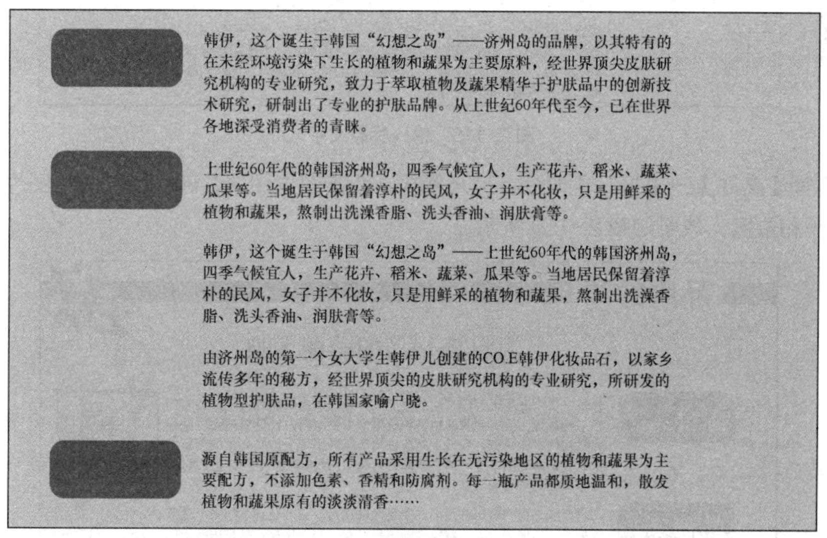

图 2-116 输入文字

（10）新建图层，设置字体大小为 27.6 点，颜色为 RGB（239:238:210），输入文字“源自”“品牌”“自然”，调整位置。新建图层，设置字体大小为 19 点，输入文字“From”“Brand”“Nature”，调整位置，效果如图 2-117 所示。

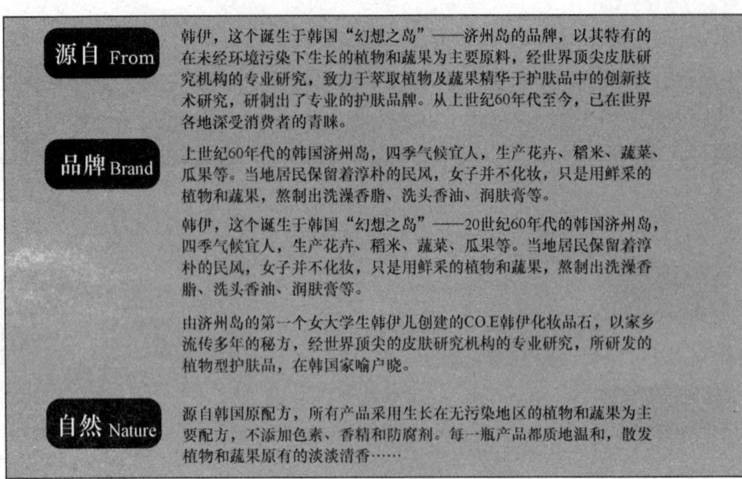

图 2–117　输入栏目文字

（11）新建图层，设置字体大小为 33.37 点，输入文字“源自济州岛的美丽宝典”，调整位置，效果如图 2–118 所示。

图 2–118　输入标题文字

（12）选择【文件】→【打开】命令，打开素材，双击图片图层，新建图层。将图片拖到主页中，合理调整大小和位置，效果如图 2–119 所示。

图 2–119　添加图片

（13）使用相同的方法，按照从上自下的顺序将“品牌故事 2”“品牌故事 3”“品牌故事 4”素材拖到主页中，最终效果如图 2-120 所示。

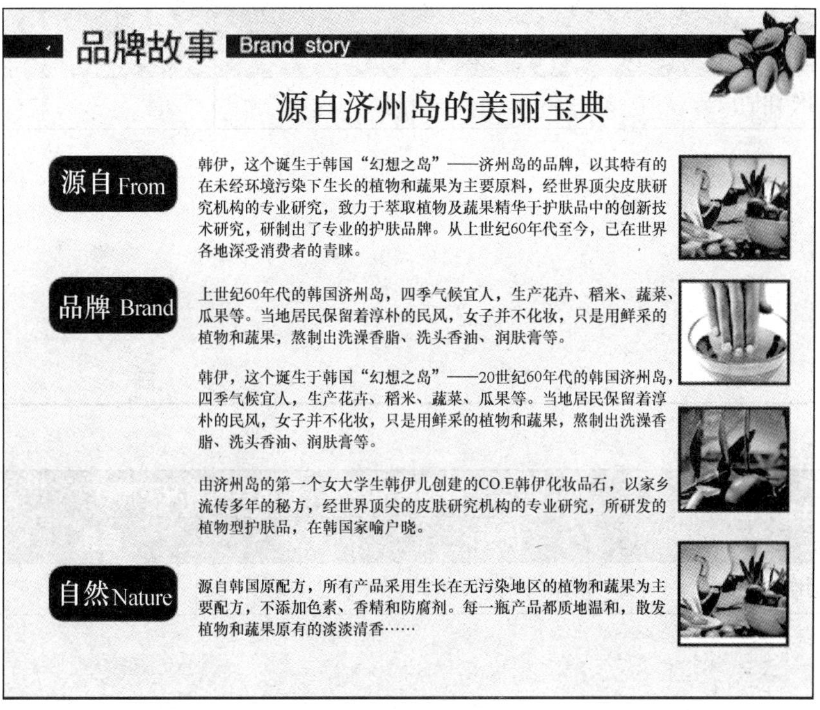

图 2-120　添加其他图片

实战训练

请根据自行选定的美容护肤类商品图片素材，使用 Photoshop CS6 软件完成商品详情页的制作（可参照保湿喷雾护肤品详情页形式）。

任务评价

自我评价

<table>
<tr><th rowspan="2" colspan="2">主要内容</th><th colspan="4">自我评价等级（在符合的情况下面打“√”）</th></tr>
<tr><th>全都做到了</th><th>大部分（80%）做到了</th><th>基本（60%）做到了</th><th>没做到</th></tr>
<tr><td colspan="2">制作详情页</td><td></td><td></td><td></td><td></td></tr>
<tr><td rowspan="4">自我总结</td><td>我的优势</td><td colspan="4"></td></tr>
<tr><td>我的不足</td><td colspan="4"></td></tr>
<tr><td>我的努力目标</td><td colspan="4"></td></tr>
<tr><td>我的具体措施</td><td colspan="4"></td></tr>
</table>

小组评价

主要内容		小组评价等级（在符合的情况下面打"√"）			
		全都做到了	大部分（80%）做到了	基本（60%）做到了	没做到
制作详情页					
建议	组长签名：　　　　年　月　日				

教师评价

主要内容		教师评价等级（在符合的情况下面打"√"）			
		优秀	良好	合格	不合格
制作详情页					
评语	教师签名：　　　　年　月　日				

项目小结

本项目主要是对美容护肤类商品信息进行采编。在制作时首先需掌握保湿喷雾护肤品的拍摄，再掌握保湿喷雾护肤品的详情页制作。

保湿喷雾护肤品是美容护肤类商品，为了提高消费者的购买欲望，在进行商品信息采编时应从产品的内容、喷雾成分和使用效果等方面分析保湿喷雾护肤品的卖点；再根据卖点理清拍摄喷雾图片时应从哪个区域入手，才能更好地突出产品的优点，并从中寻找拍摄的技巧。完成拍摄后对拍摄的图片进行美化处理，然后对处理过的图片进行详情页图片的制作。该制作主要从 5 个部分入手：产品信息、信息细化、成分介绍、产品展示和品牌故事。需要对每个部分配上文字说明，并对处理后的图片进行排版，使其能够更加完美地表现该部分的内容。完成 5 个部分的编辑后，即可查看最后的整体效果。

03 项目三 3C 数码类商品信息采编与优化

小李在培训主管的指导下顺利完成了保湿喷雾护肤品的图片收集及网店页面的设计工作。主管决定将一款蓝牙耳机的图片收集和详情页设计的工作也交给他。在开始工作之前，主管对小李进行了指导，蓝牙耳机的拍摄与保湿喷雾护肤品的拍摄技巧不同，两件商品的卖点也不同。因此同样要制定工作流程，才能顺利完成任务。小李制定了以下工作计划。

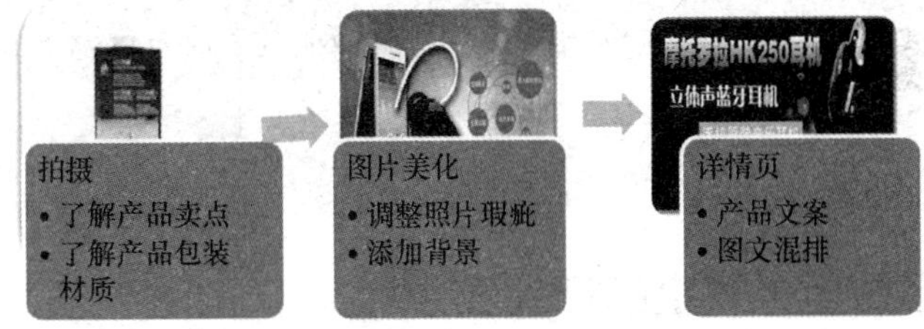

知识目标

- 蓝牙耳机的拍摄
- 蓝牙耳机商品图片美化
- 蓝牙耳机商品详情页制作

技能目标

- 掌握蓝牙耳机的拍摄与美化方法
- 掌握蓝牙耳机详情页各个部分的制作

素养目标

- 有协调各方的细心和耐心
- 具有整体思想，关照大局

任务 3.1 蓝牙耳机的拍摄

任务目标

分析蓝牙耳机产品的卖点。

理清蓝牙耳机样张的整体设计思路。

任务描述

小李在培训主管的指导下，第一次独立完成了一件商品的拍摄，感到非常开心。紧接着培训主管分配给小李第二个任务——蓝牙耳机的拍摄。小李根据前面的实践经验，并向主管征求了相关建议，他大体分两个步骤来分析蓝牙耳机的拍摄，首先是分析蓝牙耳机产品的卖点，从设计、音质、智能等方面进行细分；其次是理清楚拍摄蓝牙耳机时的整体设计思路，从外包装、细节以及其他配件等信息进行细分，以便从整体上了解 3C 数码类商品的拍摄手法。

任务实施

3.1.1 了解蓝牙耳机的产品卖点

在拿到拍摄样品后，首先需要仔细地了解和分析产品的相关介绍资料，明确商品是什么，使用效果怎么样，有什么用，从而分析出产品的功能、特色以及卖点，并以此来设计产品的拍摄角度。下面将这款蓝牙耳机的卖点总结为 3 点。

简约设计

造型优雅，黑色展现独特魅力，外形曲线美；简单、高贵的设计风格，显示成熟稳重的气质；轻巧和稳定的舒适设计，佩戴起来异常舒适。

高质畅通

清晰通话，语音真实流畅；采用双麦克风降噪，利用摩托罗拉公司的丽音技术让通话更清晰；长时间保持联系仍畅享舒适，能尽量减少麦克风噪声和风噪声。

智能连接

一拖二，同时连接两部手机同时在线，商务、生活两不误；能快速连接到位，更长通话时间，电量充足，一次充电通话可达10小时，不用担心电池电量。

3.1.2 拍摄样张的思路设计

通过对上面蓝牙耳机产品 3 个卖点的详细分析，可选择 3 个角度对产品进行拍摄。

1．外包装图

本款蓝牙耳机采用较为科技感的外包装，给人以简洁大方的视觉感受，为了展现该卖点，需要对蓝牙耳机的整体进行拍摄，帮助消费者全面直观地了解产品。

（1）将没有开封的蓝牙耳机，与外包装一起正面展示，对焦正面拍摄，能清晰展示外包装的整体内容，让消费者确信商品为正品，如图 3-1 所示。

（2）45° 角，立体展示。将侧面外包装内容进行展示，让消费者能对包装信息有一定了解，如图 3-2 所示。

图 3-1　未开封的蓝牙耳机正面展示

图 3-2　未开封的蓝牙耳机 45° 角

2. 产品细节图

本款蓝牙耳机由摩托罗拉公司出品，外观精致，在细节把控上也恰到好处，在佩戴上也尽量做到了舒适感。在拍摄中为了展现这样的特点，需要对蓝牙耳机的细节进行拍摄。

（1）45° 角展示蓝牙耳机的接口，清晰显示接口构造，如图 3-3 所示。

（2）正面斜对角展示蓝牙耳机的摩托罗拉标志和按钮键，用挂耳架支撑耳机，使其半悬空中，如图 3-4 所示。

（3）斜角平躺耳机，反面展示耳机的注意事项和编号，让消费者清楚了解商品是否是正品，如图 3-5 所示。

图 3-3　蓝牙耳机 45° 角

图 3-4　用挂耳架支撑耳机

图 3-5　耳机的注意事项和编号

3. 配件清单图

本款耳机是原装音乐耳机，有安全的品质保证，在拍摄时为了展现货源的正规，需要对产品的配件清单图进行拍摄。

（1）将蓝牙耳机的说明书、架子以及耳机配件，平铺齐整展示，来显示配件的完整性，展现货源的正规，如图 3-6 所示。

（2）同样，将耳机配件再一次平整有序地展放，拍摄时，清晰对焦展示，如图 3-7 所示。

图 3-6　蓝牙耳机说明书及配件

图 3-7　耳机配件

3.1.3　拍摄数据参考

进行拍摄时，要用到以下设备，如图 3-8～图 3-12 所示。

图 3-8　照相机

图 3-9　反光伞

图 3-10　闪光影室灯 2 套

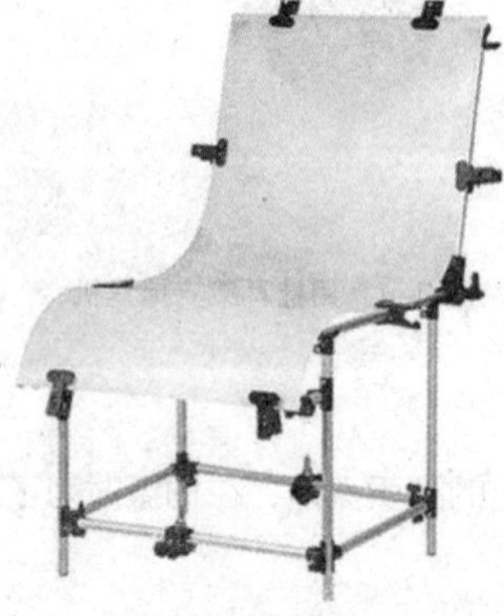
图 3-11　小型静物台

图 3-12　白色背景纸

拍摄时其拍摄环境如图 3-13 所示。

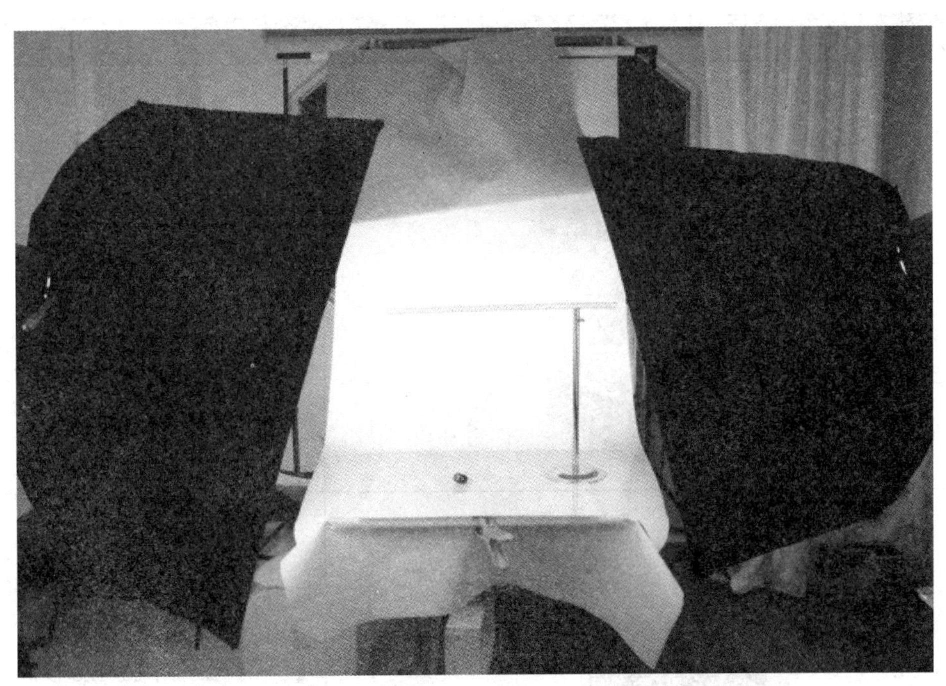

图 3-13　拍摄环境

拍摄时注意事项主要包括 2 点。

（1）禁止使用闪光灯。

（2）稍微强一点的逆光的状态，后面柔光箱内灯光强烈一点，前面 2 个柔光箱补光。

其样张详情及拍摄参数如表 3-1 所示。

表 3-1　样张详情及拍摄参数

样张详情	拍摄参数
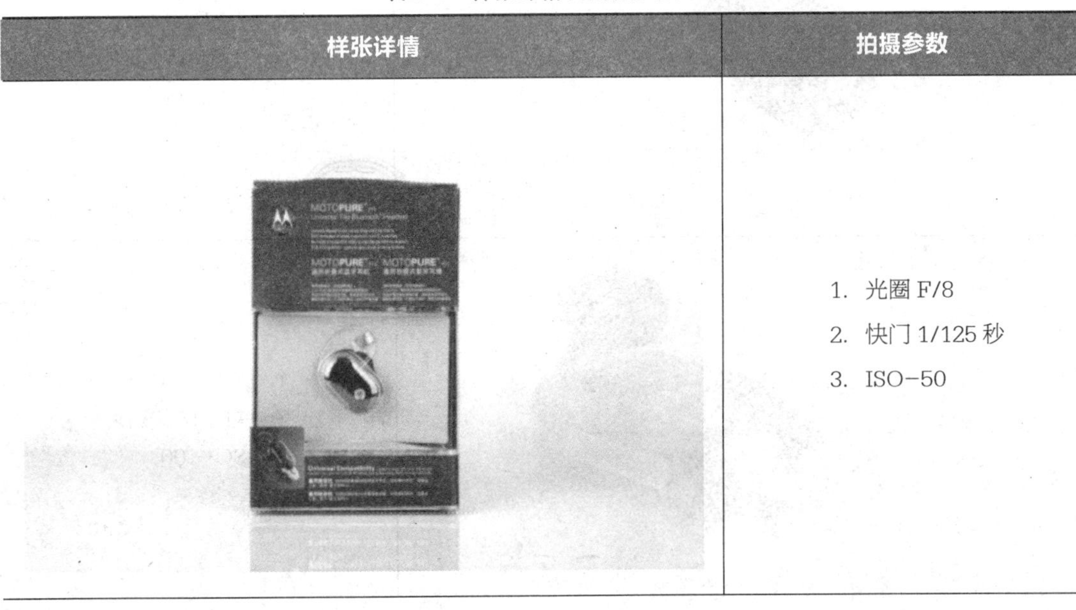	1. 光圈 F/8 2. 快门 1/125 秒 3. ISO-50

续表

样张详情	拍摄参数
	1. 光圈 F/11 2. 快门 1/125 秒 3. ISO−100
	1. 光圈 F/14 2. 快门 1/125 秒 3. ISO−100
	1. 光圈 F/14 2. 快门 1/125 秒 3. ISO−100
	1. 光圈 F/16 2. 快门 1/125 秒 3. ISO−100

续表

样张详情	拍摄参数
	1. 光圈 F/16 2. 快门 1/125 秒 3. ISO-100
	1. 光圈 F/13 2. 快门 1/125 秒 3. ISO-100

拍摄时产生错误的照片主要包括 2 点。

（1）拍摄角度不正确，没有突出产品特点。

（2）由于拍摄角度不正确，表面反光，光面分布不均匀，反光面有其他物体摄入，如图 3-14 所示。

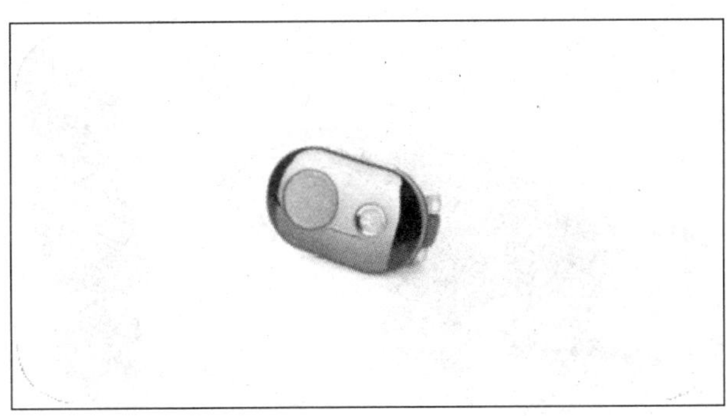

图 3-14　拍摄时产生错误的照片

3.1.4 耳机类商品拍摄技巧

关于耳机类商品的拍摄技巧，综合上面蓝牙耳机的拍摄过程总结出以下 6 点。

（1）商品卖点可从简约设计、高质畅通和智能连接等方面进行细分。拍摄的思路可以紧密结合卖点，从外包装到内部结构，进行使用展示，配件等内容进行拍摄。如图 3-15 所示，把诺基亚的蓝牙耳机从内到外进行了详细的分析展示。

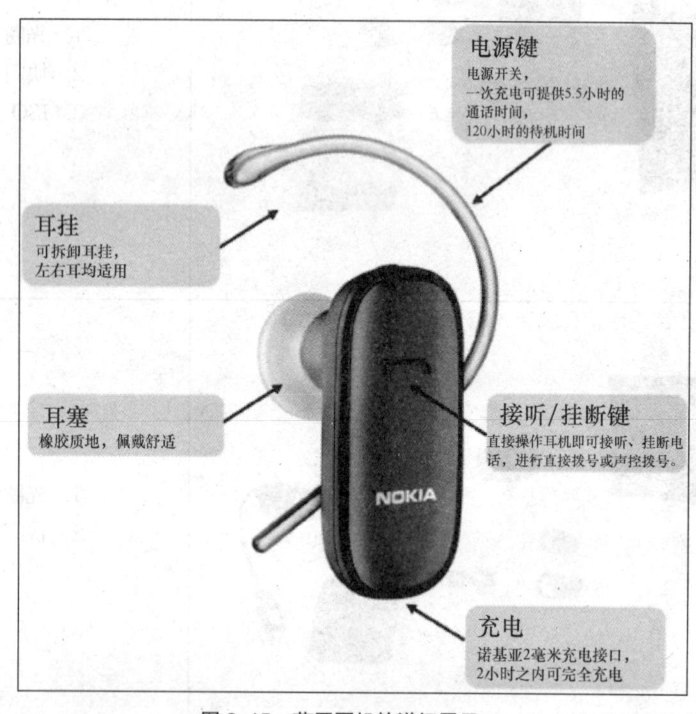

图 3-15 蓝牙耳机的详细展示

（2）拍摄时所用器材，可结合商品需要自由调整，例如，在拍摄蓝牙耳机时，根据商品的黑色外观属性，可将灯光以及背景挡板统一换成白色，摆放好后，拍摄参数不变，只从不同角度和距离进行拍摄，所以在使用相机时，拍摄数据参数尽量统一，以保持整体图片的风格统一性。

（3）在拍摄黑色商品时，可以选择白色背景和白色亚克板来突出商品的光泽。如图 3-16 所示，选用白色背景，衬托黑色的蓝牙耳机。

图 3-16 白色背景衬托黑色的蓝牙耳机

（4）避免拍摄照片时出现反光以及光面不均匀的错误，可以多次尝试拍摄角度。

（5）在拍摄时可适时增加比对物，展示商品的大小、体积，不要使消费者对真实商品产生误解，并可采用拍摄产品集体照（如同系列或同品牌手机和相机）的手法，买家在浏览某种耳机的同时会对其他商品产生兴趣，进而增加访问量，比如在拍摄蓝牙耳机时可以放置一个组合的手机和一个微单相机，使其有对比性，能让买家知道该商品的大小，同时又可以展示其他搭配商品，间接实行关联销售，让买家产生兴趣，如图 3-17 所示。

图 3-17　拍摄同系列产品

（6）拍摄时光线最重要，尽量不要逆光拍摄；采用纯色背景，不要产生背景色喧宾夺主的情况；还原产品的真实性，不要因为追求图片的美观而使图片失真，例如在拍摄蓝牙耳机时，采用顺光和柔光，尽量使照片真实，减少后期的过度美化。

实战训练

1．请按照上述的操作流程设计出 3C 数码类商品的拍摄思路，拍摄思路以 Word 形式保存（自行选取 3C 数码类商品）。

2．根据拍摄思路使用数码照相机或单反照相机拍摄一件 3C 数码类商品，拍摄完成后，挑选符合要求的图片以.jpg 的格式保存。

任务评价

自我评价

主要内容		自我评价等级（在符合的情况下面打"√"）			
		全都做到了	大部分（80%）做到了	基本（60%）做到了	没做到
拍摄思路					
拍摄样张					
自我总结	我的优势				
	我的不足				
	我的努力目标				
	我的具体措施				

小组评价

主要内容	小组评价等级（在符合的情况下面打"√"）			
	全都做到了	大部分（80%）做到了	基本（60%）做到了	没做到
拍摄思路				
拍摄样张				
建议	组长签名：　　　年　月　日			

教师评价

主要内容	教师评价等级（在符合的情况下面打“√”）			
	优秀	良好	合格	不合格
拍摄思路				
拍摄样张				

评语	教师签名：　　　　年　　月　　日

任务 3.2　蓝牙耳机商品图片美化

任务目标

用椭圆工具制作产品信息展示图。

用橡皮擦工具制作产品零件效果图。

任务描述

小李在本任务中要将之前拍摄好的蓝牙耳机原始素材图片，通过椭圆工具、图层蒙版工具以及图层等工具的综合使用，制作两张成品图，即如图 3-18 所示的“美化图片一”和图 3-19 所示的“美化图片二”。

图 3-18　美化图片一

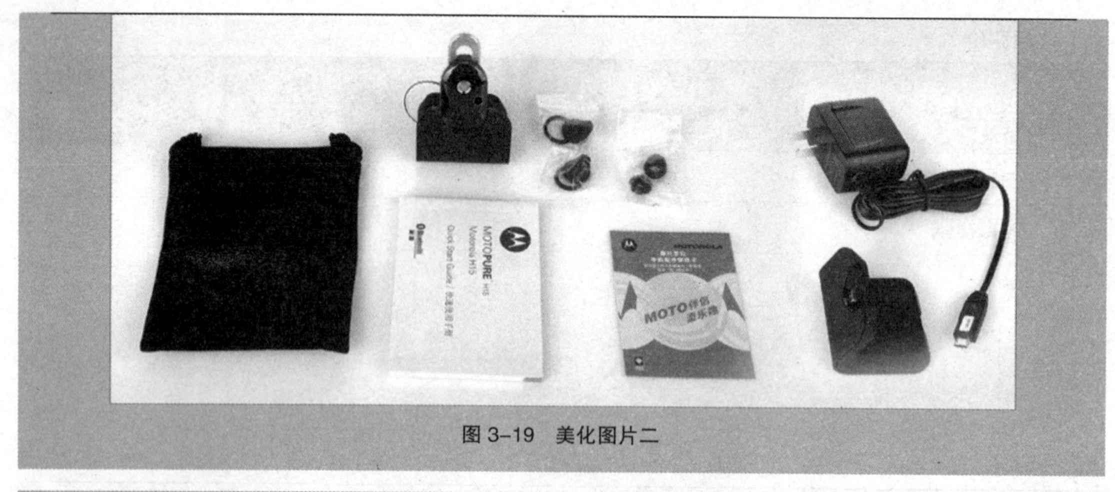

图 3-19 美化图片二

任务实施

3.2.1 制作蓝牙耳机美化图片一

下面对制作蓝牙耳机美化图片一的方法进行具体讲解，其具体操作如下。

（1）启动 Photoshop CS6 程序，选择【文件】→【新建】命令，打开“新建”对话框，设置名称为“产品展示 1”，宽度为 794 像素，高度为 515 像素，分辨率为 72 像素/英寸，颜色模式为 RGB 颜色 8 位，背景内容设置为白色，单击 确定 按钮，如图 3-20 所示。

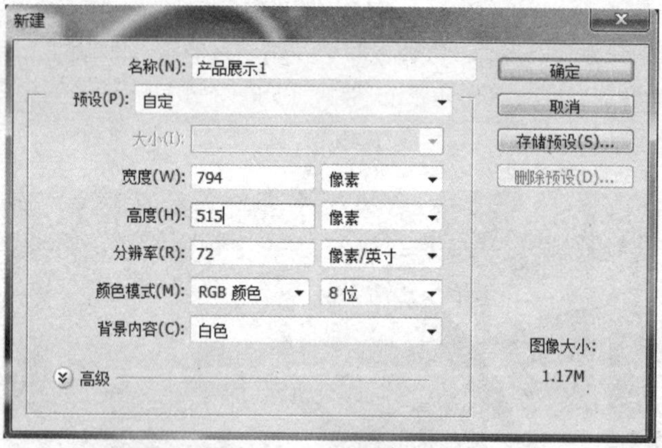

图 3-20 新建“产品展示 1”

（2）选择【文件】→【打开】命令，在打开的“打开”对话框中选择“背景”素材，单击 打开(O) 按钮，打开“背景”素材，如图 3-21 所示。

（3）双击图片图层，新建图层，如图 3-22 所示。把图片拖到主页中，合理调整位置和大小，效果如图 3-23 所示。

（4）选择【文件】→【打开】命令，在打开的“打开”对话框中选择“手机”素材，单击 打开(O) 按钮，打开“手机”素材，如图 3-24 所示。

图 3-21　打开“背景”素材

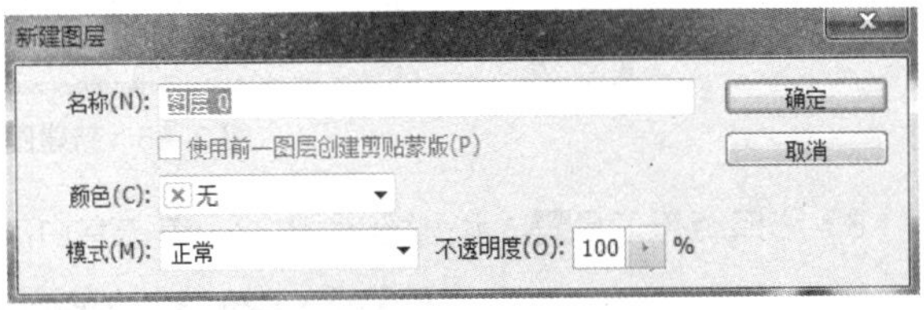

新建图层

名称(N): 图层 0　　确定

使用前一图层创建剪贴蒙版(P)　　取消

颜色(C): 无

模式(M): 正常　不透明度(O): 100 %

图 3-22　新建图层

图 3-23　调整位置和大小

图 3-24　打开“手机”素材

（5）双击图片图层，新建图层，如图 3-25 所示。

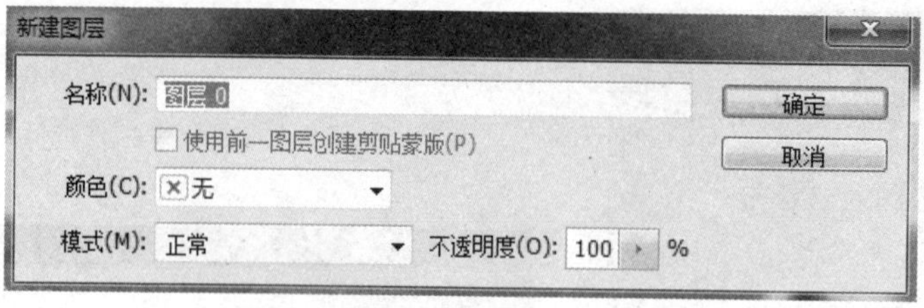

新建图层
名称(N): 图层 0　确定
使用前一图层创建剪贴蒙版(P)　取消
颜色(C): 无
模式(M): 正常　不透明度(O): 100 %

图 3-25　新建图层

（6）选择魔棒工具，设置容差为 32，单击空白部分，如图 3-26 所示。

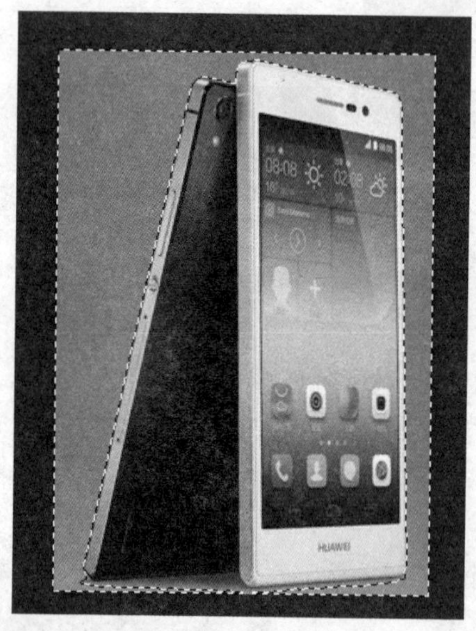

图 3-26　选择空白部分

（7）选择【选择】→【反向】命令，选中手机，把手机拖到主页中，合理调整大小和位置，效果如图 3-27 所示。

图 3-27　调整大小和位置

（8）双击该图层，打开“图层样式”对话框，选择“投影”选项，设置混合模式为正片叠底，颜色为 RGB（0:0:0），不透明度为 75%，角度为 120 度，距离为 11 像素，扩展为 11%，大小为 18 像素，单击 确定 按钮，如图 3-28 所示，效果如图 3-29 所示。

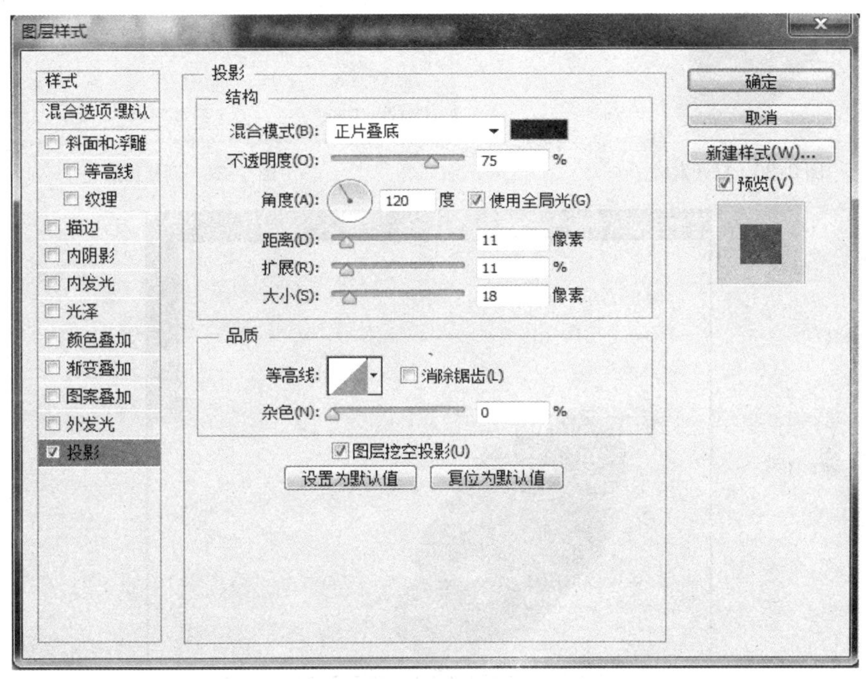

图 3-28　设置图层样式

图 3-29　调整后的效果

（9）选择【文件】→【打开】命令，在打开的“打开”对话框中选择素材，单击 打开(O) 按钮，打开素材，如图 3-30 所示。双击图片图层，新建图层，如图 3-31 所示。

（10）使用钢笔工具抠取耳机图像部分，如图 3-32 所示。将扣取的耳机图像拖到主页中，合理调整大小和位置，效果如图 3-33 所示。

图 3-30　打开素材

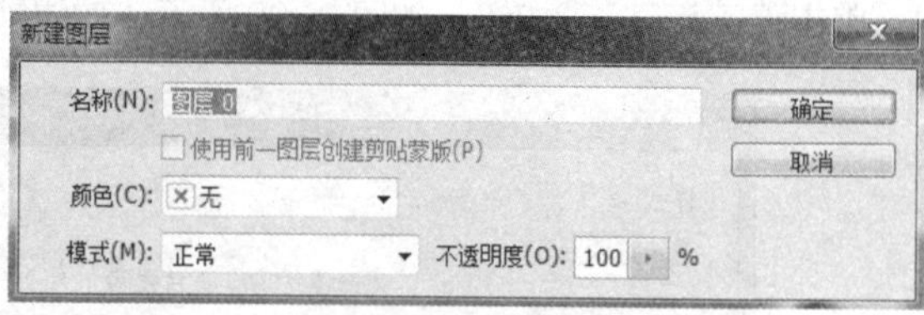

图 3-31　新建图层

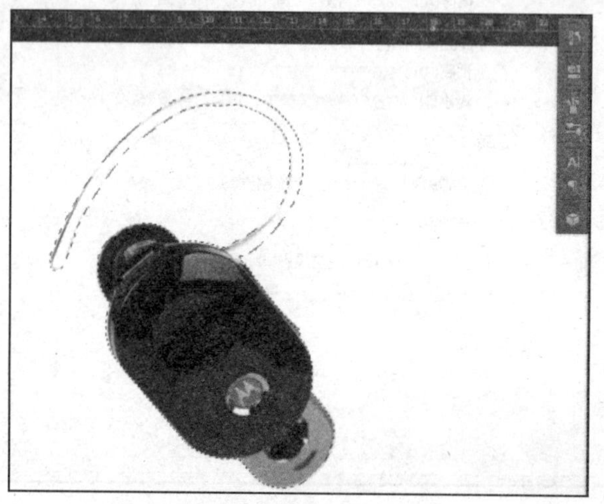

图 3-32　钢笔工具抠取耳机图像部分

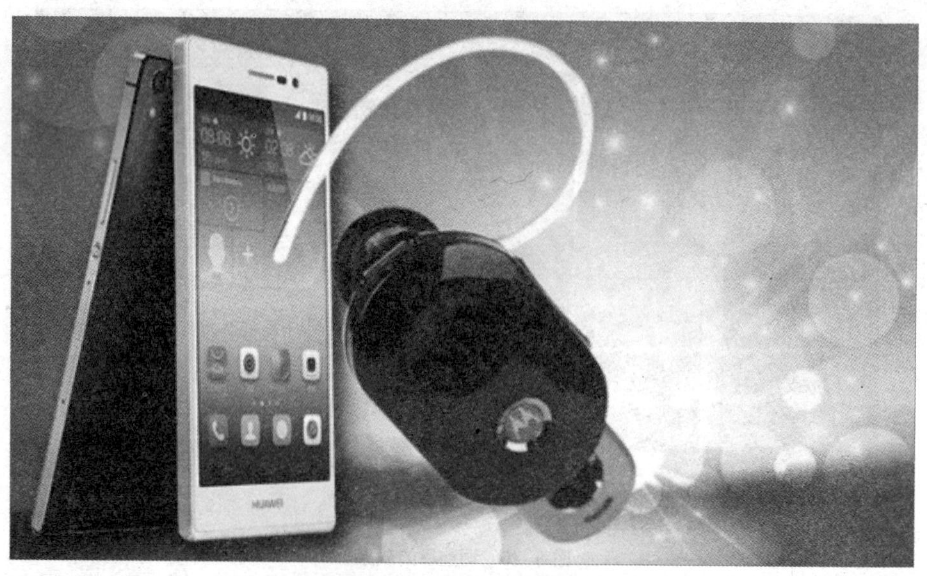

图 3-33　调整大小和位置

（11）双击该图层，打开“图层样式”对话框，选择“投影”选项，设置混合模式为正片叠底，颜色为 RGB（0:0:0），不透明度为 75%，角度为 120 度，距离为 14 像素，扩展为 10%，大小为 21 像素，单击 确定 按钮，如图 3-34 所示，效果如图 3-35 所示。

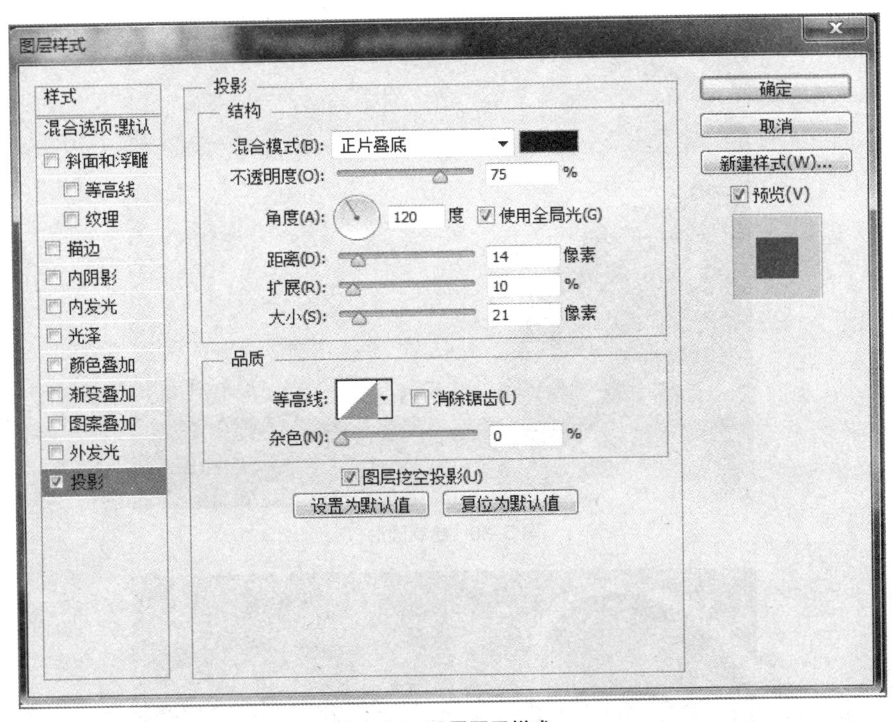

图 3-34　设置图层样式

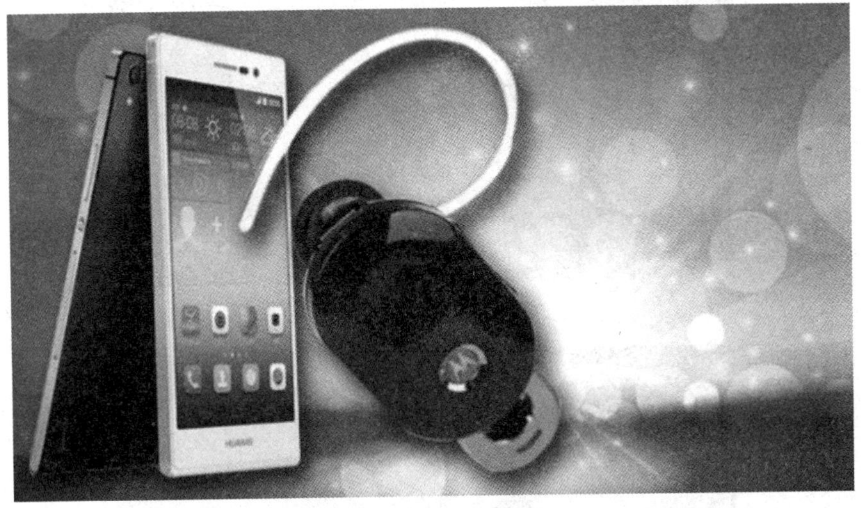

图 3-35　调整大小和位置

（12）选择椭圆工具，在工具属性栏中设置填充为无，设置描边颜色为 RGB（186:125:130），3 点，宽度为 190 像素，高度为 190 像素，绘制一个圆形，调整位置，如图 3-36 所示。复制 2 个圆，其中一个高度再扩大 8 像素，调整位置，效果如图 3-37 所示。

（13）新建一个图层，其他不变，绘制圆形，设置宽度为 250 像素，高度为 250 像素，再复制一个，调整位置，效果如图 3-38 所示。

（14）新建图层，设置填充颜色为 RGB（186:125:130），关闭描边颜色，绘制椭圆，设置宽度为 66 像素，高度为 50 像素，调整位置，效果如图 3-39 所示。

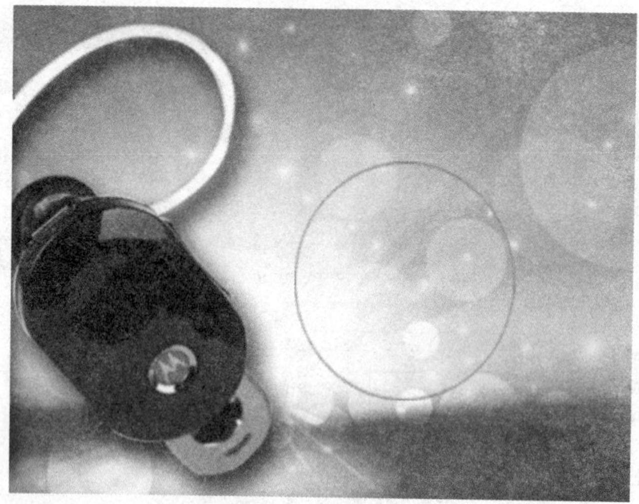
图 3-36　绘制圆形

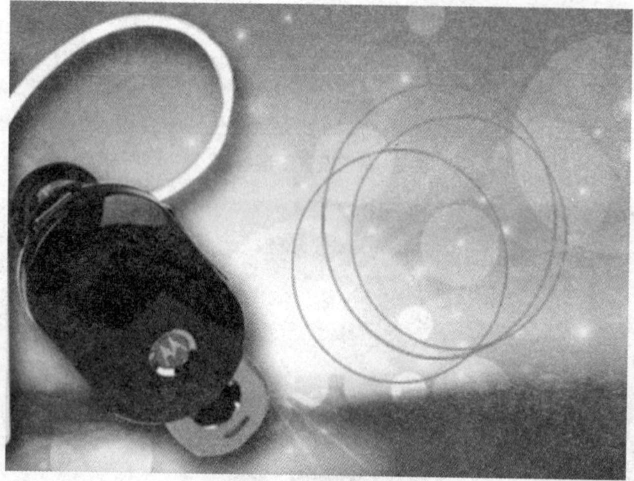
图 3-37　复制 2 个圆

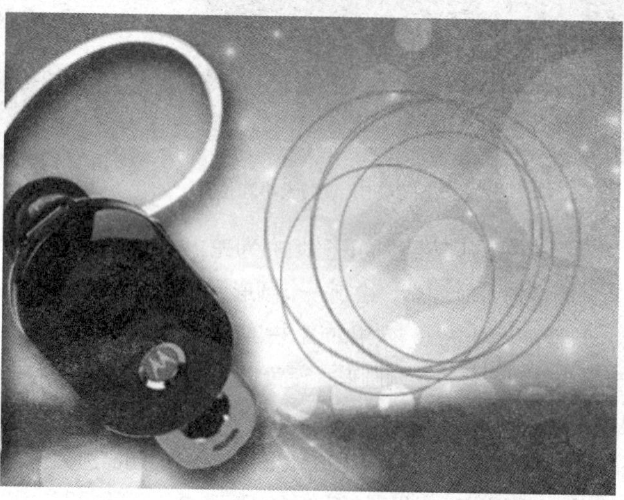
图 3-38　绘制圆形

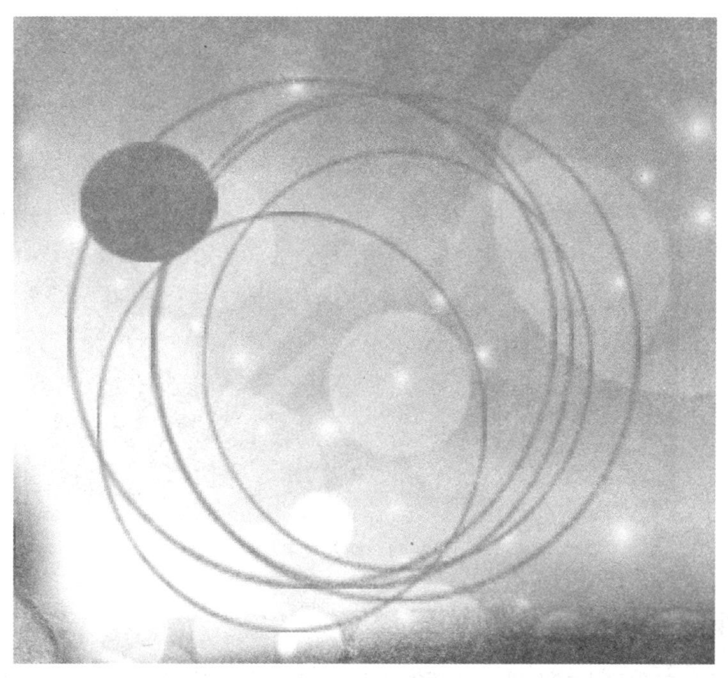

图 3-39 绘制椭圆

（15）新建图层，从上到下绘制 6 个椭圆，分别设置宽为 102 像素、高为 91 像素，宽为 39 像素、高为 33 像素，宽为 62 像素、高为 59 像素，宽为 71 像素、高为 71 像素，宽为 39 像素、高为 33 像素，宽为 70 像素、高为 70 像素，调整位置，效果如图 3-40 所示。

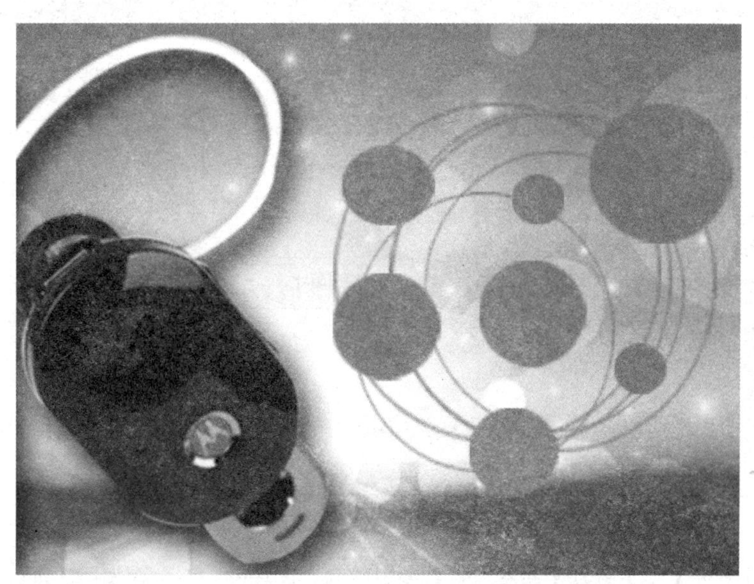

图 3-40 继续绘制实心椭圆

（16）选择文字工具 T，设置字体为“汉仪简中黑”，字体大小为 12.36 点，锐利，字体颜色为 RGB（255:255:255），从左往右，从上到下输入“完成配对”“电量过低”“开机”“远方来电”“耳机断开”“进入配对状态”“关机”文字，调整位置，效果如图 3-41 所示。

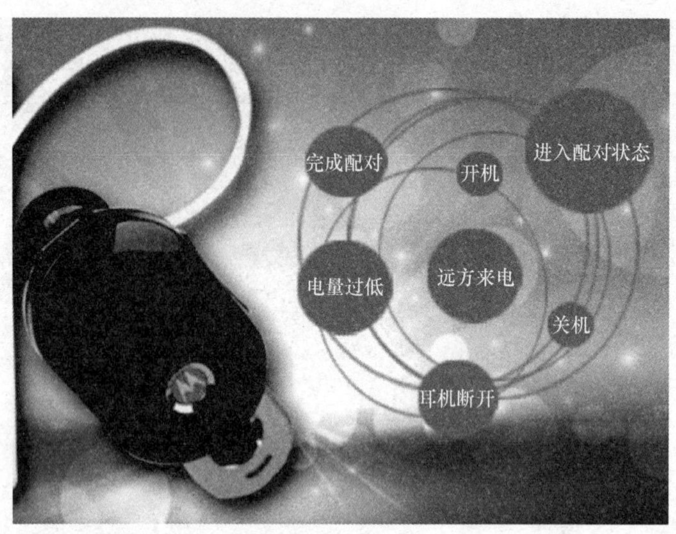

图 3-41　输入文字

3.2.2　制作蓝牙耳机美化图片二

下面对蓝牙耳机美化图片二的制作方法进行具体讲解，其具体操作如下。

（1）选择【文件】→【新建】命令，打开“新建”对话框，设置名称为“产品展示 2”，宽度为 794 像素，高度为 382 像素，分辨率为 72 像素/英寸，颜色模式为 RGB 颜色 8 位，背景内容为白色，单击 确定 按钮，如图 3-42 所示。

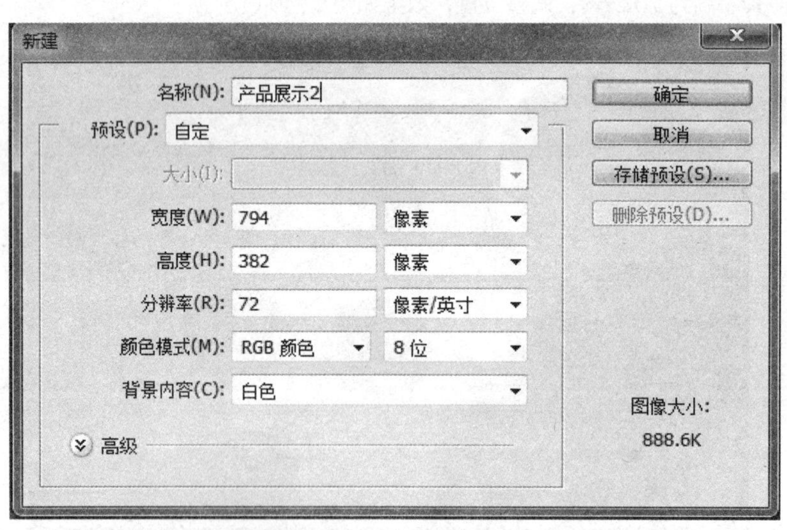

图 3-42　新建“产品展示 2”

（2）选择【文件】→【打开】命令，打开素材，双击图片图层，新建图层。把图片拖到主页中，合理调整位置和大小，效果如图 3-43 所示。

（3）选择橡皮擦工具，设置前景色为 RGB（244:244:244），设置笔擦类型为“柔边圆”，大小为 70 像素，如图 3-44 所示。擦除边角与背景不融的地方，最终要求图片与背景颜色融合，如图 3-45 所示。

图 3-43　导入素材

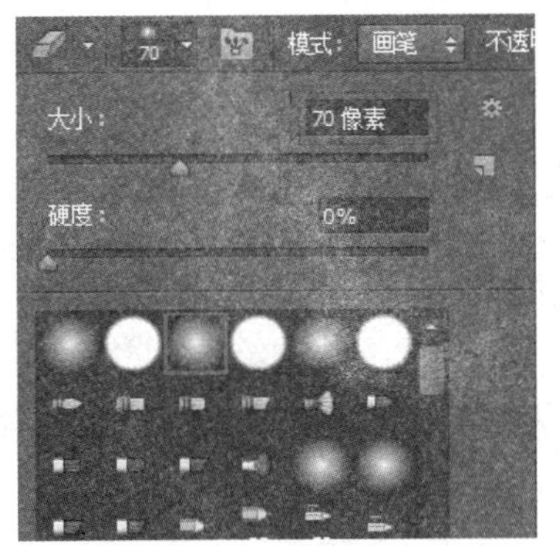

图 3-44　设置橡皮擦

图 3-45　擦除边角

（4）选择【文件】→【打开】命令，打开素材，如图 3-46 所示。双击图片图层，新建图层。将图片拖到主页中，合理调整位置和大小，效果如图 3-47 所示。

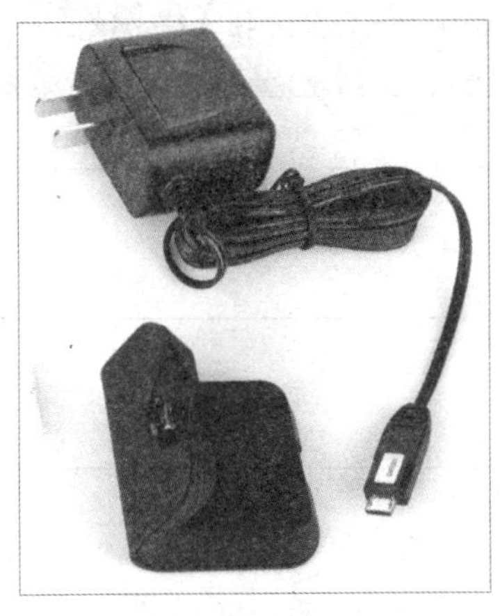

图 3-46　打开素材文件

图 3-47　拖动图片到主页

（5）选择橡皮擦工具，同样的操作步骤，擦除边角部分，效果如图 3-48 所示。

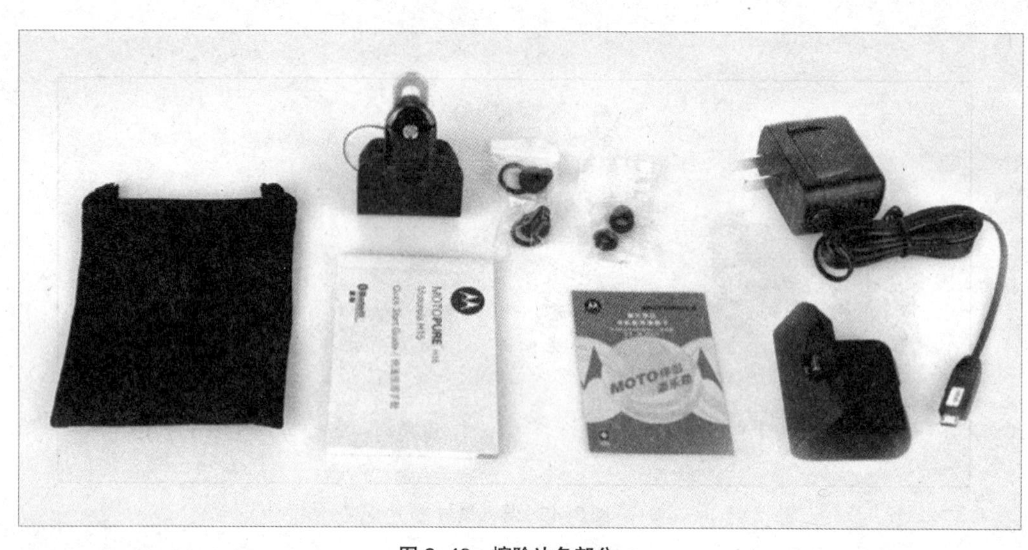

图 3–48 擦除边角部分

实战训练

请根据选定的 3C 数码类商品，自行找寻商品图片素材包和图片样张，完成图片美化工作（可参照蓝牙耳机美化图形式）。

任务评价

自我评价

主要内容		自我评价等级（在符合的情况下面打“√”）			
		全部做到了	大部分（80%）做到了	基本（60%）做到了	没做到
图片美化					
自我总结	我的优势				
	我的不足				
	我的努力目标				
	我的具体措施				

小组评价

主要内容	小组评价等级（在符合的情况下面打“√”）			
	全都做到了	大部分（80%）做到了	基本（60%）做到了	没做到
图片美化				
建议	组长签名： 年 月 日			

教师评价

主要内容	教师评价等级（在符合的情况下面打“√”）			
	优秀	良好	合格	不合格
图片美化				
评语	教师签名： 年 月 日			

任务 3.3　蓝牙耳机商品详情页制作

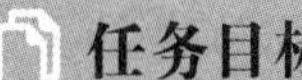

任务目标

学会用魔棒工具抠取产品图片。

用参考线来整体排版。

用文字工具组合编辑文字。

任务描述

小李要将蓝牙耳机美化后的成品图以及给定的介绍文字，进行适当的组合排版，最终制作出如图 3–49 所示的详情页效果图片。小李所要做的这张蓝牙耳机详情页的效果图，整体以浅灰色调打底，区块分割布局，用标签划分出 3 个部分，分别是产品信息、产品展示和产品特色。在详情页制作中需要完成这 3 个部分。

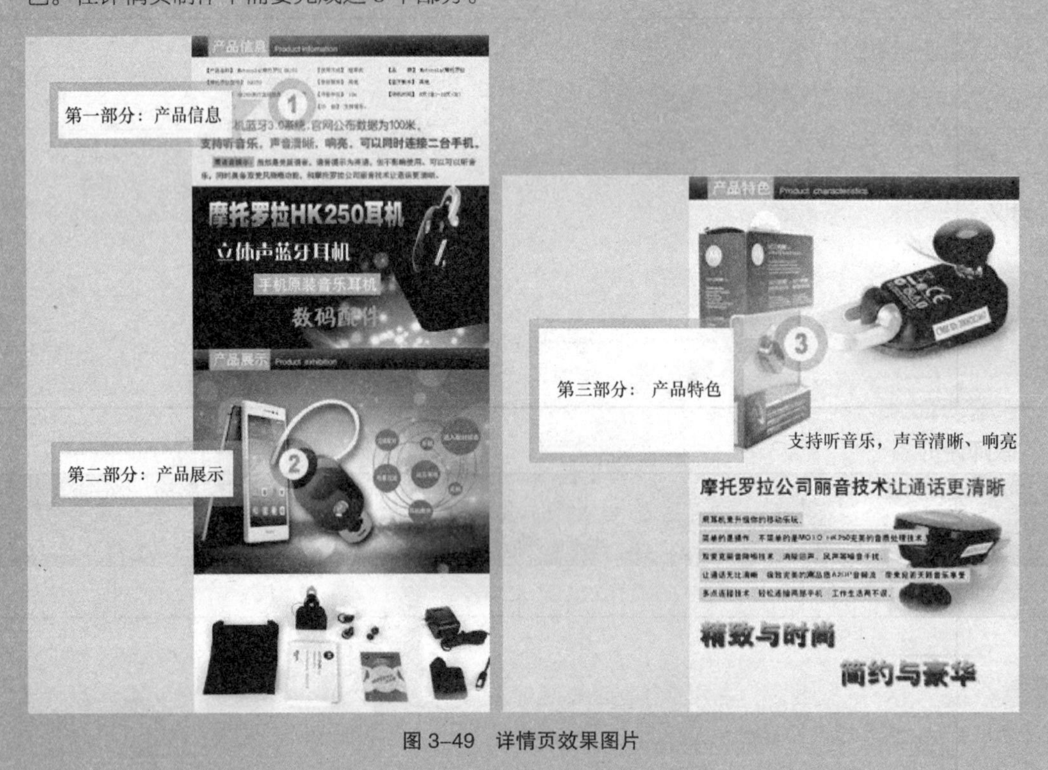

图 3–49　详情页效果图片

任务实施

3.3.1　制作产品信息部分

下面对产品信息部分的制作方法进行具体讲解，其具体操作如下。

（1）选择【文件】→【新建】命令，打开“新建”对话框，设置名称为“蓝牙耳机详情页”，宽度为 794 像素，高度为 2970 像素，分辨率为 72 像素/英寸，颜色模式为 RGB 颜色 8 位，背景内容为白色，单击确定按钮，如图 3–50 所示。

（2）设置前景色为 RGB（244:244:244），选择油漆桶工具，在白色主页单击填充前景色，效果如图 3–51 所示。

（3）选择矩形工具，绘制矩形，设置宽度为 794 像素，高为 53 像素，调整位置，紧靠顶部，选择矩形图形，单击鼠标右键，在弹出的快捷菜单中选择“栅格化图层”命令，效果如图 3–52 所示。

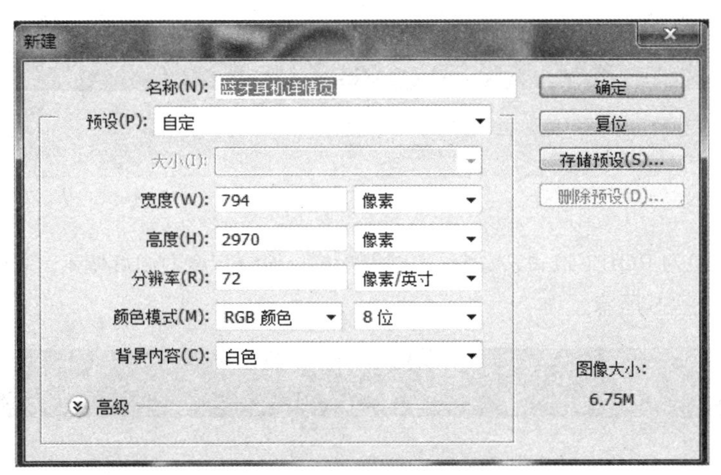

图 3-50 新建背景图层

图 3-51 填充前景色

图 3-52 绘制矩形

（4）选择渐变工具，单击属性栏中的渐变编辑器，打开“渐变编辑器”对话框，单击渐变色带左下角的色块，在“色标”栏中设置颜色为 RGB（3:104:200），再单击渐变色带右下角的色块，在“色标”栏中设置颜色为 RGB（7:25:118），单击确定按钮，按住【Ctrl】键，选择该矩形图层，将矩形载入选区，如图 3-53 所示，在矩形选区上单击向下滑动，形成如图 3-54 所示的效果。

图 3-53 载入选区

图 3-54　渐变填充效果

（5）设置前景色为 RGB（11:177:238），绘制矩形，设置宽度为 158 像素，高度为 53 像素，调整位置，效果如图 3-55 所示。

图 3-55　绘制矩形

（6）选择文字工具，设置字体为“创艺简粗黑”，字体大小为 35.36 点，字体颜色为 RGB（255:255:255），输入文字“产品信息”，调整位置，效果如图 3-56 所示。

图 3-56　输入文字

（7）新建图层，设置字体为“创艺简中圆”，字体大小为 20.09 点，颜色为 RGB（255:255:255），输入英文“Product information”，调整位置。

（8）新建图层，设置字体为宋体，颜色为 RGB（0:0:0），输入产品的具体信息，设置行距为 30.66 点，调整位置，如图 3-57 所示。

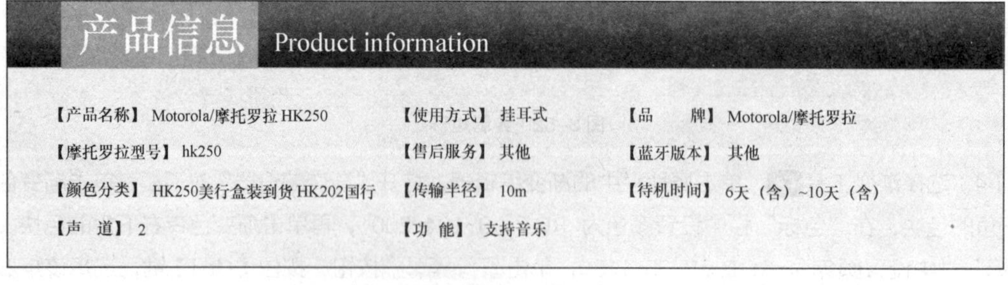

图 3-57　输入产品信息文字

（9）新建图层，设置字体为“微软雅黑”，regular，字体大小为 30 点，字体颜色为 RGB（234:3:3），输入文字“此款耳机蓝牙 3.0 系统，官网公布数据为 100 米。”调整位置，其效果如图 3-58 所示。

（10）新建图层，设置字体为“汉仪大黑简”，字体大小为 30.61 点，锐利，颜色为 RGB（234:3:3），输入文字“支持听音乐，声音清晰，响亮，可以同时连接两部手机。”调整位置，效果如图 3-59 所示。

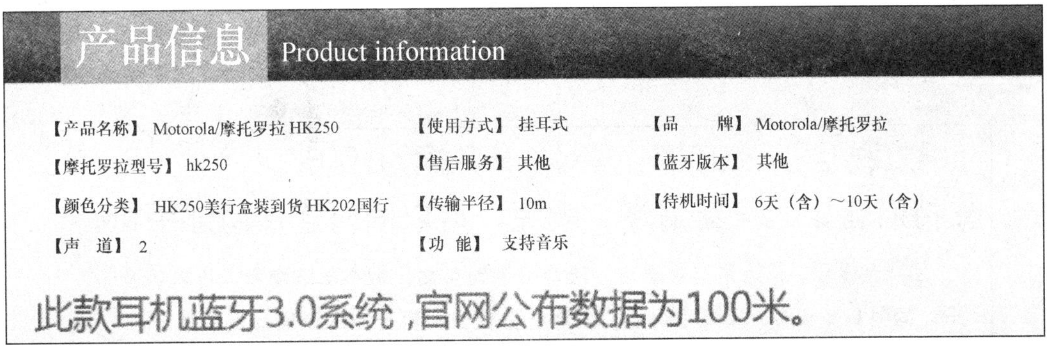

产品信息 Product information

【产品名称】Motorola/摩托罗拉 HK250 【使用方式】挂耳式 【品　　牌】Motorola/摩托罗拉

【摩托罗拉型号】hk250 【售后服务】其他 【蓝牙版本】其他

【颜色分类】HK250美行盒装到货 HK202国行 【传输半径】10m 【待机时间】6天（含）~10天（含）

【声　道】2 【功　能】支持音乐

此款耳机蓝牙3.0系统，官网公布数据为100米。

图 3–58　输入文字

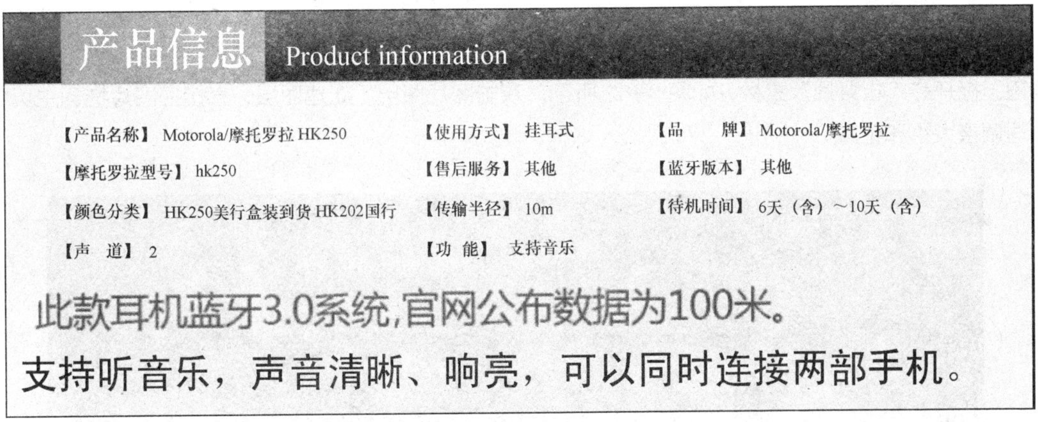

产品信息 Product information

【产品名称】Motorola/摩托罗拉 HK250 【使用方式】挂耳式 【品　　牌】Motorola/摩托罗拉

【摩托罗拉型号】hk250 【售后服务】其他 【蓝牙版本】其他

【颜色分类】HK250美行盒装到货 HK202国行 【传输半径】10m 【待机时间】6天（含）~10天（含）

【声　道】2 【功　能】支持音乐

此款耳机蓝牙3.0系统，官网公布数据为100米。

支持听音乐，声音清晰、响亮，可以同时连接两部手机。

图 3–59　输入其他文字

（11）新建图层，设置字体为黑体，字体大小为 18 点，锐利，字体颜色为 RGB（0:0:0），输入文字“带语音提示：虽然是美版语音，语音提示为英文，但不影响使用。可以听音乐，同时具备双麦风降噪功能，且摩托罗拉公司丽音技术让通话更清晰。”设置行距为 30.66 点。调整位置，效果如图 3–60 所示。

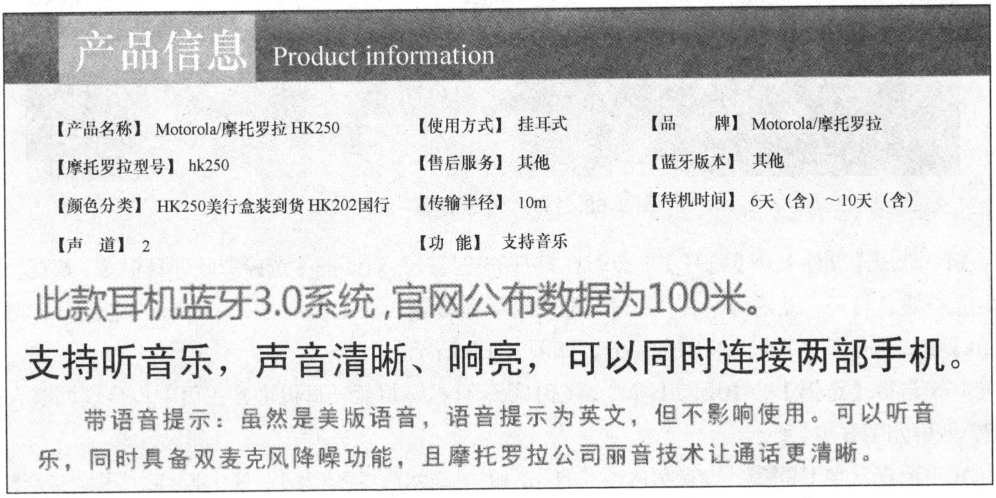

产品信息 Product information

【产品名称】Motorola/摩托罗拉 HK250 【使用方式】挂耳式 【品　　牌】Motorola/摩托罗拉

【摩托罗拉型号】hk250 【售后服务】其他 【蓝牙版本】其他

【颜色分类】HK250美行盒装到货 HK202国行 【传输半径】10m 【待机时间】6天（含）~10天（含）

【声　道】2 【功　能】支持音乐

此款耳机蓝牙3.0系统，官网公布数据为100米。

支持听音乐，声音清晰、响亮，可以同时连接两部手机。

带语音提示：虽然是美版语音，语音提示为英文，但不影响使用。可以听音乐，同时具备双麦克风降噪功能，且摩托罗拉公司丽音技术让通话更清晰。

图 3–60　输入文字

（12）设置前景色为 RGB（175:173:173），选择矩形工具，绘制矩形，设置宽度为 107 像素，高度为 28 像素，将图层放于文字图层的下面，调整位置，效果如图 3–61 所示。

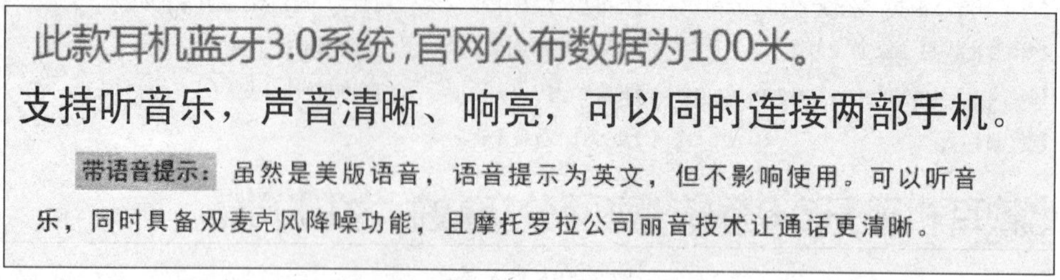

此款耳机蓝牙3.0系统，官网公布数据为100米。

支持听音乐，声音清晰、响亮，可以同时连接两部手机。

带语音提示：虽然是美版语音，语音提示为英文，但不影响使用。可以听音乐，同时具备双麦克风降噪功能，且摩托罗拉公司丽音技术让通话更清晰。

图 3–61　绘制矩形并放于文字下面

（13）选择【文件】→【打开】命令，在打开的“打开”对话框中选择“广告背景”素材，单击打开(O)按钮，打开“广告背景”素材，如图 3–62 所示。双击图片图层，新建图层，直接把图片拖到主页中，合理调整大小和位置。

图 3–62　打开“广告背景”素材

（14）选择【文件】→【打开】命令，在打开的“打开”对话框中选择“蓝牙耳机 2”素材，单击打开(O)按钮，打开“蓝牙耳机 2”素材，选择魔棒工具，设置容差为 32，单击白色部分，再按住【Shift】键，选中蓝牙耳机底部灰色部分，如图 3–63 所示。

（15）选择【选择】→【反向】命令，选中蓝牙耳机，将蓝牙耳机拖到主页中，合理调整大小和位置，效果如图 3–64 所示。

（16）选择文字工具，设置字体为“方正超粗黑简体”，字体大小为 69.25 点，平滑，字体颜色为 RGB（255:255:255）。

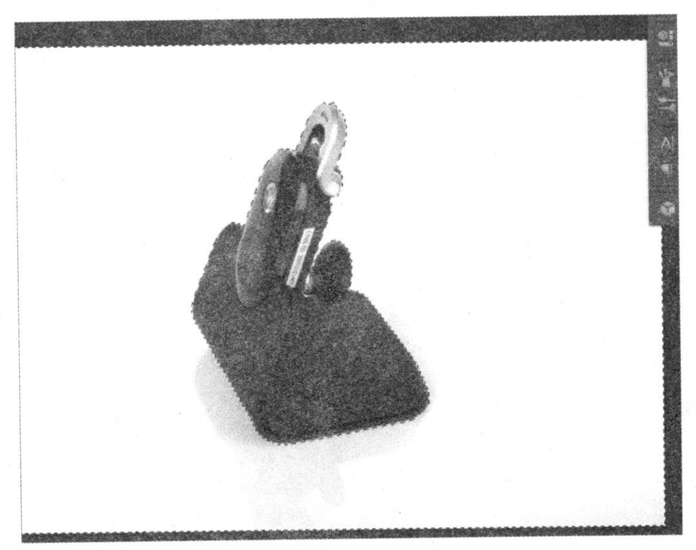

图 3-63 选中蓝牙耳机底部灰色部分

图 3-64 调整大小和位置

（17）输入文字“摩托罗拉 HK250 耳机”，双击该图层，打开“图层样式”对话框，选择“渐变叠加”选项，单击渐变颜色编辑器，打开“渐变颜色编辑器”对话框，单击渐变色带左下角的色块，在“色标”栏中设置颜色为 RGB（111:111:111），再单击渐变色带右下角的色块，在“色标”栏中设置颜色为 RGB（255:255:255），单击 确定 按钮，返回“图层样式”对话框，如图 3-65 所示。

（18）再选择“投影”选项，设置混合模式为正片叠底，不透明度为 75%，角度为 120°，距离为 16 像素，大小为 9 像素，单击 确定 按钮，如图 3-66 所示，调整位置，效果如图 3-67 所示。

（19）新建图层，设置字体为“方正粗清简体”，字体大小为 50.76 点，平滑，字体颜色为 RGB（255:255:255），输入文字“立体声蓝牙耳机”，调整位置。

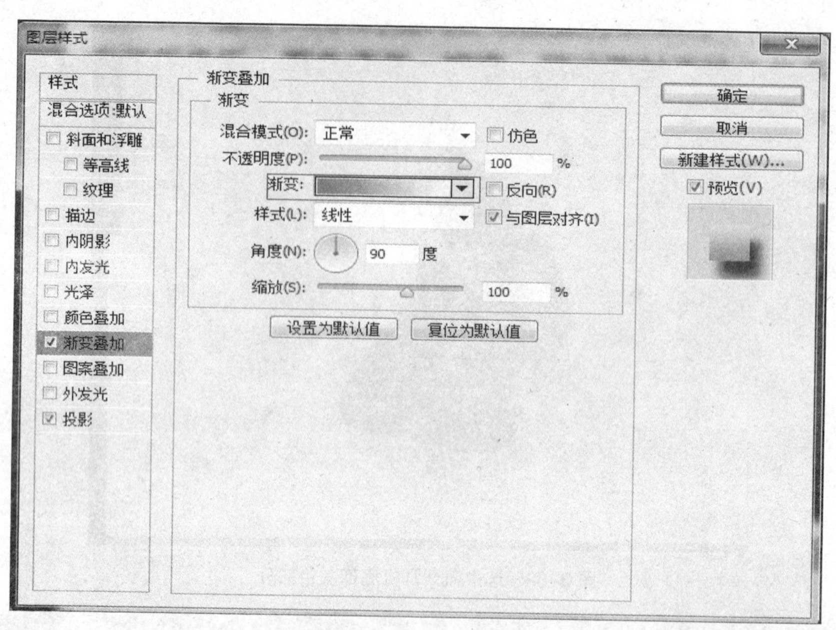

图 3-65　设置渐变叠加

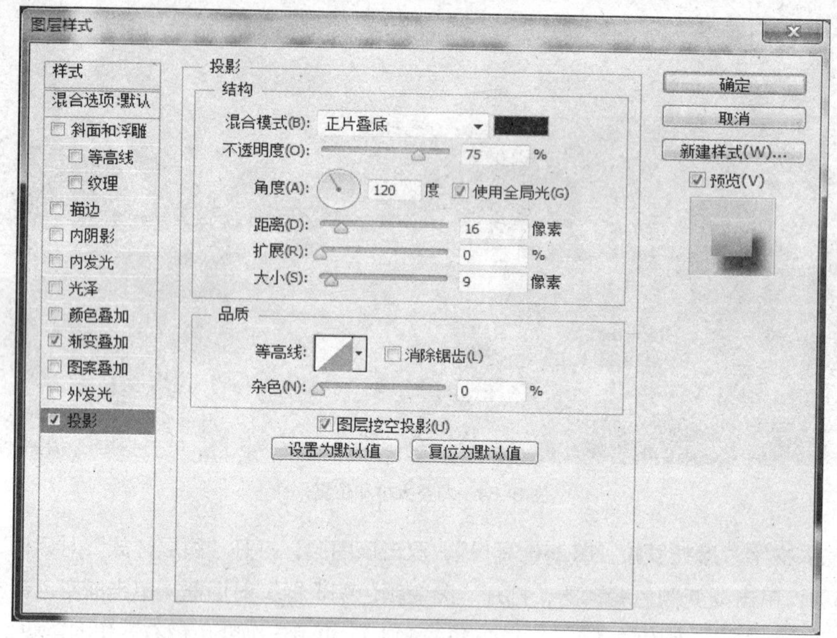

图 3-66　设置投影参数

（20）新建图层，设置字体为“汉仪中简黑”，字体大小为 39.49 点，平滑，字体颜色为 RGB（255:255:255），输入文字“手机原装音乐耳机”，调整位置，效果如图 3-68 所示。

（21）新建图层，设置字体为“方正毡笔黑简体”，字体大小为 59.82 点，平滑，字体颜色为 RGB（245:186:27），输入文字“数码配件”，调整位置，效果如图 3-69 所示。

（22）选择矩形工具，设置前景色为 RGB（192:187:187），绘制矩形，设置宽度为 336 像素，高度为 56 像素，调整位置，将图层放于“手机原装音乐耳机” 文字图层下方，效果如图 3-70 所示。

图 3-67　设置文本样式

图 3-68　输入其他文字

图 3-69　输入文字

图 3-70　绘制矩形并放于文字下方

3.3.2　制作产品展示部分

下面对制作产品展示部分的方法进行详细讲解，其具体操作如下。

（1）选择矩形工具，绘制矩形，设置宽度为 794 像素，高度为 53 像素，调整位置，选中图层右击，在该图层上单击鼠标右键，在弹出的快捷菜单中选择“栅格化图层”命令，效果如图 3-71 所示。

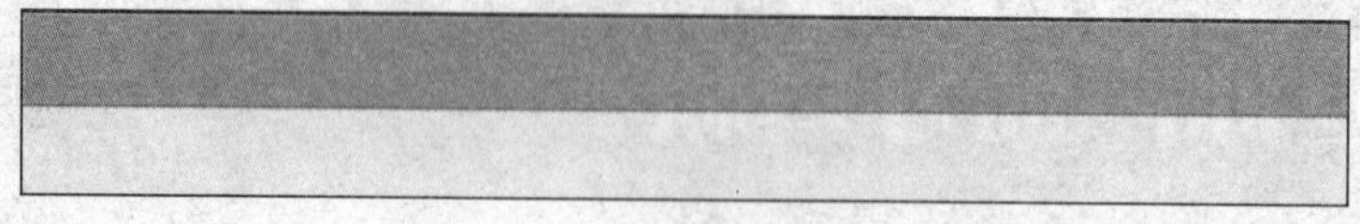
图 3-71　绘制矩形

（2）选择渐变工具，单击工具属性栏的渐变编辑器，打开“渐变颜色编辑器”对话框，单击渐变色带左下角的色块，在“色标”栏中设置颜色为 RGB（3:104:200），再单击渐变色带右下角的色块，在“色标”栏中设置颜色为 RGB（7:25:118），单击 确定 按钮，如图 3-72 所示。

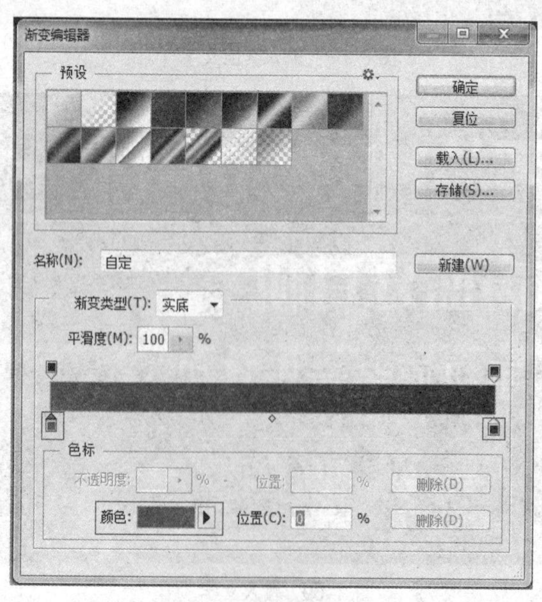

图 3-72　设置渐变色

（3）按住【Ctrl】键，选择矩形图层，将矩形载入选区，再在矩形图层上单击向下滑动渐变填充矩形，效果如图 3–73 所示。

图 3–73　渐变填充矩形

（4）选择矩形工具▣，设置颜色为 RGB（11:177:238），绘制矩形，设置宽度为 158 像素，高度为 53 像素，调整位置，效果如图 3–74 所示。

图 3–74　绘制矩形

（5）选择文字工具T，设置字体为“创艺简粗黑”，字体大小为 35.36 点，字体颜色为 RGB（255:255:255），添加文字“产品展示”，调整位置，效果如图 3–75 所示。

（6）新建图层，设置字体为“创艺简中圆”，字体大小为 20.09 点，字体颜色为 RGB（255:255:255），添加英文“Product　exhibition”，调整位置，效果如图 3–76 所示。

图 3–75　添加文字

图 3–76　新建图层并添加英文

（7）选择【文件】→【打开】命令，在打开的“打开”对话框中选择“产品展示 1”素材，单击 打开(O) 按钮，打开“产品展示 1”素材，双击图片图层，新建图层。直接把图片拖到主页中，合理调整大小和位置，效果如图 3–77 所示。

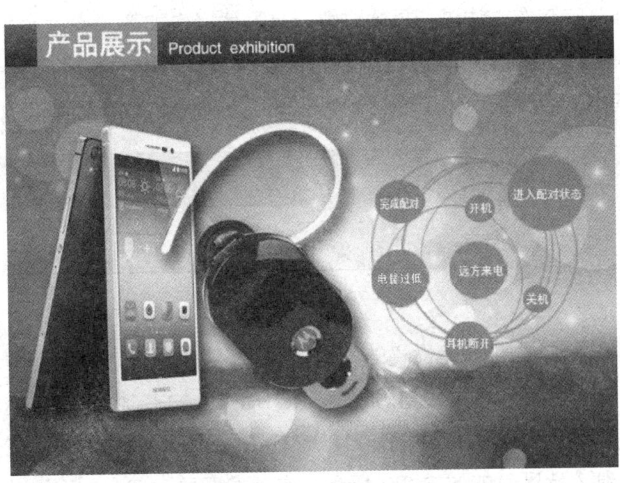

图 3–77　调整大小和位置

（8）使用相同的方法将“产品展示 2”素材放到主页中，效果如图 3-78 所示。

图 3-78　将“产品展示 2”素材放入主页

3.3.3　制作产品特色部分

下面对产品特色部分的制作方法进行具体讲解，其具体操作如下。

（1）选择矩形工具，绘制矩形，设置宽度为 794 像素，高度为 53 像素，调整位置，在该图层上单击鼠标右键，在弹出的快捷菜单中选择“栅格化图层”命令，效果如图 3-79 所示。

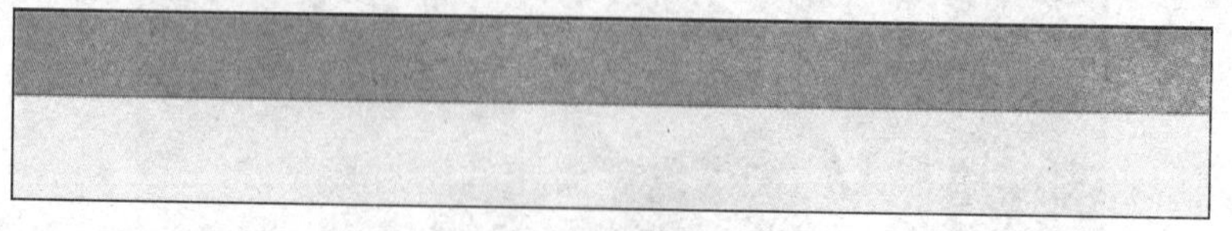

图 3-79　绘制矩形

（2）选择渐变工具，单击工具属性栏的渐变编辑器，打开“渐变颜色编辑器”对话框，单击渐变色带左下角的色块，在“色标”栏中设置颜色为 RGB（3:104:200），再单击渐变色带右下角的色块，在“色标”栏中设置颜色为 RGB（7:25:118），单击 确定 按钮，按住【Ctrl】键，选择该矩形图层，将该矩形载入选区，如图 3-80 所示，在矩形图层上单击向下滑动渐变填充矩形，形成

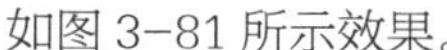
如图 3-81 所示效果。

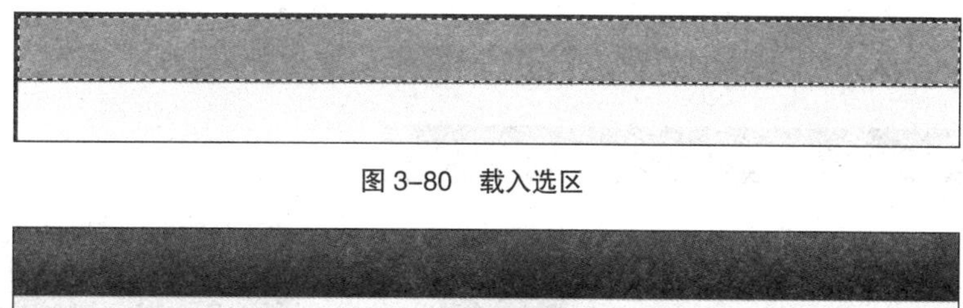
图 3-80 载入选区

图 3-81 渐变填充矩形

（3）绘制矩形，设置颜色为 RGB（11:117:238），宽度为 158 像素，高度为 53 像素，调整位置，效果如图 3-82 所示。

图 3-82 绘制矩形

（4）选择文字工具，设置字体为“创艺简粗黑”，字体大小为 35.36 点，字体颜色为 RGB（255:255:255），输入文字“产品特色”，调整位置，效果如图 3-83 所示。

（5）新建图层，设置字体为“创艺简中圆”，字体大小为 20.09 点，字体颜色为 RGB（255:255:255），输入英文“Product characteristics”，调整位置，效果如图 3-84 所示。

图 3-83 输入文字

图 3-84 新建图层并输入英文

（6）选择【文件】→【打开】命令，在打开的“打开”对话框中选择素材，单击打开(O)按钮，打开素材，如图 3-85 所示。

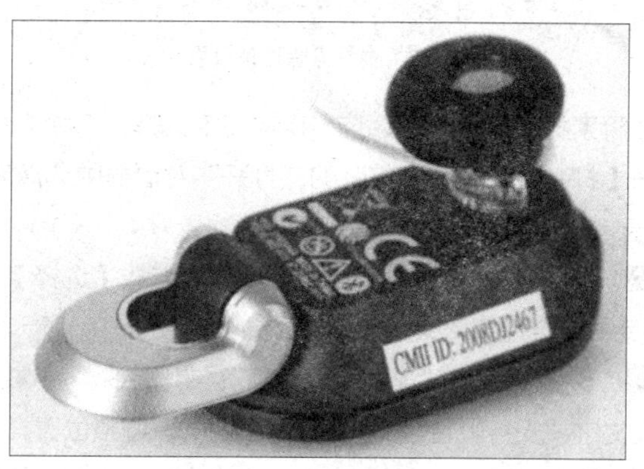

图 3-85 打开素材文件

（7）双击图片图层，新建图层。把图片拖到主页中，合理调整位置和大小，效果如图 3-86 所示。

（8）选择橡皮擦工具，设置前景色为 RGB（244:244:244），设置笔擦为“柔边圆”，大小为 70 像素，如图 3-87 所示。

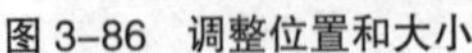
图 3-86　调整位置和大小

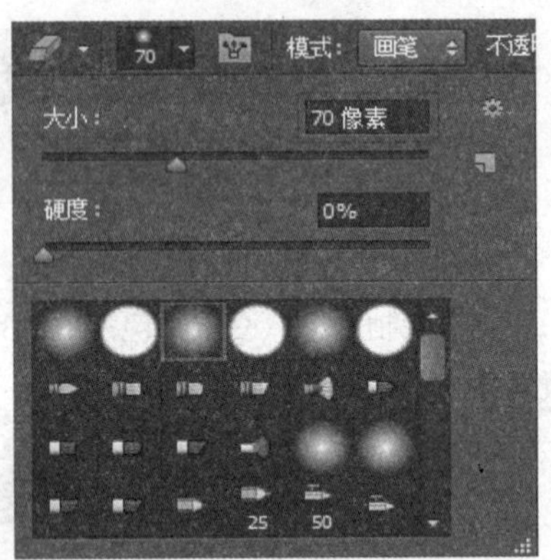

图 3-87　设置笔擦

（9）擦除边角与背景不融的地方，最终要求图片与背景颜色融合，如图 3-88 所示。

图 3-88　查看擦除边角效果

（10）使用相同的方法将素材放到主页中，选择橡皮擦工具，擦除边角，如图 3-89 所示。

（11）选择【文件】→【打开】命令，在打开的“打开”对话框中选择素材，单击打开(O)按钮，打开素材，如图 3-90 所示。双击图片图层，新建图层。

（12）选择魔棒工具，设置容差为 32，单击白色部分。选择【选择】→【反向】命令，选中外包装，将外包装拖到详情页中，合理调整大小和位置，效果如图 3-91 所示。

（13）选择文字工具，设置字体为“汉仪长艺体简”，字体大小为 53.55 点，锐利，字体颜色为 RGB（23:38:176），输入文字“支持听音乐 声音清晰 响亮”，调整位置，效果如图 3-92 所示。

（14）新建图层，设置字体为“汉仪中黑简”，字体大小为 44.72 点，锐利，输入文字“摩托罗拉公司丽音技术让通话更清晰"，"摩托罗拉公司丽音技术"颜色为 RGB（0:0:0），"让通话更清晰"颜色为 RGB（23:38:176），调整位置，效果如图 3-93 所示。

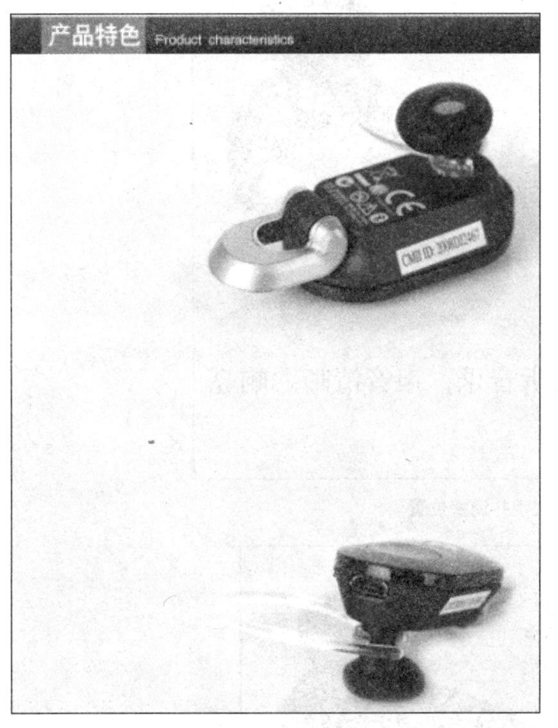

图 3-89　擦除边角

图 3-90　打开素材

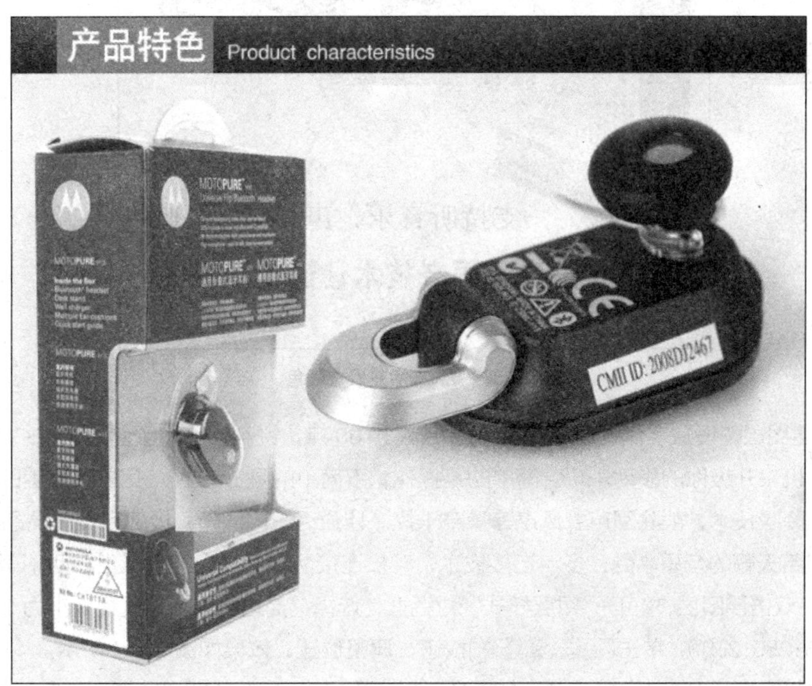

图 3-91　调整图片大小和位置

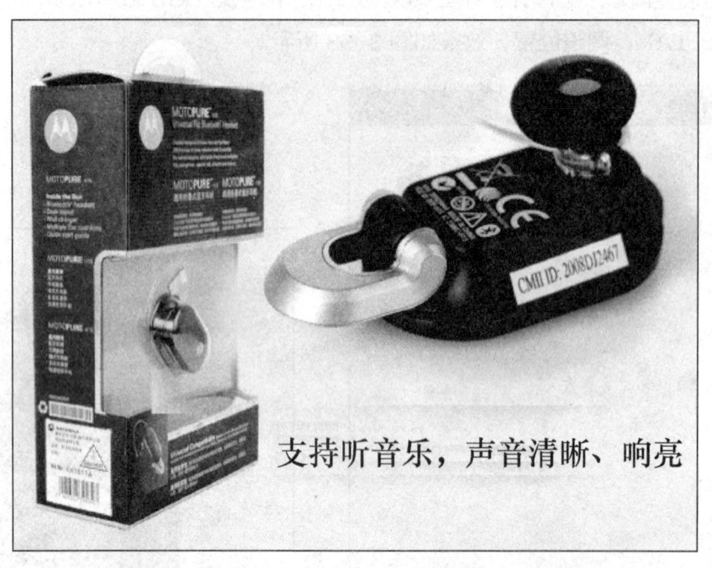

图 3-92　输入文字并调整位置

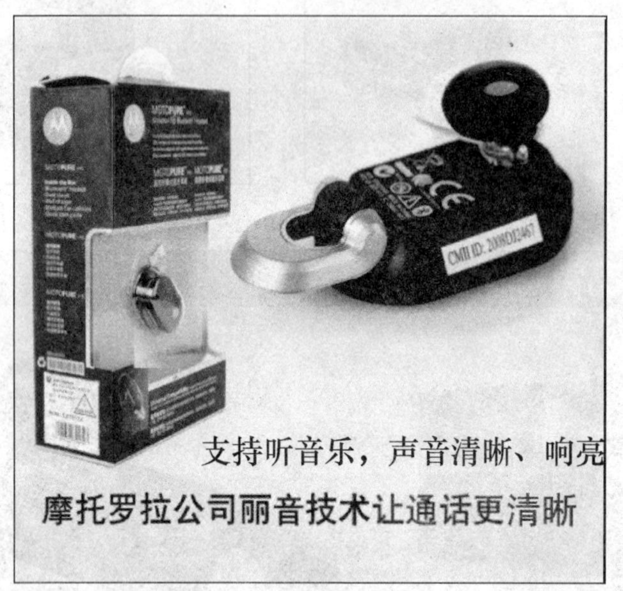

图 3-93　输入文字并设置颜色

（15）新建图层，设置字体为隶体，字体大小为 19.08 点，锐利，字体颜色为 RGB（0:0:0），输入文字“用耳机来升级你的移动乐玩。简单的是操作，不简单的是 MOTO HK250 完美的音质处理技术。双麦克风降噪技术，消除回声、风声等噪声干扰。让通话无比清晰，极致完美的高品质 A2DP 音频流，带来宛若天籁的音乐享受；多点连接技术，轻松连接两部手机，工作、生活两不误。”，设置行距为 41.8 点，双击该图层，打开“图层样式”对话框，选择“描边”选项，设置大小为 2 像素，颜色为 RGB（255:255:255），单击 确定 按钮，调整位置，效果如图 3-94 所示。

（16）新建图层，设置字体为“方正大黑简体”，字体大小为 64.89 点，锐利，字体颜色为 RGB（0:0:0），添加文字“精致与时尚”，双击该图层，打开“图层样式”对话框，选择“渐变叠加”选项，单击渐变颜色编辑器，打开“渐变颜色编辑器”对话框，单击渐变色带左下角的色块，在“色标”栏中设置颜色为 RGB（0:0:0），再单击渐变色带右下角的色块，在“色标”栏中设置颜色为 RGB（212:212:212），单击 确定 按钮，如图 3-95 所示。

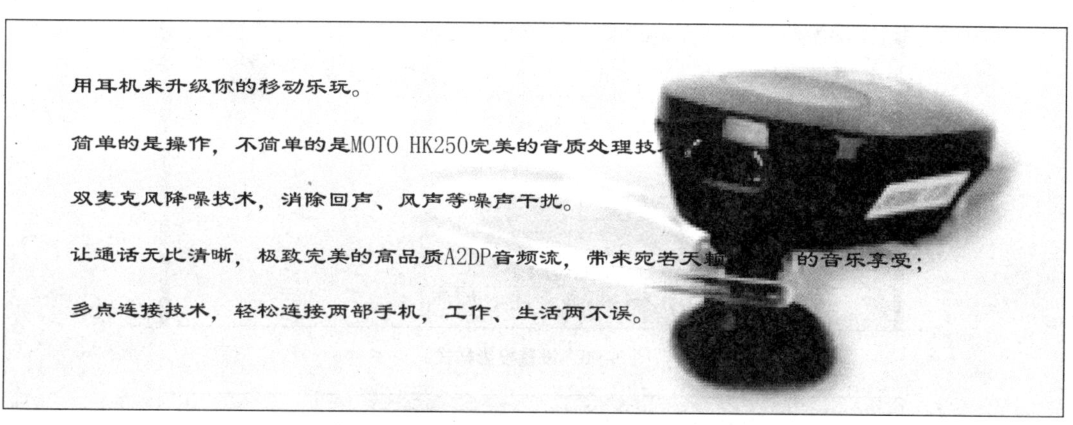

图 3-94　输入文字并设置颜色

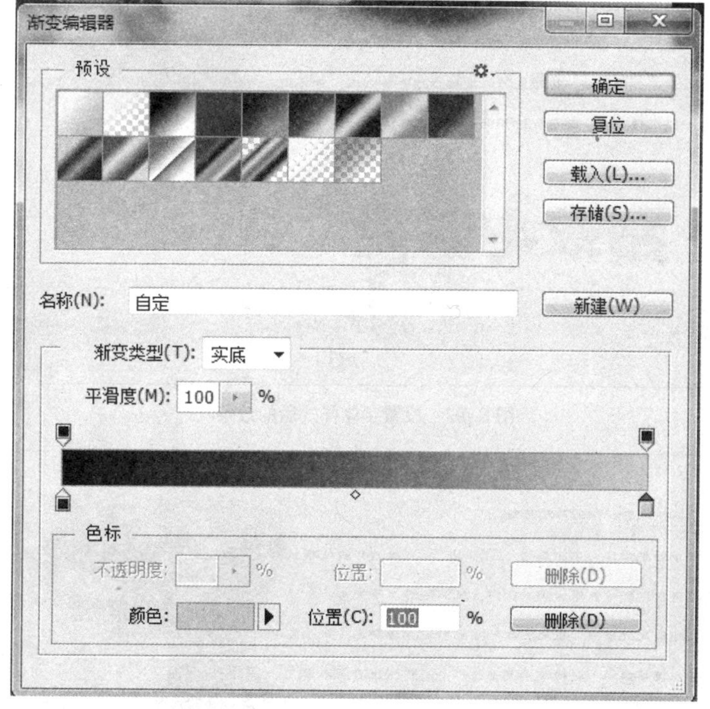

图 3-95　设置渐变色

（17）再选择“投影”选项，设置混合模式为正片叠底，不透明度为 75%，角度为 120°，距离为 5 像素，大小为 5 像素，如图 3-96 所示。

（18）单击 确定 按钮，效果如图 3-97 所示。

（19）同样的操作步骤，其他不变，输入文字“简约与奢华”，调整位置，最终效果如图 3-98 所示。

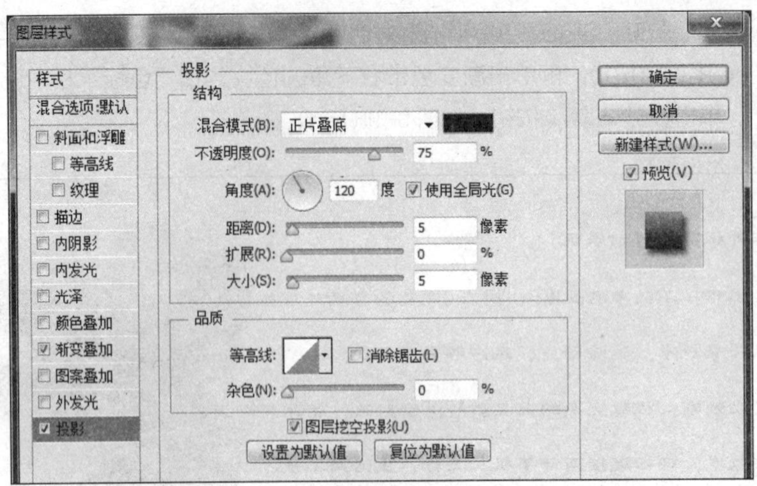

图 3–96　设置投影样式

图 3–97　设置字体样式后的效果

图 3–98　输入并设置其他字体

实战训练

请根据自行选定的 3C 数码类商品图片素材，使用 Photoshop CS6 软件完成商品详情页的制作（可参照蓝牙耳机详情页的形式）。

任务评价

自我评价

主要内容		自我评价等级（在符合的情况下面打“√”）			
		全部做到了	大部分（80%）做到了	基本（60%）做到了	没做到
详情页制作					
自我总结	我的优势				
	我的不足				
	我的努力目标				
	我的具体措施				

小组评价

主要内容	小组评价等级（在符合的情况下面打“√”）			
	全部做到了	大部分（80%）做到了	基本（60%）做到了	没做到
详情页制作				
建议	组长签名：　　　　年　　月　　日			

教师评价

主要内容	教师评价等级（在符合的情况下面打“√”）			
	优秀	良好	合格	不合格
详情页制作				
评语	教师签名：　　　年　月　日			

项目小结

本项目首先介绍了蓝牙耳机的拍摄，其次介绍了蓝牙耳机商品图片美化，最后讲解了蓝牙耳机商品详情页的制作。

蓝牙耳机是通信类产品的一种。在对商品信息进行采编时，应先从设计、音质和智能等方面分析蓝牙耳机的产品卖点。根据外包装图、产品细节图、配件清单图了解拍摄图片的思路，并制定拍摄数据的参数，进行蓝牙图片的拍摄。完成图片的拍摄后，还需综合使用椭圆工具、橡皮擦工具以及文字工具等制作第二张成品图，并对完成的成品图进行美化以及商品采编图的制作。该制作过程主要从3个部分入手，分别是产品信息部分、产品展示部分、产品特色部分，每个部分都需要进行文字说明的编写，并使用浅灰色调打底，区块分割布局。完成每部分的制作后，查看每个部分完成排版后的效果。

04 项目四 服装配饰类商品信息采编与优化

小李在完成了蓝牙耳机的图片收集及网店页面的设计工作后，对整个工作的流程逐渐熟悉。上司为了进一步培养小李的工作能力，将衬衫的信息采编工作交给了小李。小李仔细研究产品后，制定了以下工作计划。

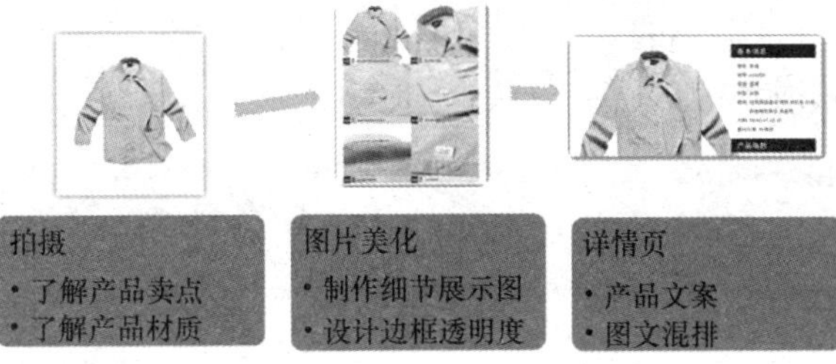

知识目标

- 衬衫的拍摄
- 衬衫商品图片美化
- 衬衫商品详情页制作

技能目标

- 掌握服饰类商品拍摄技巧
- 掌握衬衫类图片的美化与文字的插入技巧

素养目标

- 具有独特的审美眼光
- 具有追求细节完美的意识

任务 4.1　衬衫的拍摄

任务目标

分析衬衫产品的卖点。

理清衬衫样张的整体设计思路。

任务描述

小李顺利完成前两个任务，对商品拍摄的流程有了初步的了解，于是培训主管交给了小李第三个任务——衬衫的拍摄。下面小李以一款美国箭牌衬衫作为案例，他大体分两个步骤来分析衬衫的拍摄：首先是分析衬衫产品的卖点，从衬衫的颜色、做工、用料等方面进行细分；其次是理清拍摄衬衫时的整体设计思路，清楚注意事项以及拍摄器材参考数据等信息，以便从整体上了解服饰类产品的拍摄手法。

任务实施

4.1.1　了解衬衫的产品卖点

在拿到衬衫拍摄样品后，首先需要仔细地了解和分析该产品的相关介绍资料，明确商品是什么品牌，什么面料，做工有什么讲究，从而分析产品的卖点，并以此设计出产品的拍摄角度。

下面，将这款衬衫的卖点总结为 3 点。

多炫色彩品牌文化

本款衬衫可选颜色较多，包括白色细黑条纹、褐色、粉红色、白色、粉灰条纹、天蓝色，颜色纯正，光泽自然柔和，轻柔且朴素大方，有种低调奢华感。

精致的做工细节

本款衬衫采用精工裁剪和双线机车工艺让衬衫细节更加讲究，看起来更加富有商务的稳重气息，经典休闲的方领设计，精致扣袖，纹路清晰。

纯棉用料天然优质

采用 100%棉质布料，纯天然优质，穿起来舒适大方，同时采用免烫的产品设计，整体手感舒适，色调明亮有光泽。优越的吸湿、保湿性，适合多季节穿着。

4.1.2 拍摄样张的思路设计

通过对衬衫产品卖点的详细分析，可以选择 3 个角度对产品进行拍摄。

1. 整体展示图

本款衬衫产品采用了长袖商务正装的设计，整体外观简洁大方，精选纯棉材质，做工讲究精细，免烫工艺处理，需要对衬衫整体外观进行拍摄，帮助消费者更加直观地了解该款服装。

为了凸显此款条纹衬衫的整体经典休闲设计和好搭配的优点，拍摄一张整体的自然摆放形状，来体现其舒适的穿衣体验，如图 4-1 所示。

图 4-1 整体效果

2. 局部细节图

局部细节图可以彰显产品的品质，突出展示产品的优点。本款衬衫在细节上下足了功夫，包括衬衫的领口、门襟、袖口、背部等都彰显成熟的品牌特性。因此在拍摄时需要对局部细节加以拍摄，促使消费者加深对产品卖点的记忆。

（1）拍摄方领设计的细节图，彰显男人极具张力的成熟气质的内涵，如图 4-2 所示。

（2）纽扣采用 100%全树脂，通过细节拍摄，45° 角展示，表现其做工精细，简洁大方，富有质感，如图 4-3 所示。

图 4-2 领口细节

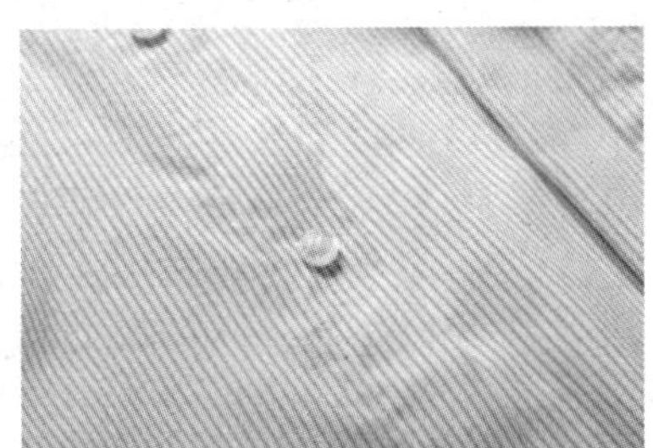

图 4-3 纽扣细节

（3）细节展示衣袋的设计，袋布纹路与衬衫相得益彰，显示精致做工，绣标凸显出来，如图 4-4 所示。

（4）45° 角斜拍袖口，展现精致的排扣，清晰的纹路，平整缜密的压边和走线，如图 4-5 所示。

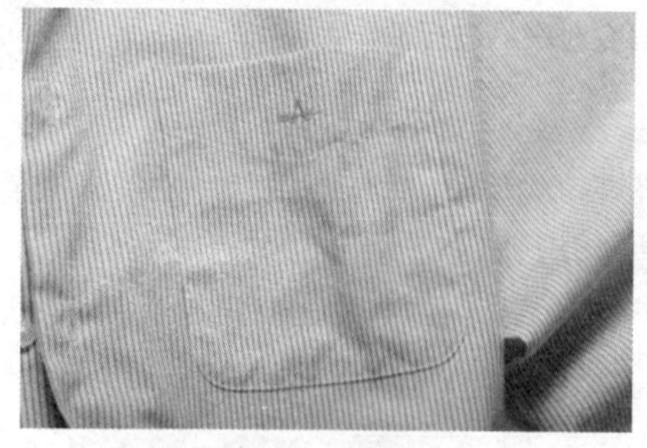
图 4-4　口袋效果

图 4-5　袖口细节

（5）清晰的 60° 角背缝设计，展现精湛的立体裁剪，恰到好处，使其穿起来挺括有型，如图 4-6 所示。

（6）拍摄下摆细节，清晰展现走线精工细作，符合人体工学曲线，如图 4-7 所示。

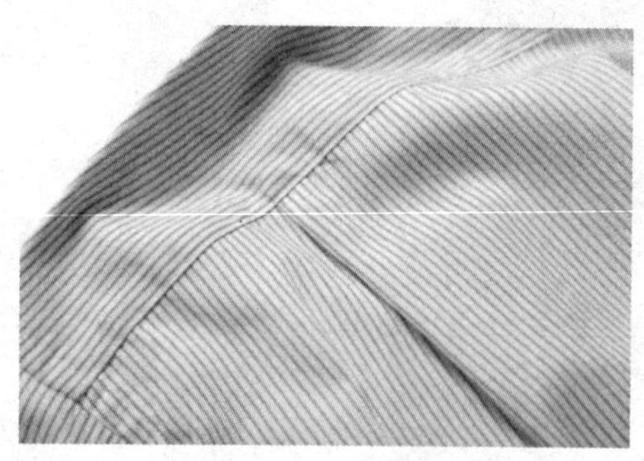
图 4-6　背缝细节

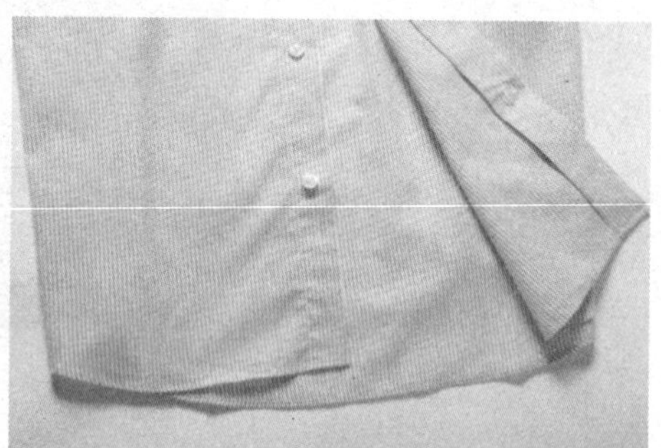
图 4-7　下摆细节

3．注意事项图

本款衬衫的注意事项图要展现其精工裁剪和双线机车的工艺特点，以及做工细致的特点，让消费者感受到细心的关怀。

拍摄水洗标志，展示详细的水洗说明和面料成分，如图 4-8 所示。

图 4-8　水洗标志

4.1.3　拍摄数据参考

进行拍摄时，要用到以下设备，如图 4-9～图 4-13 所示。

图 4-9 照相机

图 4-10 反光伞

图 4-11 闪光影室灯 2 套

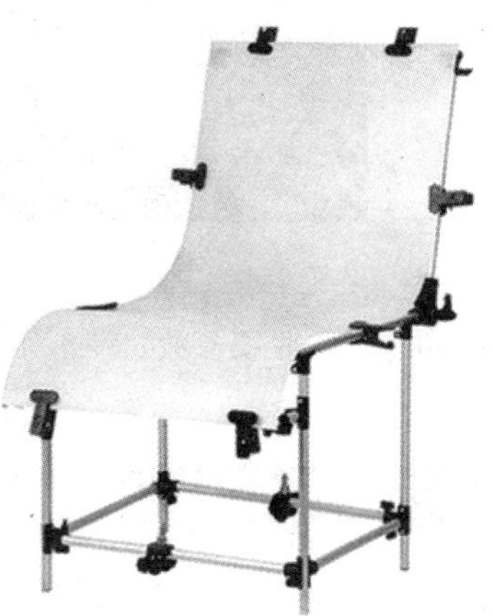
图 4-12 小型静物台

图 4-13 白色背景纸

其拍摄环境的效果如图 4-14 所示。

其注意事项主要包括以下 4 点。

（1）禁止使用闪光灯。

（2）利用拍摄道具扩展拍摄空间。

（3）采用小光圈进行拍摄。

（4）拍摄细节图前面用较硬柔光箱，后面用反光板补光。

图 4–14　拍摄环境

其样张详情及拍摄参数如表 4–1 所示。

表 4-1　样张详情及拍摄参数

样张详情	拍摄参数
	1. 光圈 F/10 2. 快门 1/125 秒 3. ISO–640
	1. 光圈 F/10 2. 快门 1/125 秒 3. ISO–640

续表

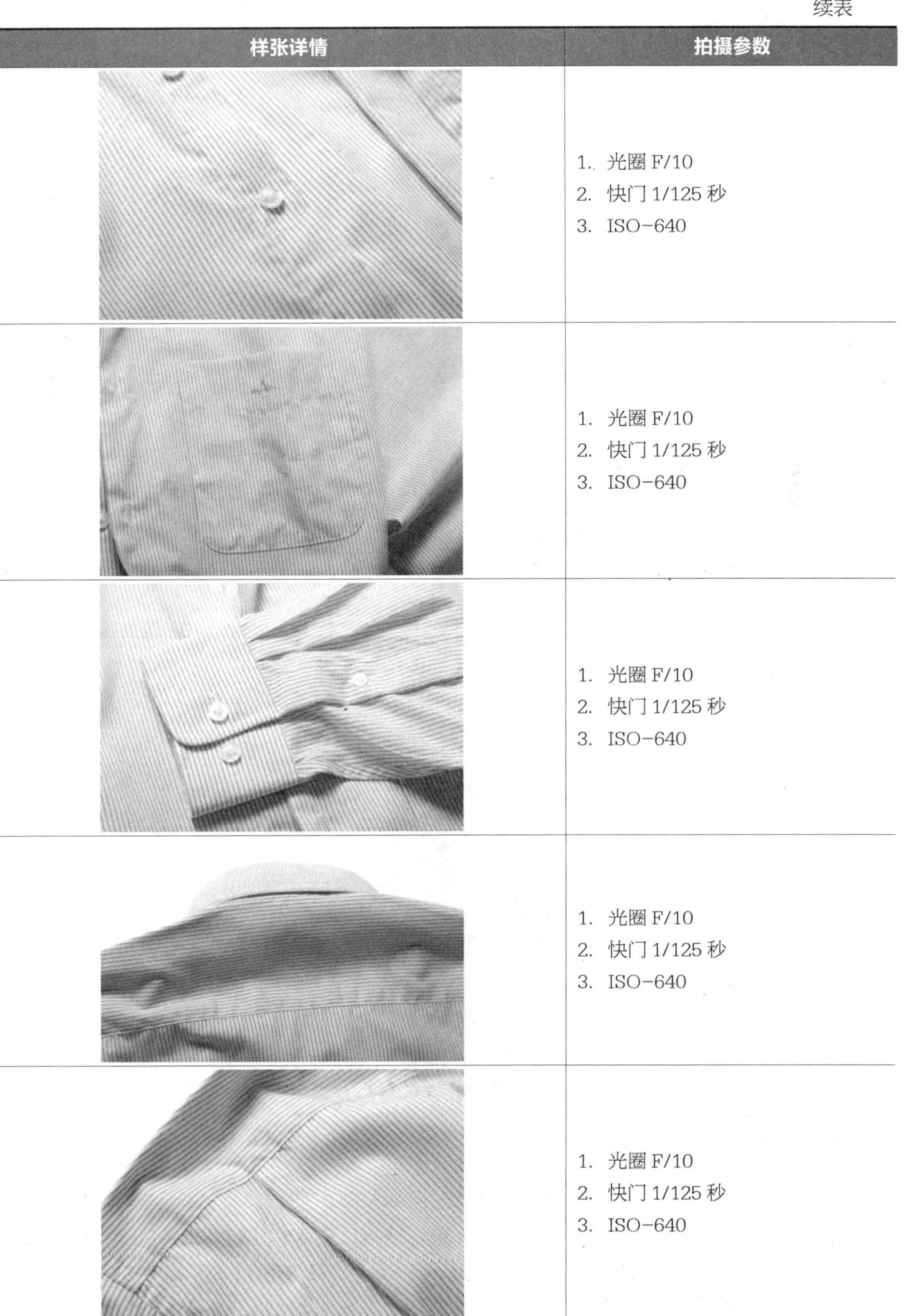

样张详情	拍摄参数
	1. 光圈 F/10 2. 快门 1/125 秒 3. ISO-640
	1. 光圈 F/10 2. 快门 1/125 秒 3. ISO-640
	1. 光圈 F/10 2. 快门 1/125 秒 3. ISO-640
	1. 光圈 F/10 2. 快门 1/125 秒 3. ISO-640
	1. 光圈 F/10 2. 快门 1/125 秒 3. ISO-640

续表

样张详情	拍摄参数
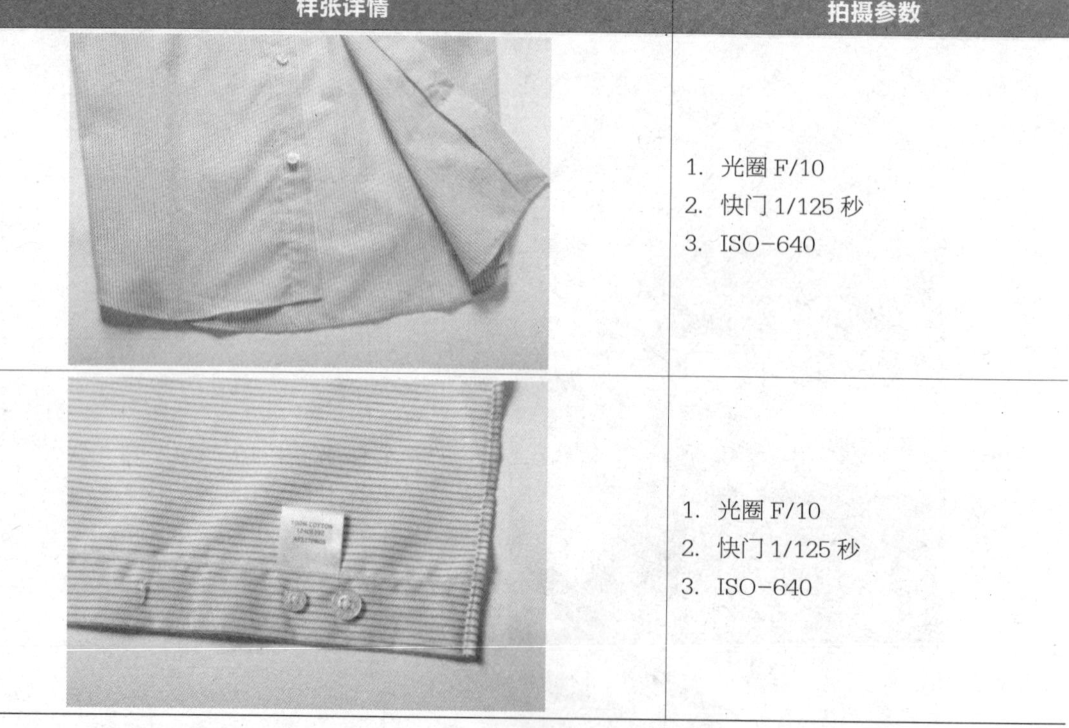	1. 光圈 F/10 2. 快门 1/125 秒 3. ISO-640
	1. 光圈 F/10 2. 快门 1/125 秒 3. ISO-640

拍摄时产生错误的照片主要包括 2 点。

（1）由于光线没有打好，使其折叠的效果不能表现出来。

（2）拍摄时材质光线偏暗，不能体现对象材质，如图 4-15 所示。

图 4-15　拍摄时产生错误的照片

4.1.4　服饰类拍摄技巧

关于服饰类商品的拍摄技巧，综合衬衫的拍摄过程总结出以下 8 点。

（1）拍摄的思路要紧密结合卖点进行规划，从整体到局部、注意事项等都要以突出卖点进行拍摄，例如衬衫可以从颜色、做工、用料等方面进行细分，突出自身商品的亮点，从卖点中挖掘出衬衫的拍摄角度，如图 4-16 所示。

（2）拍摄时所用器材，可结合商品需要自由调整，使用相机时，拍摄数据参数尽量统一，以保持整体图片风格的统一性。

（3）避免照片拍摄错误，可以多次尝试拍摄角度，不拘泥于官方提供的数据。

（4）在拍摄前，确保服装处于最佳状态，这意味着服装上不能有污渍痕迹，不能有看上去松动的纽扣。服装刚刚烫好是最好的拍摄状态，特别是衬衫和长裤，像蓝色牛仔裤，有些细微的褶皱更加自然。衣服准备好以后，可以把它放在平面上，也可以让模特穿着拍摄。如果放置在平面上，尽量把服装摊开，这样消费者可以看到服装的整个设计。也可以通过同款衬衫不同颜色的整齐堆放，形成立体视觉效果，如图 4-17 所示。

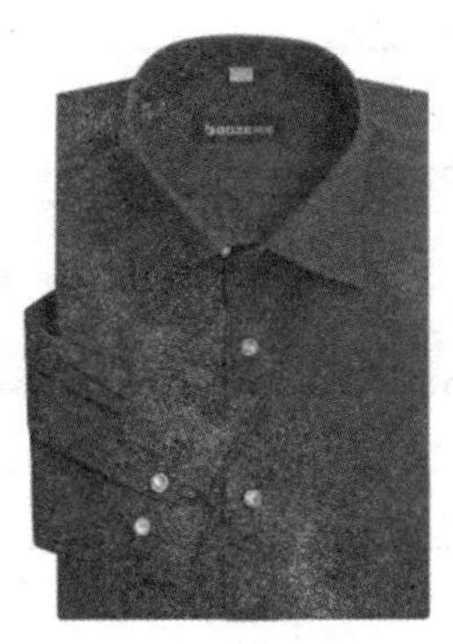

图 4-16　突出衬衫自身亮点

图 4-17　服装设计

（5）拍摄放置在平面上的服装时，选择柔和的灯光会给服装带来不错的效果。拍摄时，相机应该摆在服装的正上面。拍模特可以根据所要展示的不同部分做不同的角度选择：拍摄小件物品时，用变焦镜头不错；如果要拍摄模特，镜头最好带广角，当然也不能少了三脚架。

（6）在取景时要注意，不要纳入背景中的不完善之处。大多数情况下，服装摄影后期除了裁切以及对比度、亮度等的调整之外，不需要进行更繁琐的后期调整。如果前期打光足够好，基本就不需要后期调整了。如图 4-18 所示，为了考虑部分取舍，可以先拍摄出整体，后期再进行稍微调整。

图 4-18　取景

（7）拍摄时光线比较重要，尽量使用柔和光进行拍摄。

（8）总结关键点：商品要清洁过、熨烫过，中性化的背景以及柔和的灯光。

实战训练

1. 请按照上述的操作流程设计出服装配饰类商品的拍摄思路，拍摄思路以 Word 形式保存（自行选取服装配饰类商品）。

2. 根据拍摄思路使用数码照相机或单反照相机拍摄一件服装配饰类商品，拍摄完成后，挑选符合要求的图片以.jpg 的格式保存。

任务评价

自我评价

<table>
<tr><th colspan="2" rowspan="2">主要内容</th><th colspan="4">自我评价等级（在符合的情况下面打“√”）</th></tr>
<tr><th>全部做到了</th><th>大部分（80%）做到了</th><th>基本（60%）做到了</th><th>没做到</th></tr>
<tr><td colspan="2">设计思路</td><td></td><td></td><td></td><td></td></tr>
<tr><td colspan="2">拍摄样张</td><td></td><td></td><td></td><td></td></tr>
<tr><td rowspan="4">自我总结</td><td>我的优势</td><td colspan="4"></td></tr>
<tr><td>我的不足</td><td colspan="4"></td></tr>
<tr><td>我的努力目标</td><td colspan="4"></td></tr>
<tr><td>我的具体措施</td><td colspan="4"></td></tr>
</table>

小组评价

<table>
<tr><th colspan="2" rowspan="2">主要内容</th><th colspan="4">小组评价等级（在符合的情况下面打“√”）</th></tr>
<tr><th>全部做到了</th><th>大部分（80%）做到了</th><th>基本（60%）做到了</th><th>没做到</th></tr>
<tr><td colspan="2">设计思路</td><td></td><td></td><td></td><td></td></tr>
<tr><td colspan="2">拍摄样张</td><td></td><td></td><td></td><td></td></tr>
<tr><td>建议</td><td colspan="5">组长签名：　　　　　　年　　月　　日</td></tr>
</table>

教师评价

主要内容	教师评价等级（在符合的情况下面打“√”）			
	优秀	良好	合格	不合格
设计思路				
拍摄样张				
评语	教师签名：　　　　　年　　月　　日			

任务 4.2　衬衫商品图片美化

任务目标

学会用剪贴蒙版制作衬衫细节展示图片。

学会用不透明度工具设计边框透明度。

任务描述

小李在本任务中要将已经拍摄好的衬衫原始素材图片，通过综合使用文字工具、蒙版工具和矩形工具，制作一幅成品图，美化效果如图 4-19 所示。

图 4-19　美化图片一

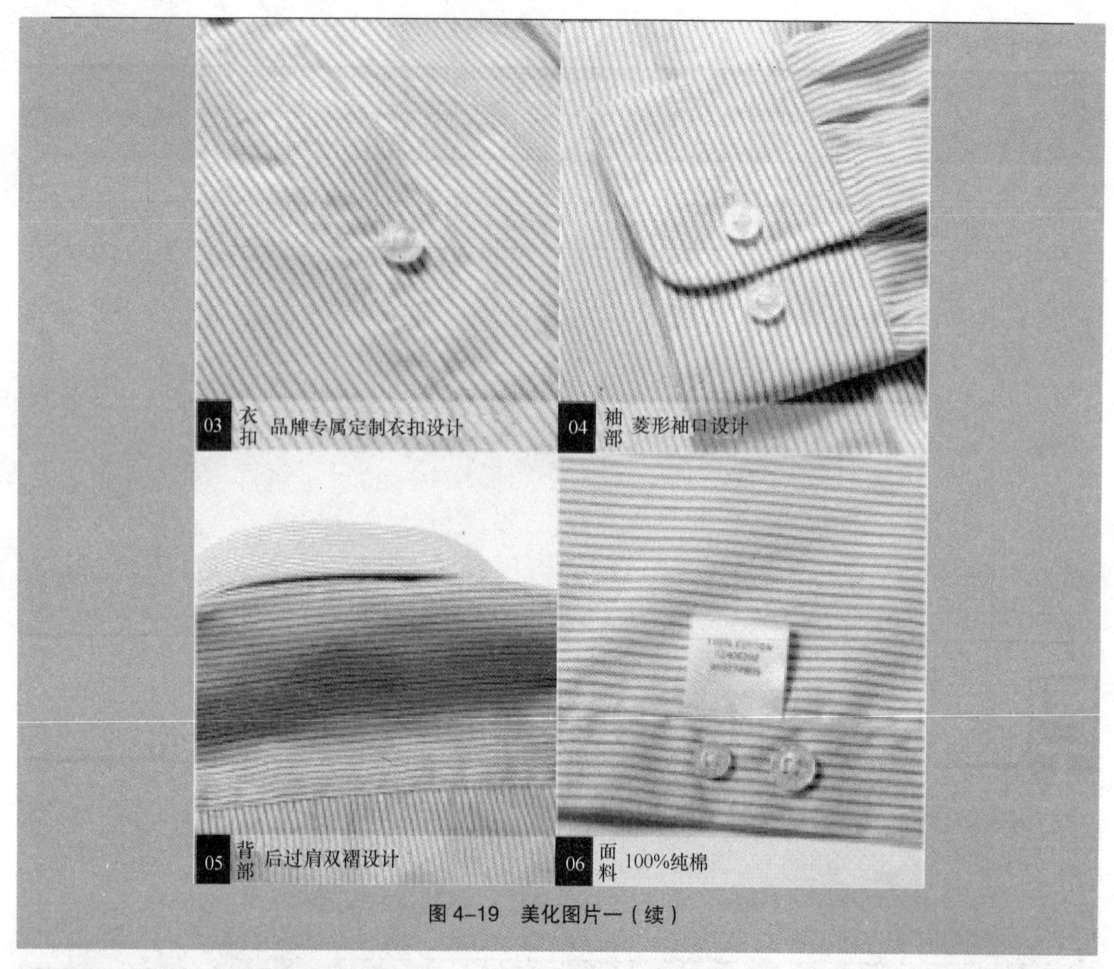

图 4-19　美化图片一（续）

任务实施

4.2.1　制作衬衫的美化图片

下面对制作衬衫的美化图片一的方法进行介绍，其具体操作如下。

（1）选择【文件】→【新建】命令，打开“新建”对话框，设置名称为“衬衫细节展示图”，设置宽度为 794 像素，高度为 1288 像素，分辨率为 72 像素/英寸，颜色模式为 RGB 颜色 8 位，背景内容为白色，单击 确定 按钮，如图 4-20 所示。

（2）选择【文件】→【打开】命令，在打开的“打开”对话框中选择“细节展示图 1”素材，单击 打开(O) 按钮，打开“细节展示图 1”素材，双击图片图层，新建图层，如图 4-21 所示。

（3）将图片拖到主页中，合理调整，效果如图 4-22 所示。

（4）下面进行剪贴蒙版的操作，通过添加矩形，使用蒙版隐藏边角多余图片内容，突出商品展示的卖点。选择矩形工具■，设置前景色为 RGB（0:0:0），绘制矩形，设置宽度为 353 像素，高度为 407 像素，调整位置，如图 4-23 所示。

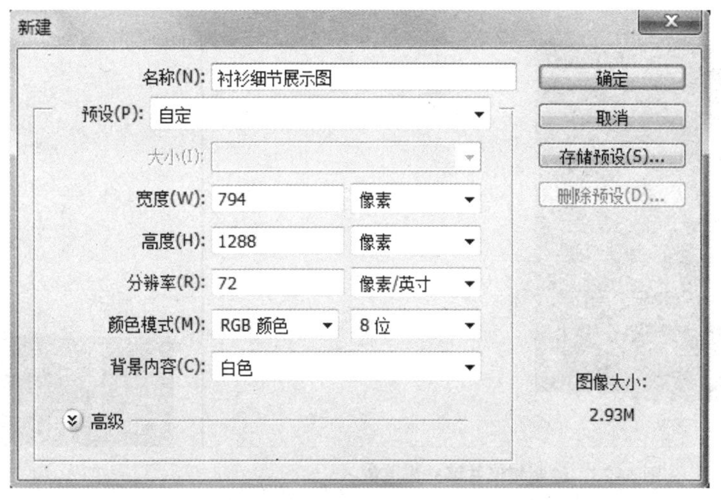

图 4-20　新建“衬衫细节展示图”文档

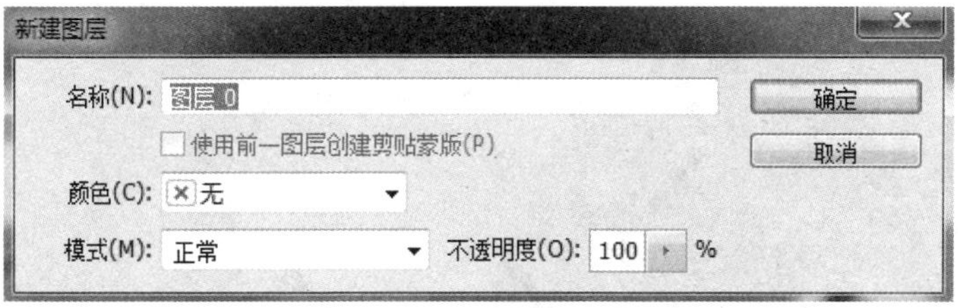

新建图层
名称(N): 图层 0
确定
使用前一图层创建剪贴蒙版(P)
取消
颜色(C): 无
模式(M): 正常　不透明度(O): 100 %

图 4-21　新建图层

图 4-22　调整素材图片

（5）将矩形图层，移动至细节展示图 1 图层下方，如图 4-24 所示。

（6）将鼠标移动至“细节展示图 1”图层上，按住【Alt】键，出现箭头向下标志，单击细节展示图 1 图层，与该图层之下的矩形图层组合创建剪贴蒙版图层，如图 4-25 所示。

（7）使用相同的操作步骤，创建 5 个剪贴蒙版图层，隐藏部分不需要的边角部分，突出商品细节的亮点。把“细节展示图 2”素材放到主页中，调整位置，效果如图 4-26 所示。

图 4–23　绘制矩形并填充为黑色

图 4–24　移动图层

图 4-25　剪贴蒙版图层

图 4–26　细节展示图 2 放到主页的效果

（8）绘制矩形，设置宽度为 353 像素，高度为 407 像素，调整位置，效果如图 4-27 所示。

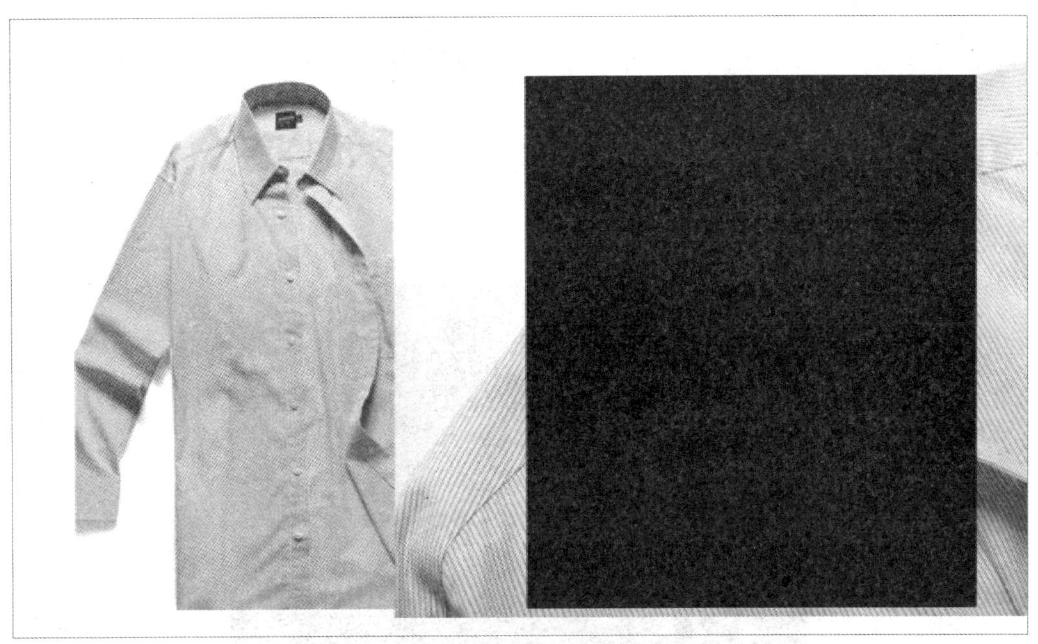

图 4-27 绘制矩形

（9）把矩形图层放于细节展示图 2 的图层下面，创建剪贴蒙版，隐藏边角部分，效果如图 4-28 所示。

图 4-28 隐藏边角部分

（10）按【Ctrl+J】组合键复制 4 个矩形图层，并排列位置，效果如图 4-29 所示。

（11）将细节展示素材放于主页中，调整位置如图 4-30 至图 4-33 所示。

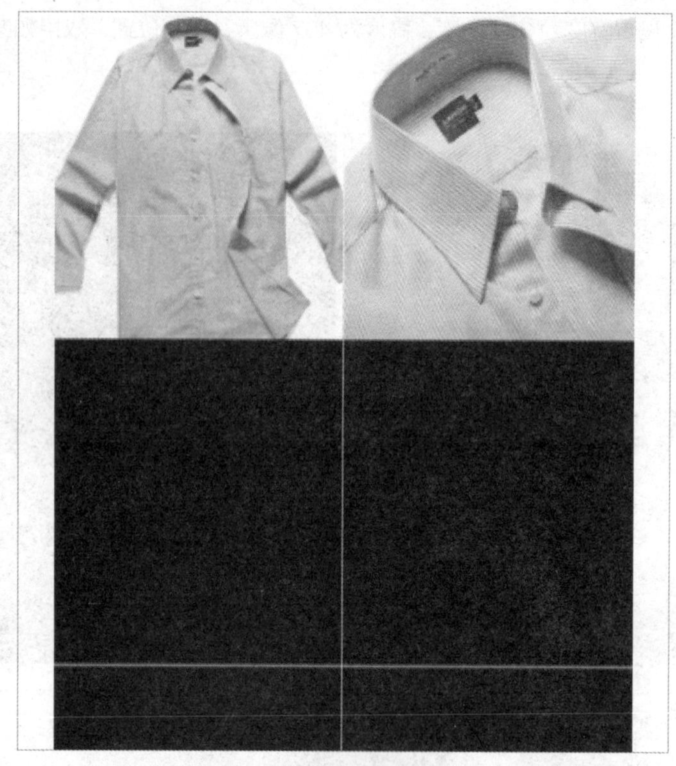

图 4-29 复制 4 个矩形

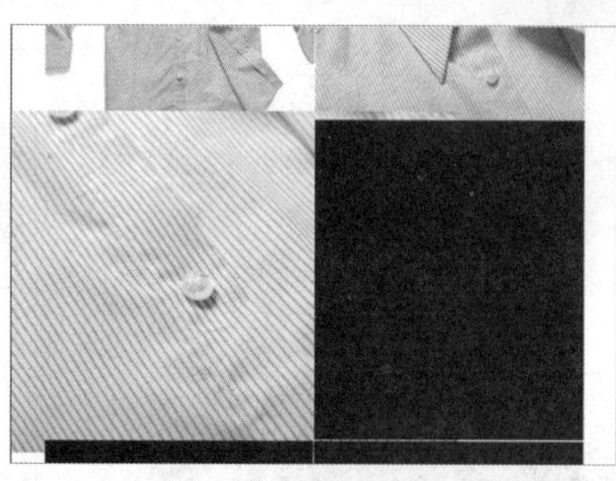

图 4-30 调整素材位置（一）

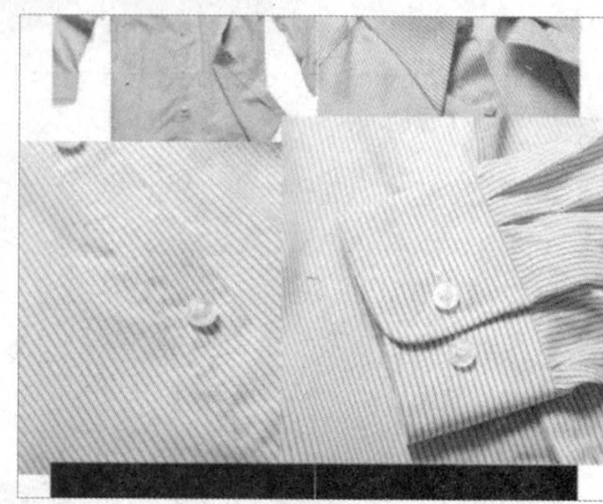

图 4-31 调整素材位置（二）

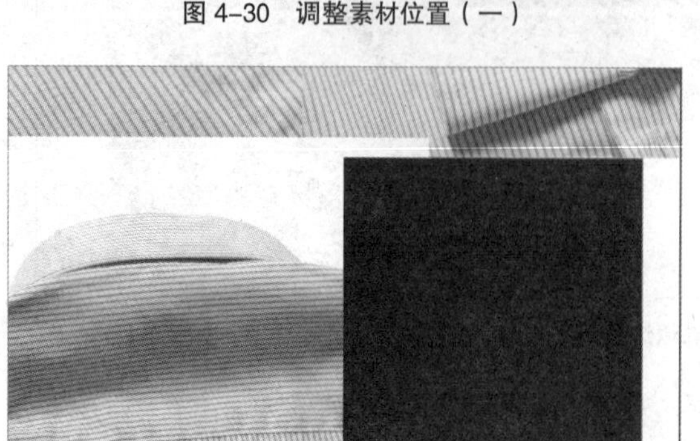

图 4-32 调整素材位置（三）

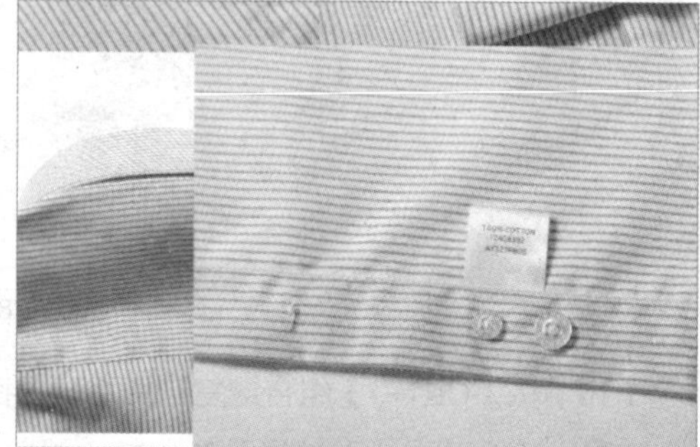

图 4-33 调整素材位置（四）

（12）再将 4 个细节图图层放于各个矩形图层上方，为细节图图层创建剪贴蒙版，效果如图 4-34 所示。

图 4-34 创建剪贴蒙版后的效果

（13）选择矩形工具■，设置填充色为 RGB（4:33:77），绘制矩形，设置宽度设置为 37 像素，高度设置为 45 像素，调整位置，效果如图 4-35 所示。

图 4-35 绘制矩形

（14）选择该矩形图层，按【Ctrl+J】组合键，复制 5 个图层，排版调整 5 个矩形的位置，效果如图 4-36 所示。

图 4-36　复制 5 个矩形

（15）新建图层，设置填充色为 RGB（255:255:255），绘制矩形，设置宽度为 316 像素，高度为 44 像素，设置图层的不透明度为 45%，调整位置，效果如图 4-37 所示。

图 4-37　绘制白色矩形

（16）选择该矩形图层，按【Ctrl+J】组合键，复制 5 个图层，排版调整 5 个矩形的位置，效果如图 4-38 所示。

图 4-38　复制图层进行排版

4.2.2　添加衬衫的数字和文字

下面对添加衬衫的数字和文字的方法分别详细介绍，其具体操作如下。

（1）选择文字工具，设置字体为“创艺简粗黑”，字体大小为 27.6 点，颜色为 RGB

（255:255:255），分别输入数字“01”“02”“03”“04”“05”“06”，分别从左往右，从上到下进行排列。新建图层，字体不变，字体大小设置为 17.02 点，颜色为 RGB（44:33:77），分别从左往右，从上到下添加文字“整体”“衣领”“衣扣”“袖部”“背部”“水洗”，调整位置，效果如图 4-39 所示。

（2）新建图层，其他不变，设置字体大小为 14.61 点，分别从左往右，从上到下输入文字“男士粉色商务条纹长袖衬衫”“领尖带扣设计”“品牌专属定制衣扣设计”“菱形袖口设计”“后过肩双褶设计”“100%纯棉”，调整位置，效果如图 4-40 所示。

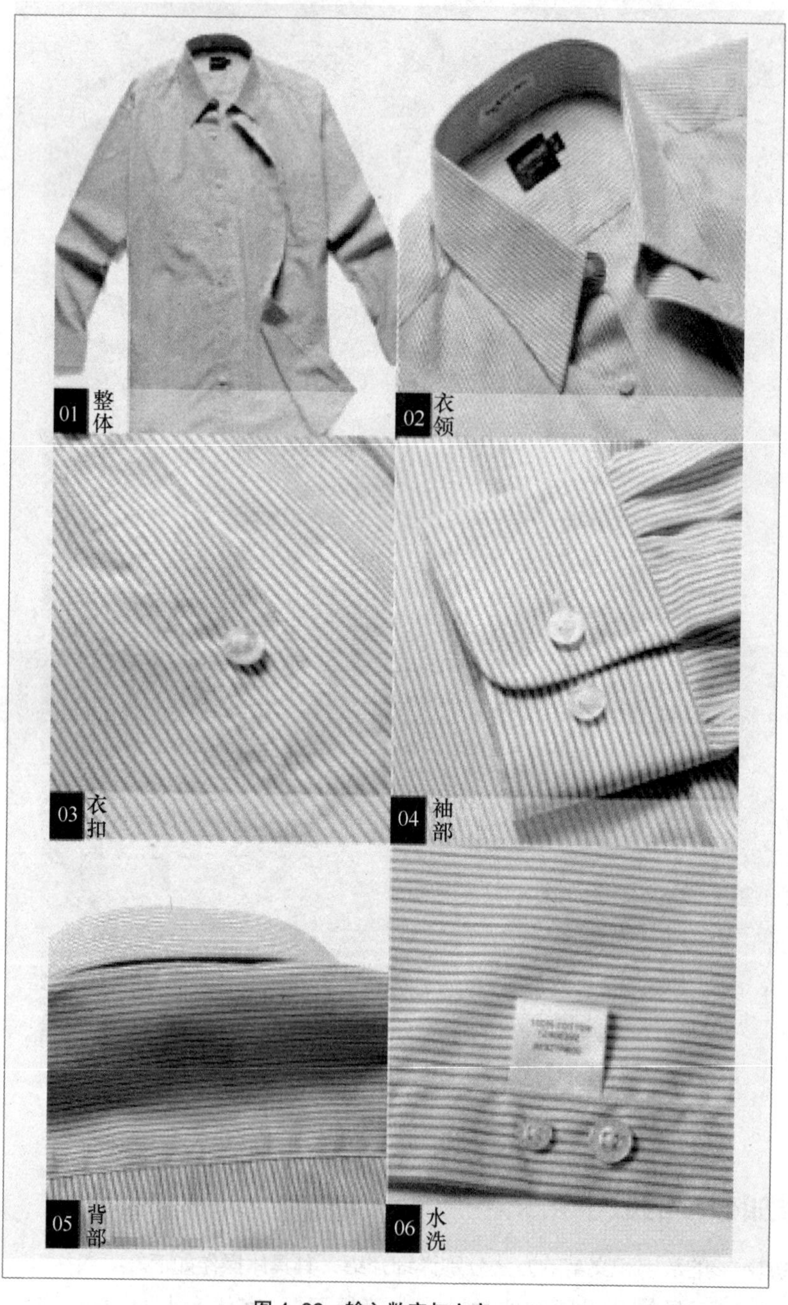

图 4-39 输入数字与文字

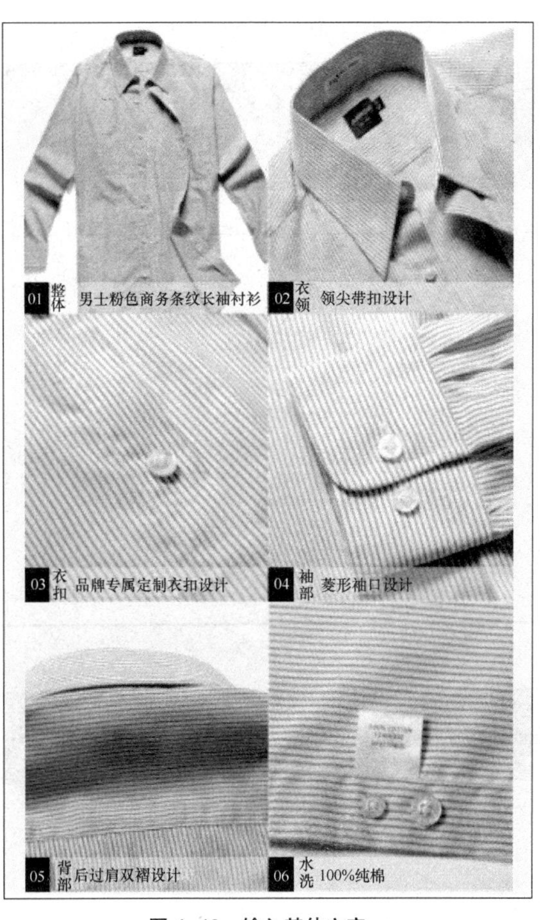

图 4-40　输入其他文字

实战训练

根据自行选定的服装配饰类商品拍摄后的图片，使用 Photoshop CS6 软件，对其图片进行美化（可参照衬衫美化图形式）。

任务评价

自我评价

主要内容		自我评价等级（在符合的情况下面打"√"）			
		全都做到了	大部分（80%）做到了	基本（60%）做到了	没做到
美化制作					
自我总结	我的优势				
	我的不足				
	我的努力目标				
	我的具体措施				

小组评价

主要内容	小组评价等级（在符合的情况下面打“√”）			
	全都做到了	大部分（80%）做到了	基本（60%）做到了	没做到
美化图片制作				
建议	组长签名：　　　年　月　日			

教师评价

主要内容	教师评价等级（在符合的情况下面打“√”）			
	优秀	良好	合格	不合格
美化图片制作				
评语	教师签名：　　　年　月　日			

任务 4.3　衬衫商品详情页制作

任务目标

用钢笔工具、油漆桶工具制作表格和修身指数图。

用矩形工具制作指数表。

用参考线来精确排版。

不透明度设置颜色。

任务描述

小李要将衬衫美化后的成品图以及给定的介绍文字，进行适当的组合排版，最终制作出如图 4-41 所示的详情页效果图片。

细看这张衬衫详情页的效果图，整体以白色调打底，区块分割布局，用标签划分出四个部分，分别是产品信息、真实展示、细节展示和尺码规格。在详情页中需要完成这四个部分。

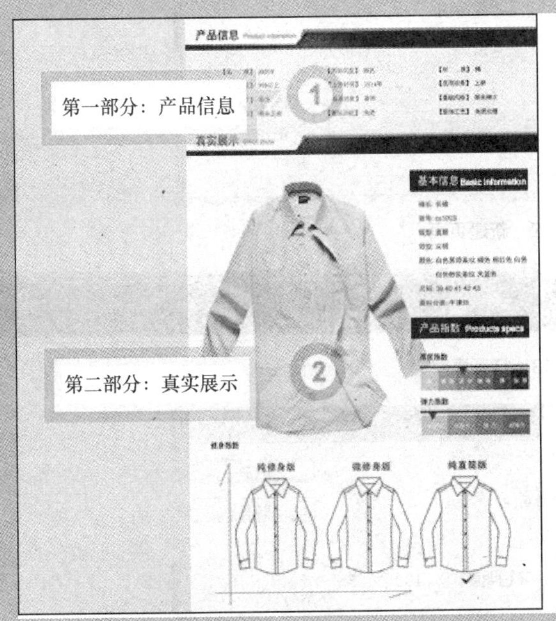

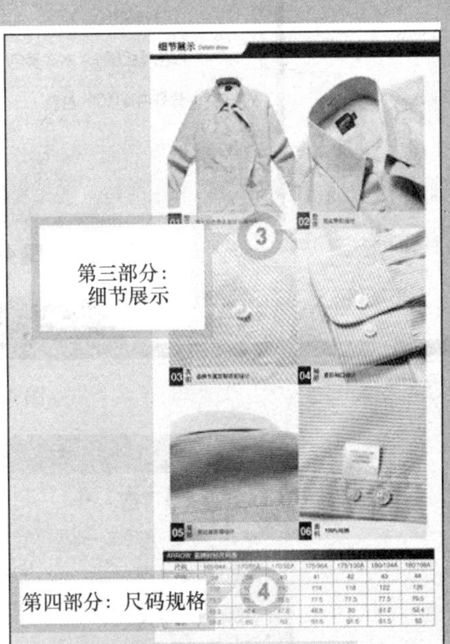

图 4-41　衬衫商品详情页效果

任务实施

4.3.1　制作产品信息图

下面对制作产品信息图的方法进行详细介绍，其具体操作如下。

（1）选择【文件】→【新建】命令，打开“新建”对话框，设置名称为“衬衫详情页”，设置宽度为 794 像素，高度为 2895 像素，分辨率为 72 像素/英寸，颜色模式为 RGB 颜色 8 位，背景内容为白色，单击 确定 按钮，如图 4-42 所示。

（2）选择【文件】→【打开】命令，打开素材，如图 4-43 所示。

（3）双击图片图层，新建图层，如图 4-44 所示。将图片拖到主页中，合理调整大小和位置，效果如图 4-45 所示。

（4）选择文字工具 T，设置字体为“创艺简粗黑”，字体大小为 25.15 点，字体颜色为 RGB（5:9:34），输入文字“产品信息”，调整位置，效果如图 4-46 所示。

（5）新建图层，设置字体为“创艺简中圆”，字体大小为 14.29 点，字体颜色为 RGB（209:18:51），输入英文“Product information”，调整位置，效果如图 4-47 所示。

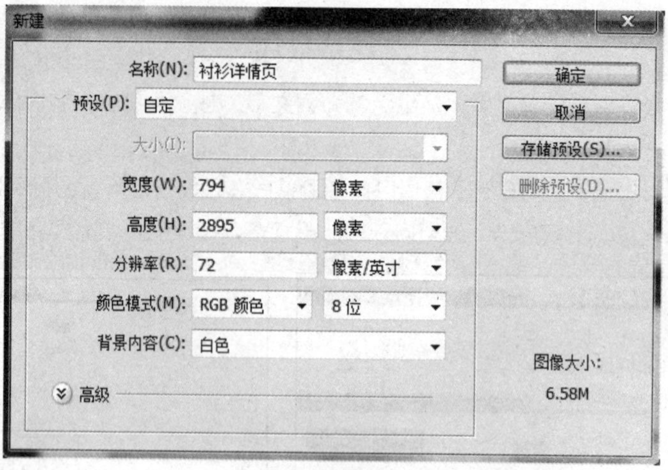

图 4–42　新建页面

图 4–43　打开素材

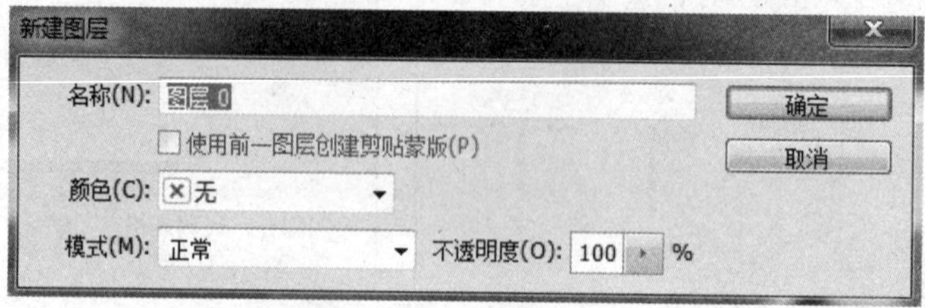

图 4–44　新建图层

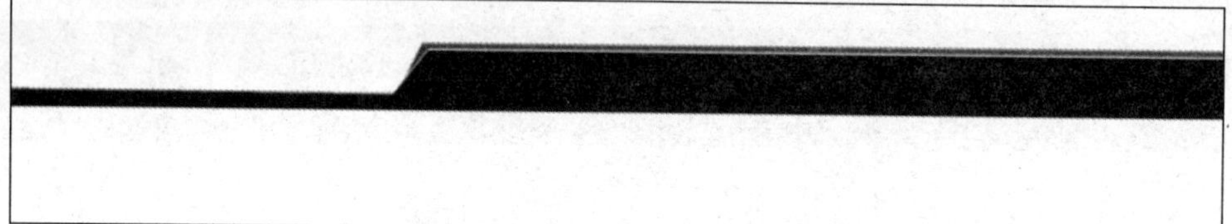

图 4–45　调整大小和位置

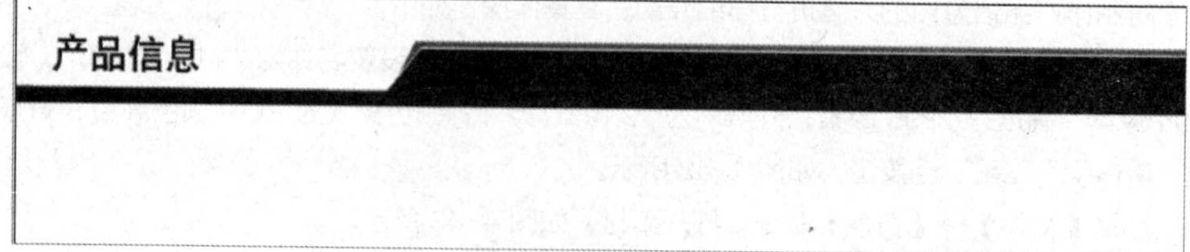

图 4–46　输入文字

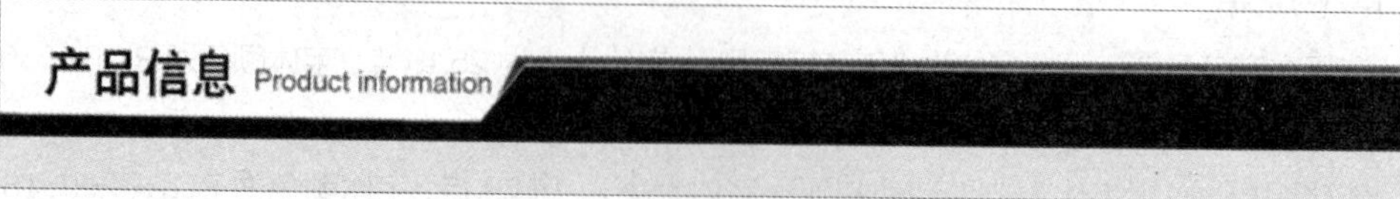

图 4–47　输入英文字

（6）选择矩形工具，绘制矩形，设置填充色为 RGB（239:239:239），宽度为 794 像素，高度为 184 像素，调整位置，效果如图 4-48 所示。

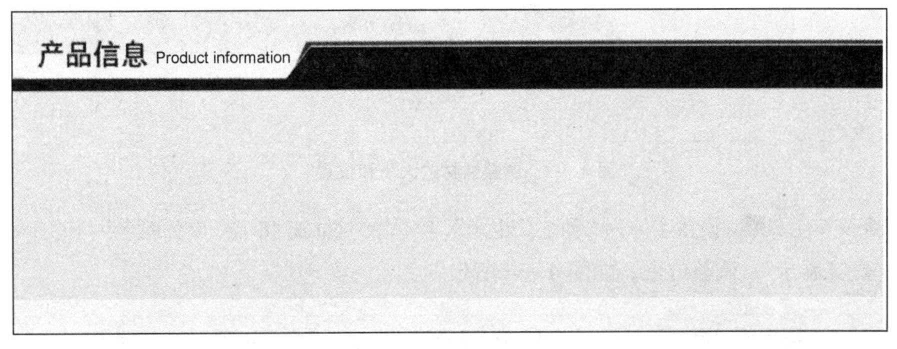

图 4-48　绘制矩形

（7）选择文字工具，设置字体为宋体，字体大小为 13 点，字体颜色为 RGB（0:0:0），如图 4-49 所示。

（8）输入如图 4-50 所示文字，并查看完成后的效果。

图 4-49　设置字体和字号

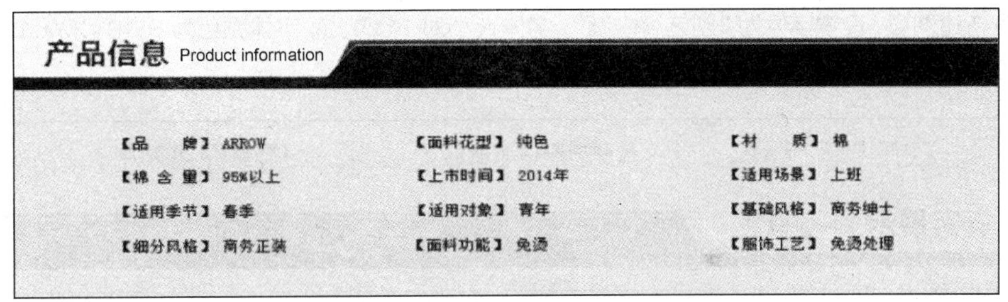

图 4-50　查看输入后文字

4.3.2　制作真实展示图

下面对制作真实展示图的方法进行详细介绍，其具体操作如下。

（1）选择【文件】→【打开】命令，打开素材，如图 4-51 所示。双击图片图层，新建图层，如图 4-52 所示。

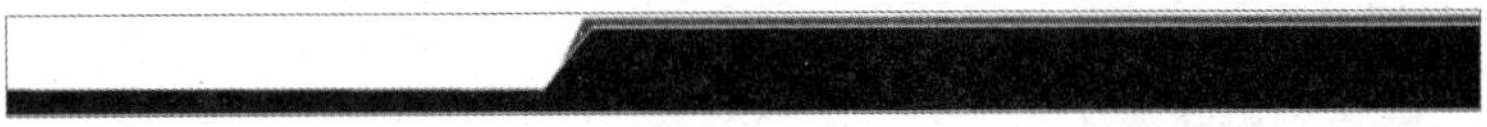

图 4-51　打开素材文件

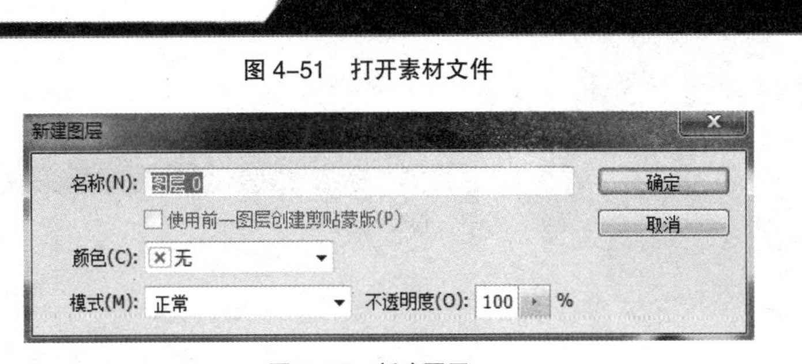

图 4-52　新建图层

（2）将图片拖到主页中，合理调整大小和位置，效果如图 4–53 所示。

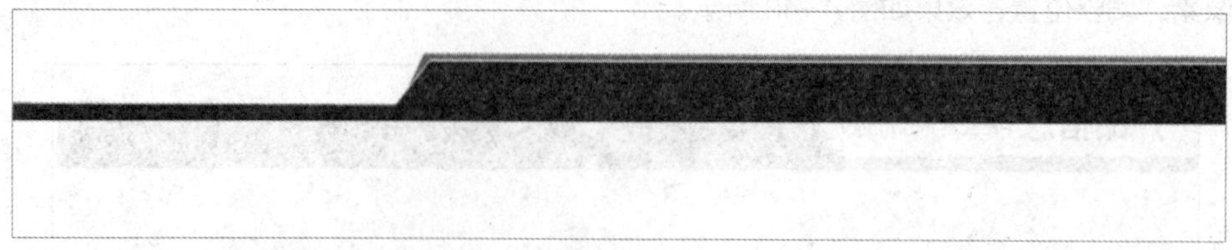

图 4–53　调整素材的大小和位置

（3）选择文字工具 T，设置字体为“创艺简粗黑”，字体大小为 25.15 点，字体颜色为 RGB（5:9:34），输入文字“真实展示”，调整位置，如图 4–54 所示。

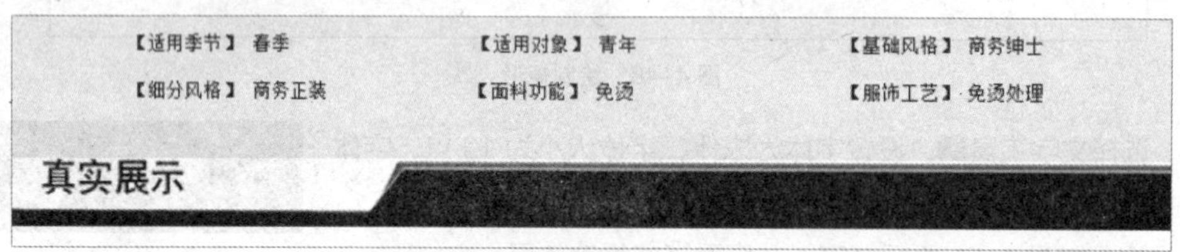

图 4–54　输入文字

（4）新建图层，设置字体为“创艺简中圆”，字体大小为 14.29 点，字体颜色为 RGB（209:18:51），输入英文“Effect show”，调整位置，如图 4–55 所示。

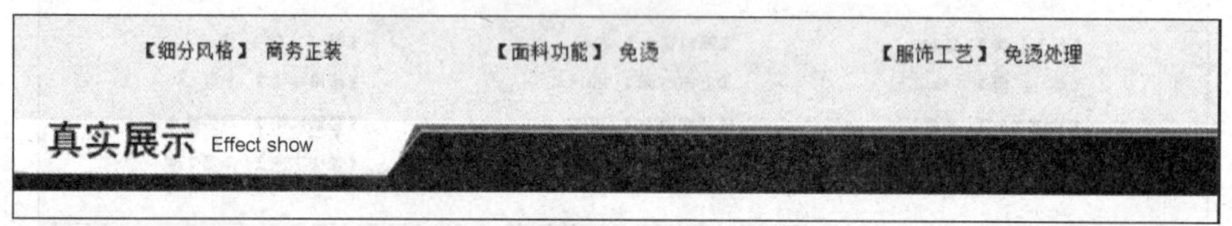

图 4–55　输入英文

（5）选择【文件】→【打开】命令，打开素材，如图 4–56 所示。双击图片图层，新建图层，如图 4–57 所示。

图 4–56　打开素材图片

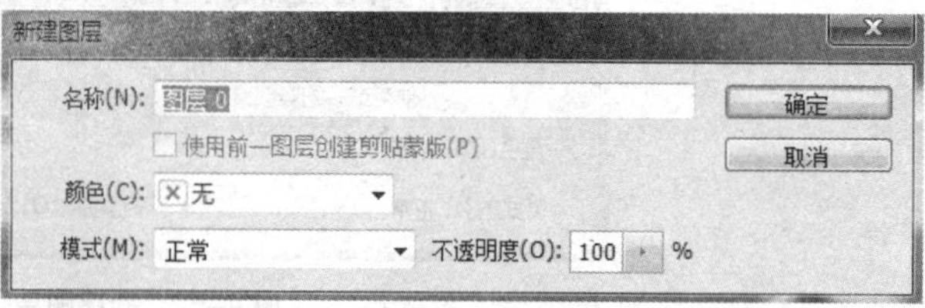

图 4–57　新建图层

（6）将图片拖到主页中，合理调整大小和位置，效果如图 4–58 所示。

图 4–58 调整大小和位置

（7）选择矩形工具，设置填充色为 RGB（5:9:34），宽度为 268 像素，高度为 47 像素，单击主页打开“创建矩形”对话框，单击 确定 按钮，创建矩形，调整位置，效果如图 4–59 所示。

图 4–59 绘制矩形

（8）选择矩形图层，按【Ctrl+J】组合键复制一个矩形，调整位置，效果如图 4–60 所示。

（9）选择文字工具，设置字体为“创艺简粗黑”，字体大小为 23.56 点，字体颜色为 RGB（239:239:239），分别输入文字“基本信息”“产品指数”，调整位置，效果如图 4–61 所示。

（10）新建图层，字体不变，字体大小为 14.65 点，字体颜色为 RGB（209:18:51），分别输入英文“Basic information”“Products specs”，调整位置，效果如图 4–62 所示。

图 4-60　复制并调整矩形位置

图 4-61　输入文字

图 4-62　输入英文

（11）选择文字工具，设置字体为“创艺简黑体”，字体大小为 15 点，颜色为 RGB（5:9:34），输入文字“袖长:长袖”“货号:cs1003”“版型:直筒”“领型:尖领”“颜色:白色黑细条纹 褐色 粉红色 白色 白色粉灰条纹 天蓝色”“尺码:39 40 41 42 43”“面料分类:牛津纺”，设置行距为 30.66 点，合理调整，最终效果如图 4-63 所示。

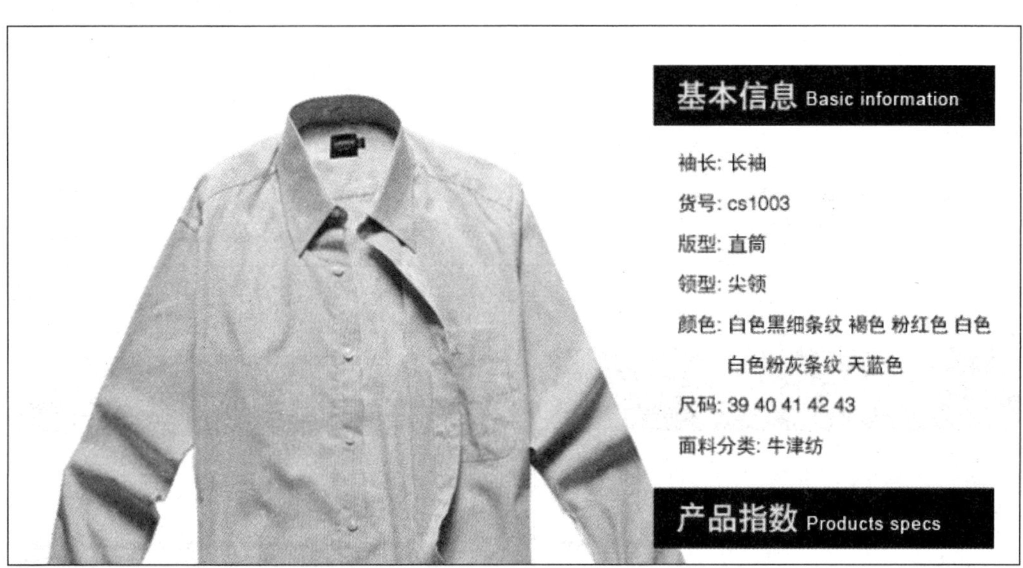

图 4-63　输入其他文字

（12）新建图层，设置字体为“创艺简粗黑”，字体大小为 16.1 点，字体颜色为 RGB（5:9:34），分别输入文字“厚度指数”“弹力指数”“修身指数”，调整位置，效果如图 4-64 所示。

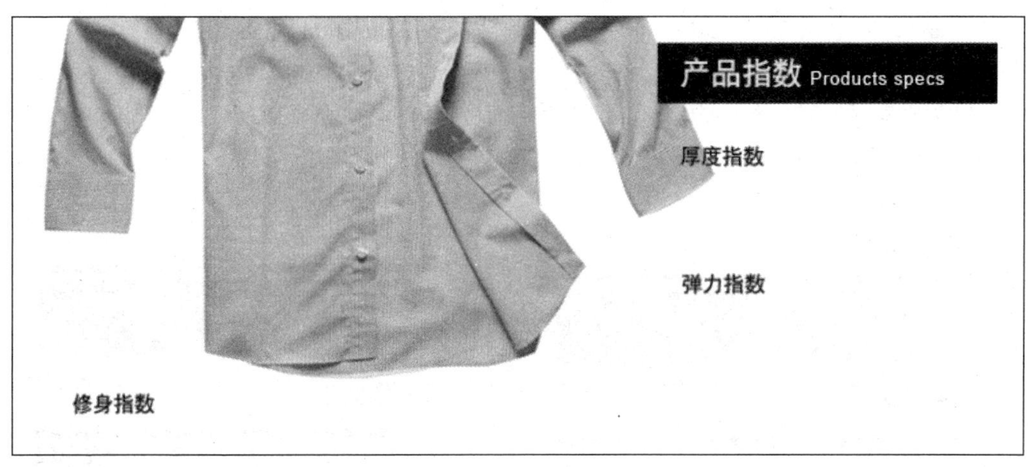

图 4-64　输入文字

（13）选择直线工具，填充颜色为 RGB（5:9:34），粗细为 5 像素，在主页上绘制一条直线，再复制一条直线，调整位置，效果如图 4-65 所示。

（14）选择矩形工具，设置填充色为 RGB（181:200:232），设置宽度为 42 像素，高度为 44 像素，绘制矩形，调整位置效果如图 4-66 所示。

（15）复制 5 个刚刚绘制的矩形，从第二个矩形开始向右调整颜色，分别为 RGB（124:153:197），

RGB（95:128:181），RGB（66:102:160），RGB（33:74:136），RGB（15:51:103），最终效果如图 4-67 所示。

图 4-65　绘制直线两条

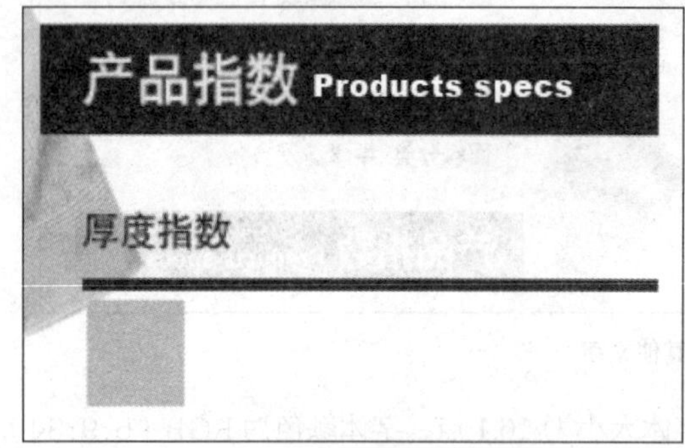

图 4-66　绘制矩形

图 4-67　复制 5 个矩形并调整颜色

（16）新建图层，设置填充色为 RGB（181:200:232），绘制矩形，设置宽度为 63 像素，高度为 43 像素，调整位置，效果如图 4-68 所示。

（17）另外复制 3 个矩形，从第二个矩形开始向右调整颜色，分别为 RGB（124:153:197），RGB（95:128:181），RGB（66:102:160），最终效果如图 4-69 所示。

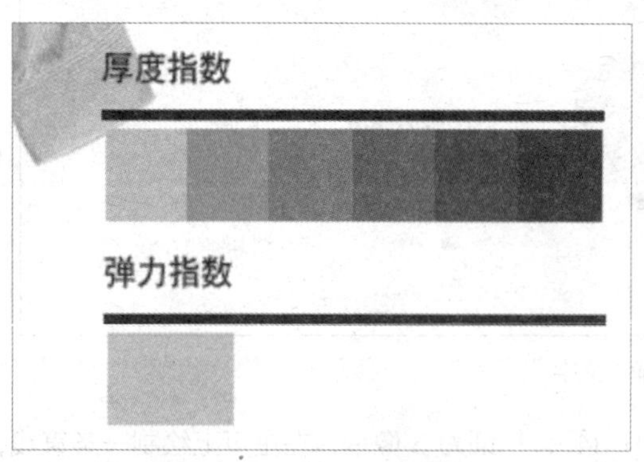

图 4-68　绘制矩形并设置颜色

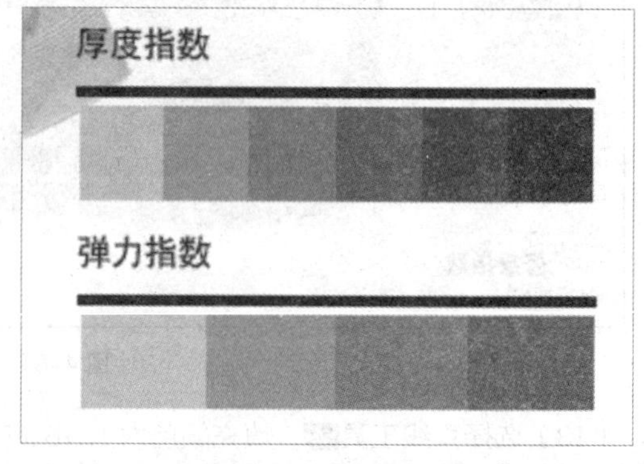

图 4-69　复制矩形并调整颜色

（18）选择钢笔工具，新建图层，在粗直线处，创建 3 个点，形成一个正三角形，按住【Ctrl+Enter】组合键，进入编辑状态，设置前景色为 RGB（195:10:51）。选择油漆桶工具，单击三角形，填充颜色，效果如图 4-70 所示。按【Ctrl+J】组合键复制该图层，调整位置，效果如

图 4-71 所示。

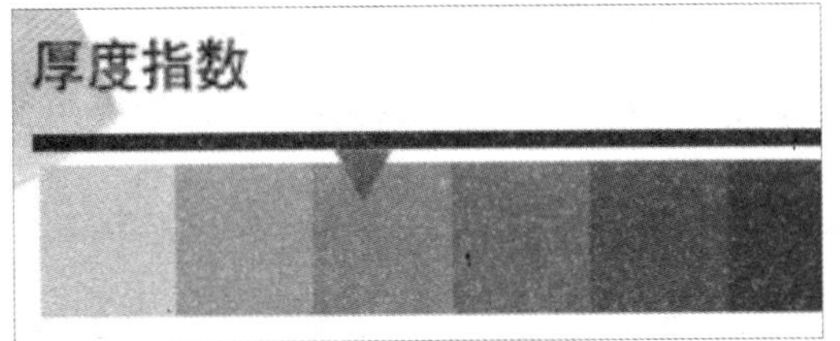

图 4-70 填充三角形颜色

图 4-71 调整三角形位置

（19）选择文字工具，设置字体为“创艺简黑体”，字体大小为 12 点，字体颜色为 RGB（255:255:255），分别输入文字“薄”“偏薄”“适中”“偏厚”“厚”“加厚”，调整位置，效果如图 4-72 所示。

（20）新建图层，其他都不变，分别输入文字“无弹力”“微弹力”“弹力”“超弹力”，调整位置，效果如图 4-73 所示。

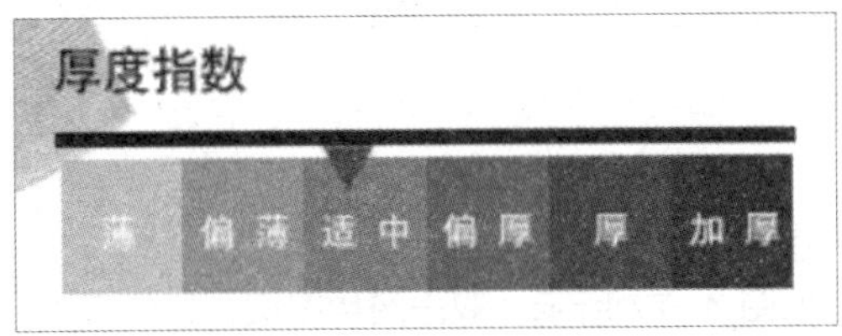

图 4-72 输入文字

图 4-73 输入其他文字

（21）选择【文件】→【打开】命令，打开素材，如图 4-74 所示。双击图片图层，新建图层，如图 4-75 所示。

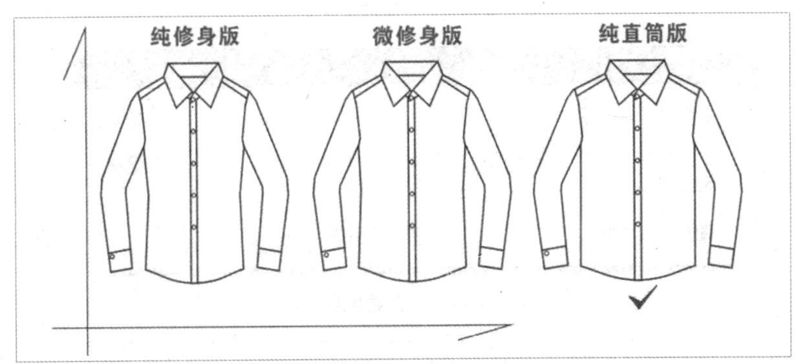

图 4-74 打开素材文件

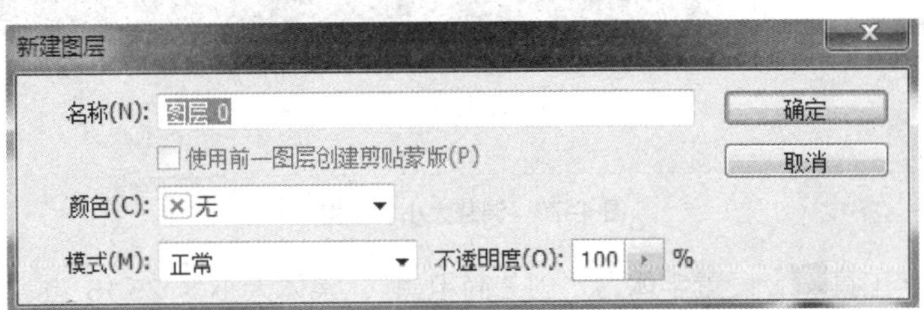

图 4-75 新建图层

（22）将图片拖到详情页中，合理调整大小和位置，效果如图 4-76 所示。

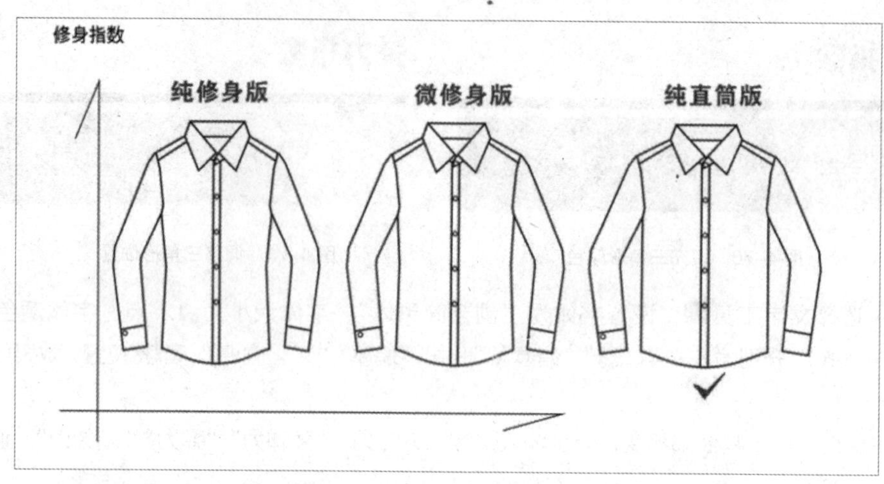

图 4-76　调整大小和位置

4.3.3　制作细节展示图

下面对制作细节展示图的方法进行详细介绍，其具体操作如下。

（1）选择【文件】→【打开】命令，打开素材，如图 4-77 所示。双击图片图层，新建图层，如图 4-78 所示。将图片拖到主页中，合理调整大小和位置，效果如图 4-79 所示。

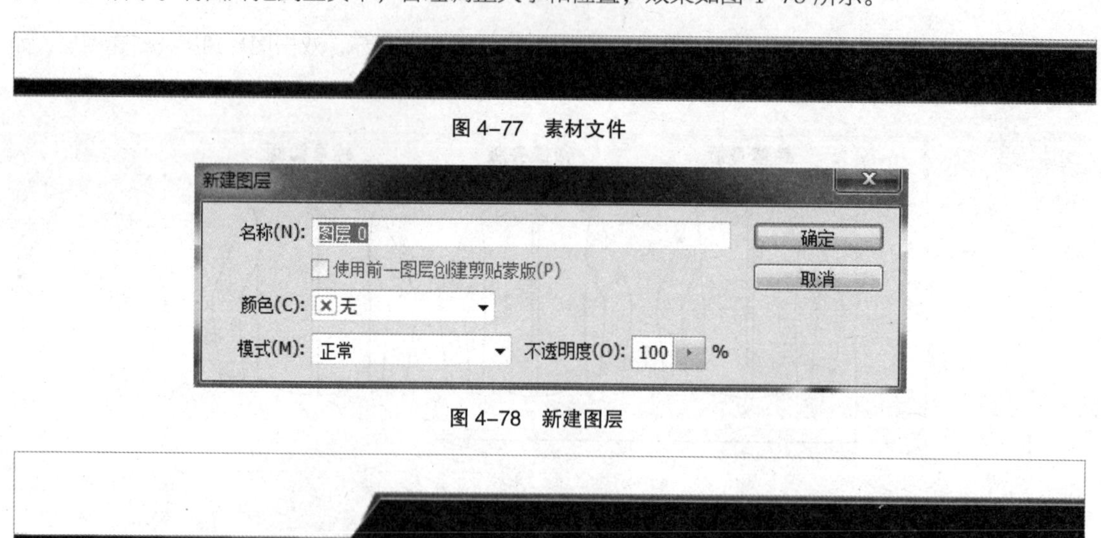

图 4-77　素材文件

图 4-78　新建图层

图 4-79　调整大小和位置

（2）选择文字工具，设置字体为“创艺简粗黑”，字体大小为 25.15 点，字体颜色为 RGB（5:9:34），输入文字“细节展示”，调整位置，效果如图 4-80 所示。

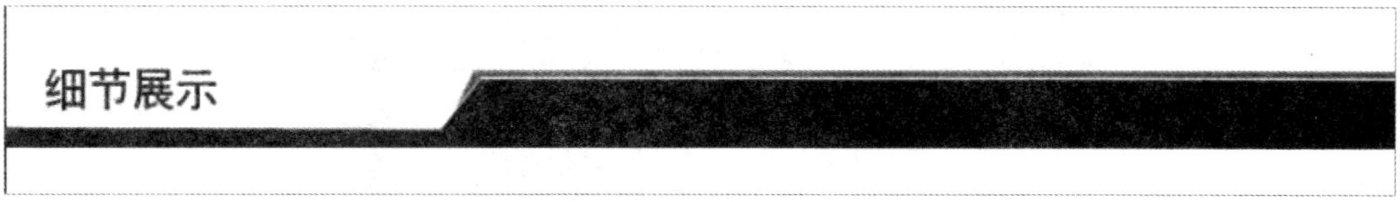

细节展示

图 4-80　输入文字

（3）新建图层，设置字体为创艺简中圆，字体大小为 14.29 点，字体颜色为 RGB（209:18:51），输入英文字“Details show”，调整位置，效果如图 4-81 所示。

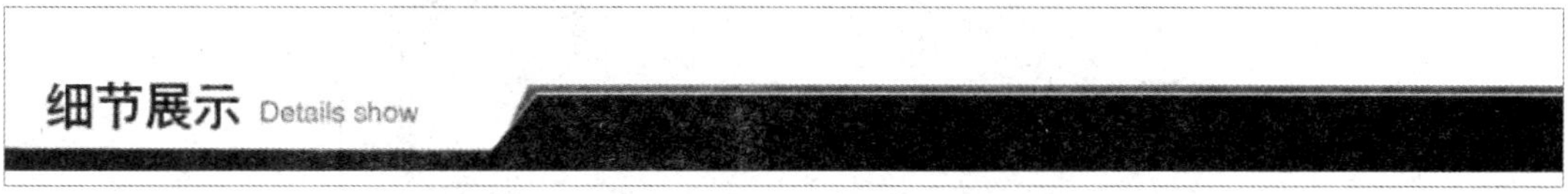

细节展示 Details show

图 4-81　输入英文字

（4）选择【文件】→【打开】命令，打开素材，如图 4-82 所示。双击图片图层，新建图层。将图片拖到主页中，合理调整大小和位置，效果如图 4-83 所示。

图 4-82　打开素材文件

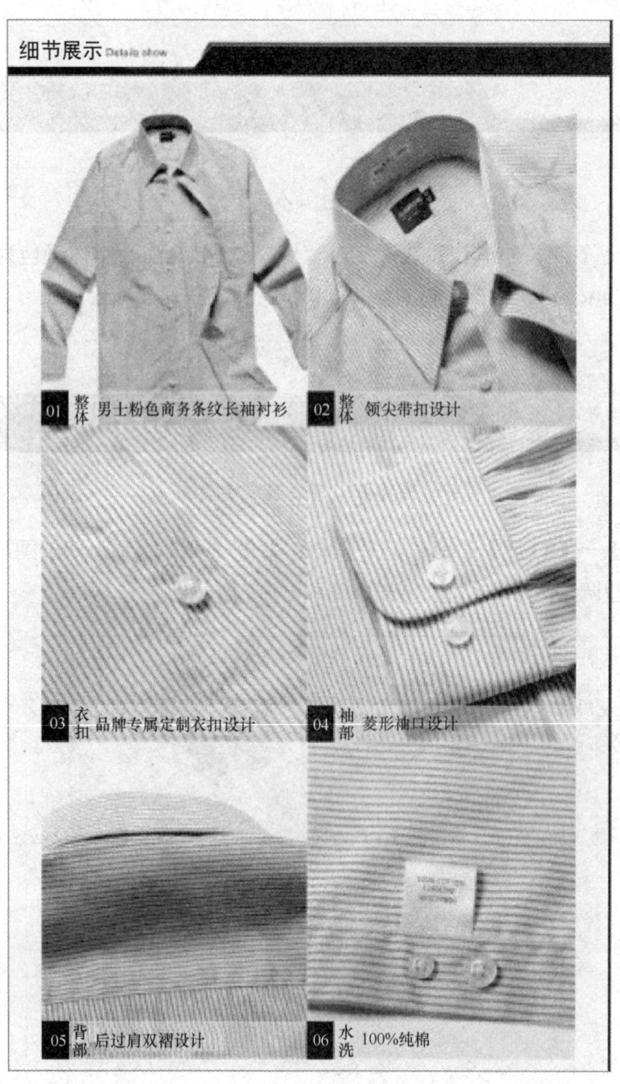

图 4-83 调整素材大小和位置

4.3.4 制作尺码规格图

下面对制作尺码规格图的方法进行详细介绍，其具体操作如下。

（1）选择矩形工具，绘制矩形，设置填充色为 RGB（22:57:89），设置宽度为 750 像素，高度为 27 像素，效果如图 4-84 所示。

图 4-84 绘制矩形并新建图层

（2）新建一个矩形图层，设置填充色为 RGB（255:255:255），设置宽度为 93 像素，高度为 29 像素，双击该图层，打开“图层样式”对话框，如图 4-85 所示，选择“描边”选项，设置大小为 1

像素，设置填充颜色为 RGB（23:55:93），单击[确定]按钮，形成矩形图形，再复制 7 个矩形，从左向右排列，效果如图 4-86 所示。

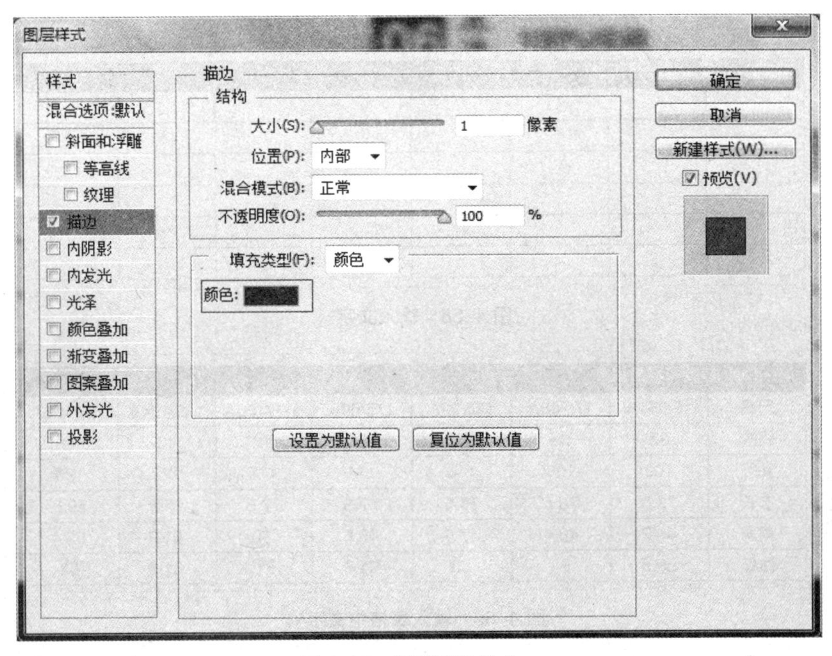

图 4-85　设置图层样式

图 4-86　复制矩形并进行排列

（3）再复制 40 个该矩形，从左往右，从上到下进行排列，效果如图 4-87 所示。

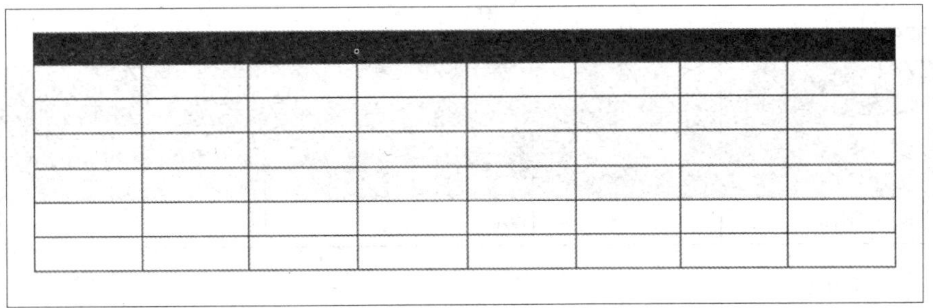

图 4-87　复制并排列图层

（4）选择文字工具[T]，设置字体为“创艺简黑体”，字体大小为 17 点，字体颜色为 RGB（255:255:255），输入英文字“ARROW 箭牌衬衫尺码表”，调整位置，效果如图 4-88 所示。

（5）新建图层，其他不变，设置颜色为 RGB（22:57:89），分别建立图层，输入文字从左到右，从上到下，“尺码”“165/84A”“170/88A”“170/92A”“175/96A”“175/100A”“180/104A”“180/108A”“领围”“38”“39”“40”“41”“42”“43”“44”；“胸围”“102”“106”“110”“114”

"118""122""126"；"衣长""73.5""75.5""75.5""77.5""77.5""77.5""79.5"；"肩宽""45.2""46.4""47.6""48.8""50""51.2""52.4"；"袖长""58.5""60""60""61.5""61.5""61.5""63"，如图 4–89 所示。

ARROW 箭牌衬衫尺码表							

图 4–88 输入文字

ARROW 箭牌衬衫尺码表							
尺码	165/84A	170/88A	170/92A	175/96A	175/100A	180/104A	180/108A
领围	38	39	40	41	42	43	44
胸围	102	106	110	114	118	122	126
衣长	73.5	75.5	75.5	77.5	77.5	77.5	79.5
肩宽	45.2	46.4	47.6	48.8	50	51.2	52.4
袖长	58.5	60	60	61.5	61.5	61.5	63

图 4–89 输入表格中文字

实战训练

请根据自行选定的服装配饰类商品图片素材，使用 Photoshop CS6 软件完成商品详情页的制作（可参照衬衫详情页形式）。

任务评价

自我评价

<table>
<tr><th colspan="2" rowspan="2">主要内容</th><th colspan="4">自我评价等级（在符合的情况下面打"√"）</th></tr>
<tr><th>全都做到了</th><th>大部分（80%）做到了</th><th>基本（60%）做到了</th><th>没做到</th></tr>
<tr><td colspan="2">详情页制作</td><td></td><td></td><td></td><td></td></tr>
<tr><td rowspan="4">自我总结</td><td>我的优势</td><td colspan="4"></td></tr>
<tr><td>我的不足</td><td colspan="4"></td></tr>
<tr><td>我的努力目标</td><td colspan="4"></td></tr>
<tr><td>我的具体措施</td><td colspan="4"></td></tr>
</table>

小组评价

主要内容	小组评价等级（在符合的情况下面打“√”）			
	全都做到了	大部分（80%）做到了	基本（60%）做到了	没做到
详情页制作				
建议	组长签名:　　　　年　　月　　日			

教师评价

主要内容	教师评价等级（在符合的情况下面打“√”）			
	优秀	良好	合格	不合格
详情页制作				
评语	教师签名:　　　　年　　月　　日			

项目小结

本项目首先介绍了衬衫的拍摄，其次介绍了衬衫商品图片美化，最后介绍了衬衫商品详情页的制作。

衬衫属于服装配饰类商品。为了提高消费者的购买欲望，在进行商品信息采编时应从衬衫的颜色、做工、用料等方面进行细分，分析衬衫产品的卖点。再根据卖点理清拍摄衬衫时的整体设计思路，从整体上了解服饰类产品的拍摄手法，从而为后期图片的拍摄起到举一反三的作用。完成拍摄后对拍摄的图片进行美化处理，并使用工具软件将其制作成一幅成品图，再对该成品图添加文字介绍。完成后还需对拍摄后的效果进行详情页效果图片的制作。该制作过程主要从 4 个部分入手，分别是产品信息、真实展示、细节展示和尺码规格。每个部分都需进行文字说明的编写，并对处理后的图片进行排版，使其能够更加完美地表现该部分的内容。需要注意的是，每个部分的效果都要以白色调打底。完成 4 个部分的编辑后，即可查看最后的整体效果。

05 项目五 金属制品类商品信息采编与优化

顺利完成 3 个任务之后，小李信心十足，因此他向主管申请独自完成保温杯产品的采编工作。上司对小李也十分信任，把这个工作交给了他。小李在了解了产品之后，又向主管请教。主管针对金属材质物品的拍摄和图片美化对小李进行了指导。经过分析准备，小李很快就制定了以下工作计划。

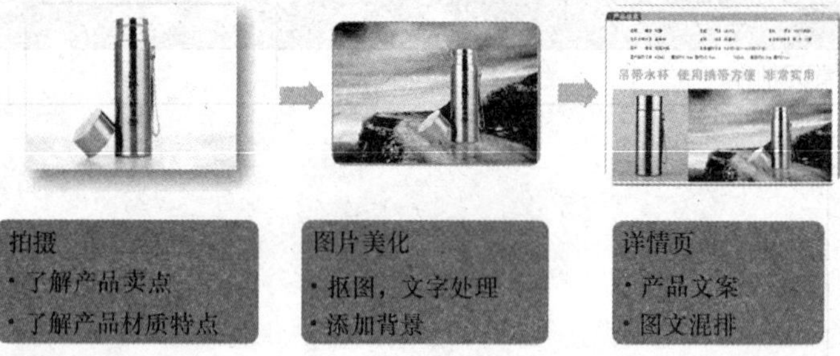

知识目标

- 保温杯的拍摄
- 保温杯商品图片美化
- 保温杯商品详情页制作

技能目标

- 掌握金属制品类的拍摄技巧
- 掌握金属制品类商品详情页的制作方法

素养目标

- 具备条理性
- 具有细致入微的严谨态度

任务 5.1 保温杯的拍摄

任务目标

分析保温杯产品的卖点。

理清保温杯样张的整体设计思路。

任务描述

通过主管的指导，小李开始对保温杯产品进行卖点的总结和整体拍摄方案的设计。小李详细查看了该款清风茶语保温杯的产品介绍，他尝试从材质、设计和保温性方面寻找卖点，进而完成对保温杯的拍摄。通过对保温杯的外观整体和局部细节进行拍摄，突出产品的卖点。

任务实施

5.1.1 了解保温杯的产品卖点

在正式拍摄之前，对保温杯的外观进行细致观察，需要仔细阅读厂家提供的产品介绍资料或者在网上查询类似商品的参考数据，了解保温杯的功能、产品的材质、设计和健康的理念，并根据提供的信息设计拍摄角度。

通过仔细查询和阅读相关资料，将这款清风茶语保温杯的卖点总结为 3 点。

高档材质与先进工艺

采用精品不锈钢材料，制作工艺先进，保证产品的品质。全不锈钢的内胆，无异味，耐腐蚀。杯内设防漏胶圈，防溢出，防侧漏；外部能承受一定的冲击力，不易损坏。

经典设计

杯外部附有吊带，方便携带，非常实用；杯盖采用实用设计理念，安全卫生，耐高温，防老化；杯口采用广口设计，饮用方便；坚固的不锈钢外观设计，防破损。

持久保温

24 小时保温，饮用健康，采用食品级塑料，安全环保。

5.1.2 拍摄样张的思路设计

通过对保温杯产品卖点的细致分析，最终选择 2 个角度对其进行详细拍摄。

1. 外观整体图

本款保温杯采用了精品不锈钢材料，制作工艺先进，保证产品的品质，经典实用设计，能体现出保温杯使用者成熟、稳重的气质。在拍摄时为了突出其外观设计，需要对保温杯的外观整体进行拍摄。

（1）为了突出经典的实用设计，符合饮用人工学，进行全景正面拍摄。将杯盖放于一侧，显示杯子的广口设计，如图 5-1 所示。

（2）反光面积，均匀分布，体现简约、百搭的风格，而不失沉稳，使饮用者体现出成熟、稳重的气质，如图 5-2 所示。

图 5-1 杯口设计

图 5-2 杯身设计

2. 局部细节图

局部细节图可以全方位、多角度地展示商品，突出商品的优点和卖点。本款清风茶语保温杯有着人性化的产品设计，同时在局部细节上也是精益求精，在拍摄时需要在产品细节上加以突出和强化。

（1）将杯盖放于一侧，杯身 45° 角斜放，能看到内部双层真空设计，如图 5-3 所示。

（2）细节拍摄杯盖，突出杯盖的实用设计理念，外观坚固的不锈钢设计以及实用的吊带设计，既防破损，又方便携带，如图 5-4 所示。

图 5-3 杯盖内部细节

图 5-4 杯盖外观细节

5.1.3 拍摄数据参考

进行拍摄时，要用到图 5-5～图 5-9 所示的设备。

图 5–5　照相机

图 5–6　反光伞

图 5–7　闪光影室灯 2 套

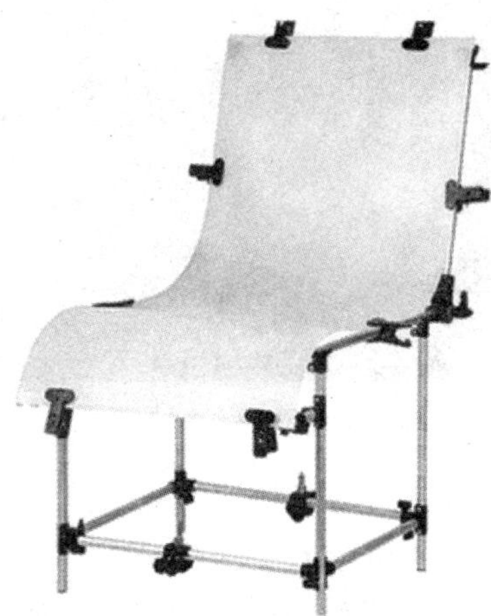
图 5–8　小型静物台

图 5–9　白色背景纸

其拍摄环境如图 5-10 所示。

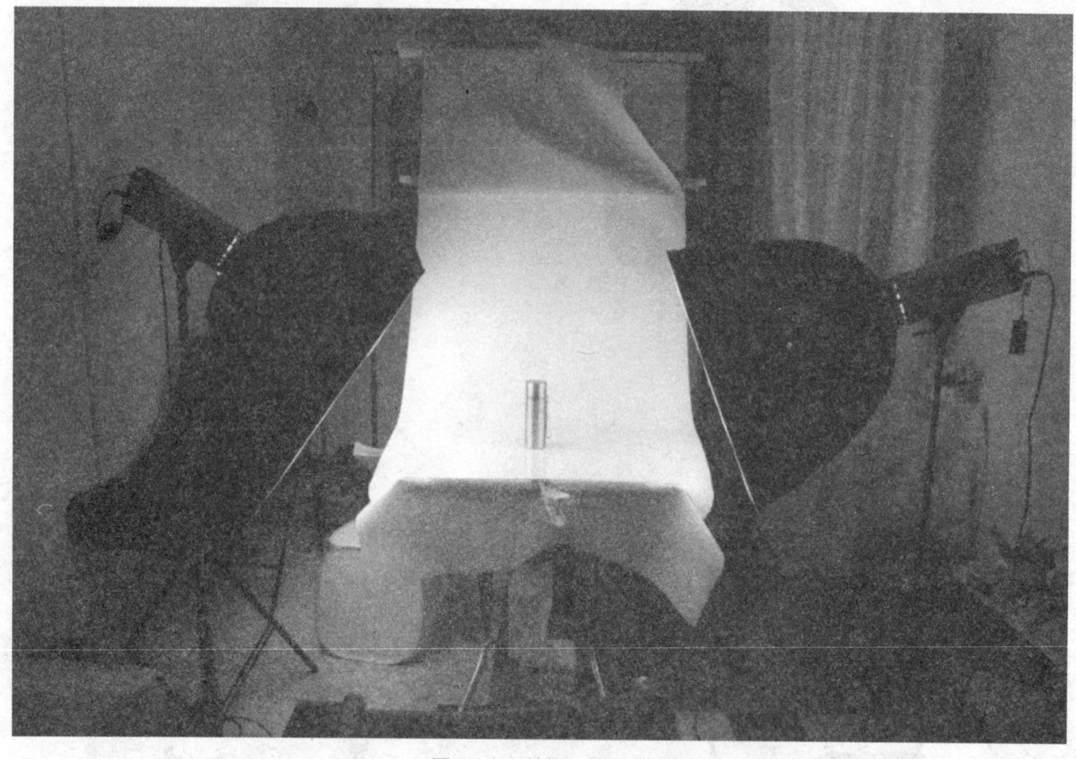

图 5-10　拍摄环境

拍摄的注意事项主要包括两点。

（1）禁止使用闪光灯。

（2）两盏柔光箱与保温杯面对面且保持平行角度，中间留一条缝。

其样张详情及拍摄参数如表 5-1 所示。

表 5-1　样张详情及拍摄参数

样张详情	拍摄参数
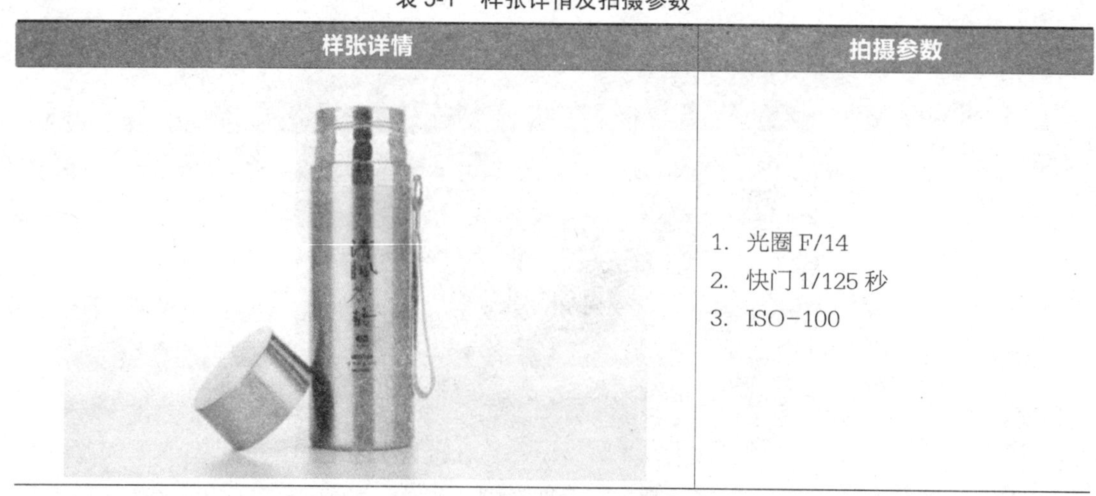	1. 光圈 F/14 2. 快门 1/125 秒 3. ISO-100

续表

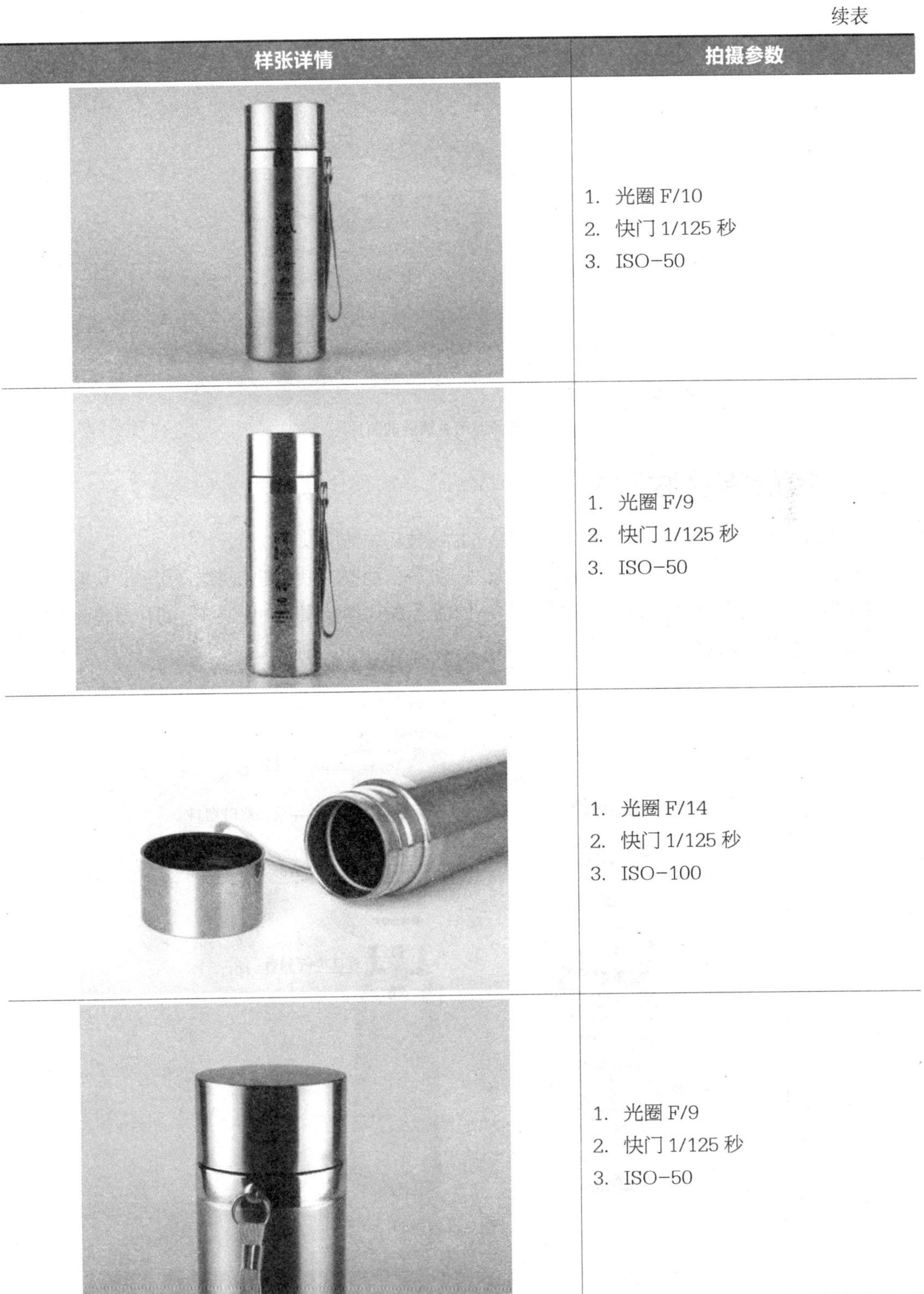

样张详情	拍摄参数
	1. 光圈 F/10 2. 快门 1/125 秒 3. ISO-50
	1. 光圈 F/9 2. 快门 1/125 秒 3. ISO-50
	1. 光圈 F/14 2. 快门 1/125 秒 3. ISO-100
	1. 光圈 F/9 2. 快门 1/125 秒 3. ISO-50

拍摄时产生错误的照片主要是因为拍摄时没有调整角度，使杯身光线发布不均匀，导致黑白色比例不对称，如图 5-11 所示。

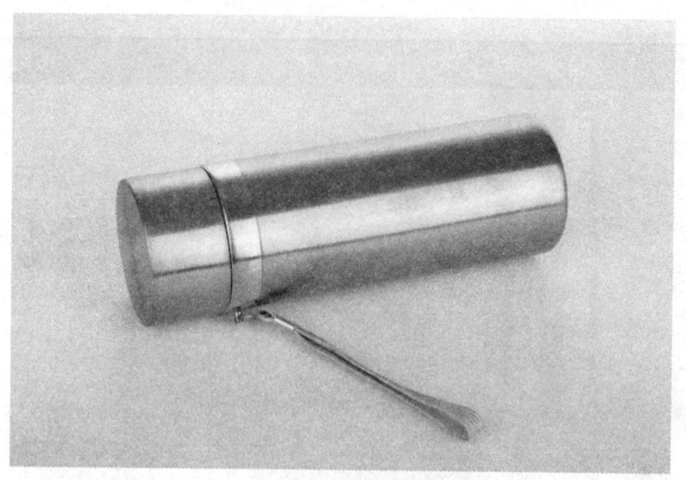

图 5-11　拍摄时产生错误的照片

5.1.4　金属制品类拍摄技巧

综合保温杯的拍摄过程，将金属制品类商品的拍摄技巧总结出以下 6 点。

（1）商品的卖点从功能、材质、设计等方面进行细分。拍摄的思路要紧密结合卖点，从整体到局部，使用展示以突出卖点为目的进行拍摄。图 5-12 所示的这款韩国时尚保温杯，对杯身表面到内部细节构造，进行详细说明，文字突出商品的卖点。

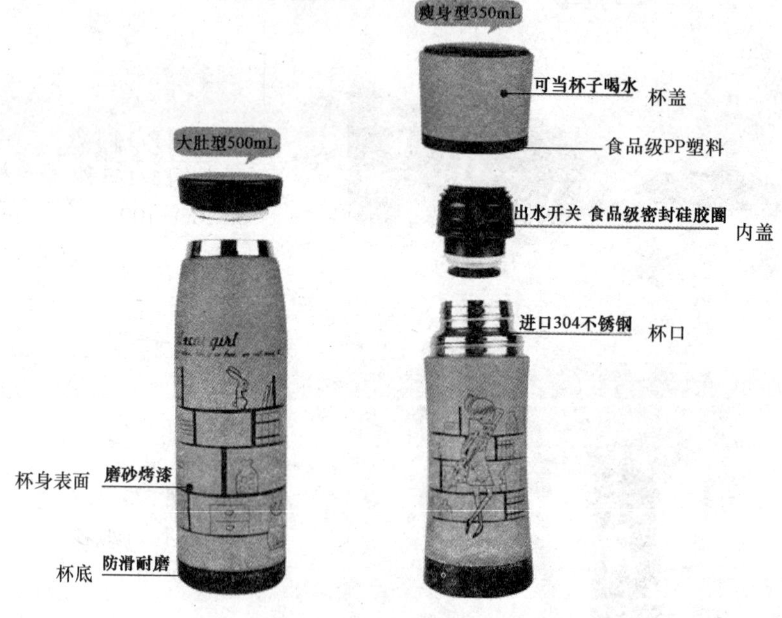

图 5-12　商品详情说明

（2）拍摄时所用器材，可结合商品的需要自由调整。使用相机时，拍摄数据参数尽量统一，以保持整体图片的风格统一性。

（3）避免照片拍摄错误，可以多次尝试拍摄角度，不拘泥于官方提供的数据。

（4）金属产品拍摄是商业广告拍摄的难点之一。因为金属面商品容易反光，把周围环境的物体反映到产品里面，所以拍摄金属一般都是在暗室里进行操作，用全包围式或半包围式布光都能达到理想的效果。拍摄金属产品要体现出金属的质感特性和立体感，这就要求必须在金属面上留下合适的黑带区域。所谓的合适就见仁见智了，需要不断调整位置，找到适合点。

（5）全包或半包围式的摄影布光方式都能达到想要的效果，但使用时更建议大家用半包围式，因为半包围布光比较容易控制黑带区域的长短宽窄程度。还有一点要注意，即高光区到黑带区的过渡效果。如图 5-13 所示，这款不锈钢保温杯放于柔光箱中，两侧打柔光，形成两条光带，凸显光泽感。

图 5-13　商品详情页

（6）拍摄金属面花洒的布光和注意事项；用三脚架把花洒支撑起来，用一张 1.5m 的硫酸纸从左到右盖在花洒上面，右侧主光用一个大柔光箱打光，左边用一镜面反光板，背景板要离被摄物远一点，用一蓝光源往背景板打光，注意防止背景光照在被摄物上形成多余的杂光；提醒一下，要养成带手套拍摄的好习惯，尤其是金属摄影，一定要把金属面擦得干干净净，不能留下半点“蛛丝马迹”；如图 5-14 所示，要将杯身部分仔细擦洗，去除灰尘和污垢，使拍摄时反光部分通亮。拍摄完毕收工时，所有摄影器材都应该放回原位，下次使用时就可以节省很多时间。

图 5-14　杯身擦洗干净拍摄的效果

实战训练

1．请按照上述的操作流程设计出金属制品类商品的拍摄思路，拍摄思路以 Word 形式保存（自行选取金属制品类商品）。

2．根据拍摄思路使用数码照相机或单反照相机拍摄一件金属制品类商品，拍摄完成后，挑选符合要求的图片以.jpg 的格式保存。

任务评价

自我评价

主要内容		自我评价等级（在符合的情况下面打“√”）			
		全都做到了	大部分（80%）做到了	基本（60%）做到了	没做到
设计思路					
拍摄样张					
自我总结	我的优势				
	我的不足				
	我的努力目标				
	我的具体措施				

小组评价

主要内容	小组评价等级（在符合的情况下面打“√”）			
	全都做到了	大部分（80%）做到了	基本（60%）做到了	没做到
设计思路				
拍摄样张				
建议	组长签名： 年 月 日			

教师评价

主要内容	教师评价等级（在符合的情况下面打“√”）			
	优秀	良好	合格	不合格
设计思路				
拍摄样张				
评语	教师签名：　　　年　月　日			

任务 5.2　保温杯商品图片美化

任务目标

用钢笔工具进行图片抠图。

用图层蒙版制作水杯倒影。

学会用文字工具做出标题文字效果。

任务描述

小李要将已经拍摄好的保温杯原始素材图片，通过综合使用 Photoshop 的钢笔工具、蒙版工具和文字工具，制作出两幅成品图，如图 5-15 所示的“美化图片一”和如图 5-16 所示的“美化图片二”。

图 5-15　美化图片一

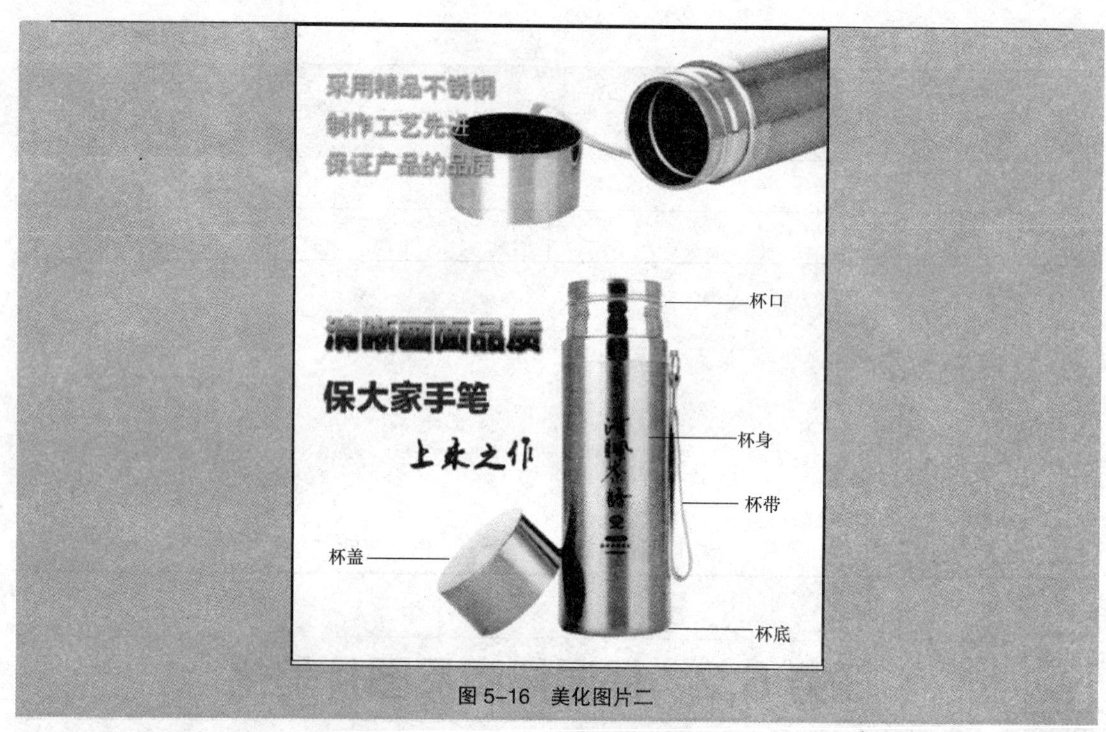

图 5-16　美化图片二

任务实施

5.2.1　制作保温杯的美化图片一

下面对保温杯的美化图片一（见图 5-15）的制作方法进行详细介绍，其具体操作如下。

（1）启动 Photoshop CS6 程序，选择【文件】→【新建】命令，打开“新建”对话框，设置名称为“成品 1”，设置宽度为 491 像素，高度为 322 像素，分辨率为 72 像素/英寸，颜色模式为 RGB 颜色 8 位，背景内容为白色，单击 确定 按钮，如图 5-17 所示。

新建
名称(N): 成品1
预设(P): 自定
大小(I):
宽度(W): 491 像素
高度(H): 322 像素
分辨率(R): 72 像素/英寸
颜色模式(M): RGB 颜色 8 位
背景内容(C): 白色
高级
确定
取消
存储预设(S)...
删除预设(D)...
图像大小:
463.2K

图 5-17　新建“成品 1”

（2）选择【文件】→【打开】命令，打开素材，如图 5-18 所示。双击图片图层，新建图层，如图 5-19 所示。将背景图片拖到主页处，合理调整，效果如图 5-20 所示。

图 5-18 打开素材

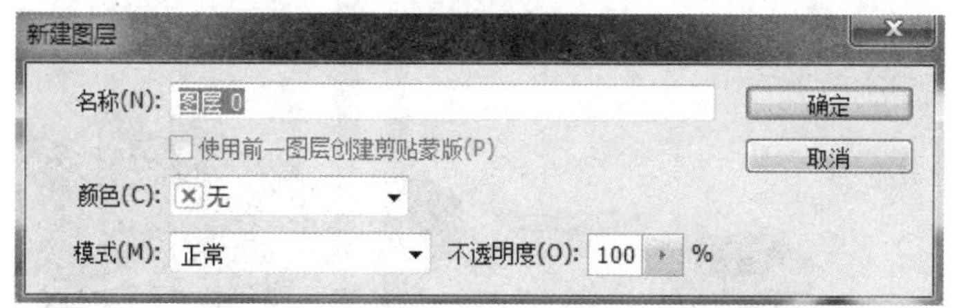

图 5-19 新建图层

图 5-20 拖动后的效果

（3）选择【文件】→【打开】命令，打开素材，如图 5-21 所示。选择魔棒工具，设置容差为 12，单击图片空白处，再按住【Shift】键，单击其他空白部分，选择【选择】→【反向】命令，选择保温杯，如图 5-22 所示。将保温杯拖到主页中，调整大小和位置，效果如图 5-23 所示。

图 5-21　打开杯子素材

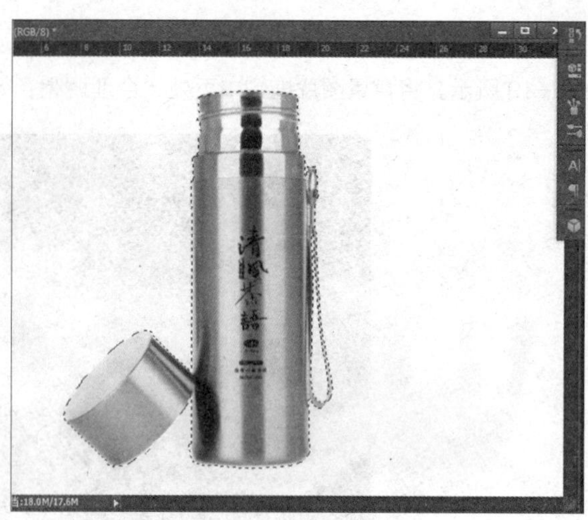

图 5-22　选择保温杯

图 5-23　移入后的效果

（4）选择保温杯图层，单击鼠标不放拖动到右下角的“创建新图层”按钮上，复制一个图层，按【Ctrl+T】组合键，进入编辑状态，单击鼠标右键，在弹出的快捷菜单中选择“垂直翻转”命令，调整位置，再单击确定按钮，效果如图 5-24 所示。

图 5-24　绘制倒影

（5）选择矩形选框工具▣，选择保温杯倒影图层，效果如图 5-25 所示。

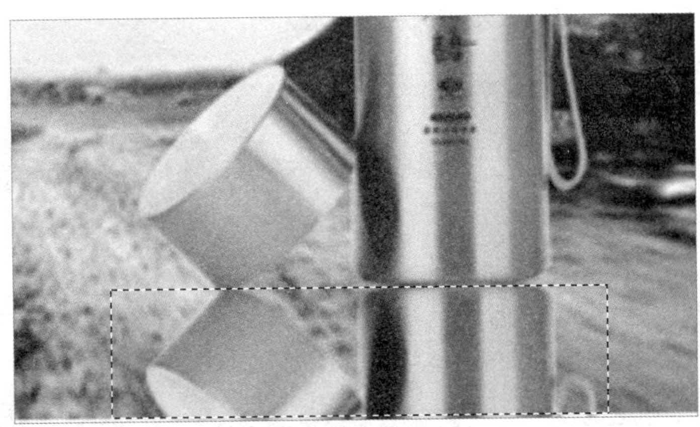

图 5-25　绘制矩形框

（6）选中该图层，单击图层面板右下角的“添加图层蒙版”按钮▣，形成蒙版图层，使倒影图下面部分隐藏，效果如图 5-26 所示。

图 5-26　添加图层蒙版

（7）设置该图层的不透明度为 35%，效果如图 5-27 所示。

图 5-27　设置不透明度

（8）选择橡皮擦工具，设置大小为 30 像素，擦头为“柔边圆”；如图 5-28 所示。

（9）擦掉底部多余部分，最终效果如图 5-29 所示。

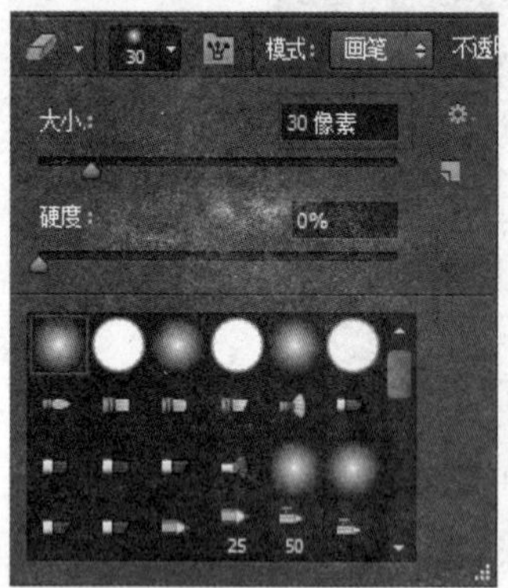

图 5-28　设置橡皮擦

图 5-29　擦掉多余部分的效果

5.2.2　制作保温杯的美化图片二

下面对保温杯的美化图片二（见图 5-16）的制作方法进行详细介绍，其具体操作如下。

（1）选择【文件】→【新建】命令，打开“新建”对话框，设置名称为“成品 2”，设置宽度为 794 像素，高度为 1066 像素，分辨率为 72 像素/英寸，颜色模式为 RGB 颜色 8 位，背景内容为白色，如图 5-30 所示。

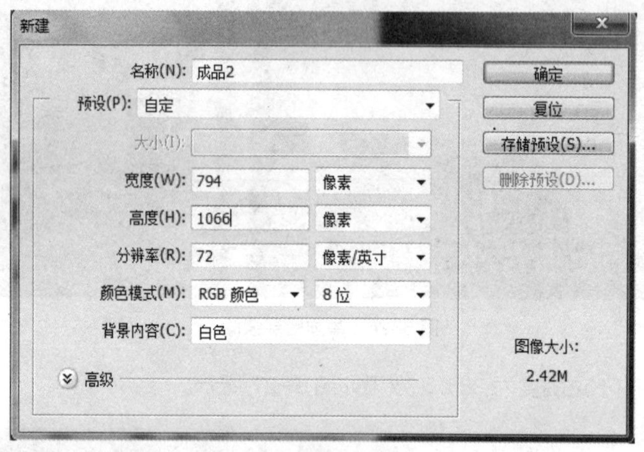

图 5-30　新建“成品 2”

（2）选择【文件】→【打开】命令，打开素材，双击图片图层，新建图层，如图 5-31 所示。将素材拖到主页中，合理调整大小和位置，如图 5-32 所示。

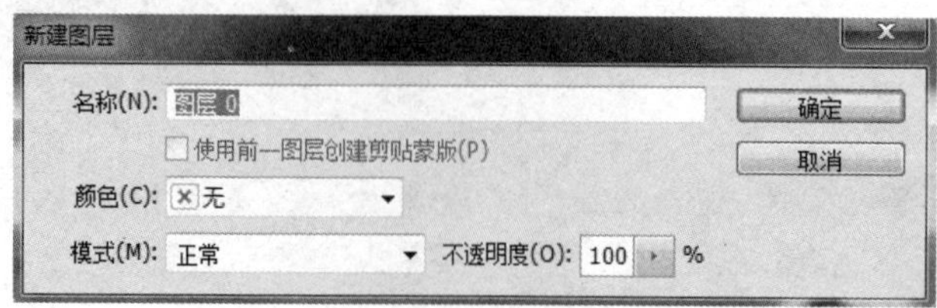

图 5-31　新建图层

图 5-32　调整放入素材后的效果

（3）同样的操作步骤，将图 5-33 所示的素材放到主页中，如图 5-34 所示。

图 5-33　素材文件

图 5-34　放入素材后的效果

（4）选择文字工具T，设置字体为“创艺简粗黑”，字体大小为 36.31 点，颜色为 RGB（167:208:52），输入文字“采用精品不锈钢制作工艺先进保证产品的品质”，调整位置，如图 5-35 所示。

图 5-35　输入文字

（5）双击文字图层，打开“图层样式”对话框，选择“投影”选项，设置混合模式为“正片叠底”，颜色为 RGB（0:0:0），不透明度为 75%，角度为 120 度，距离为 2 像素，大小为 5 像素，单击 确定 按钮，如图 5-36 所示。效果如图 5-37 所示。

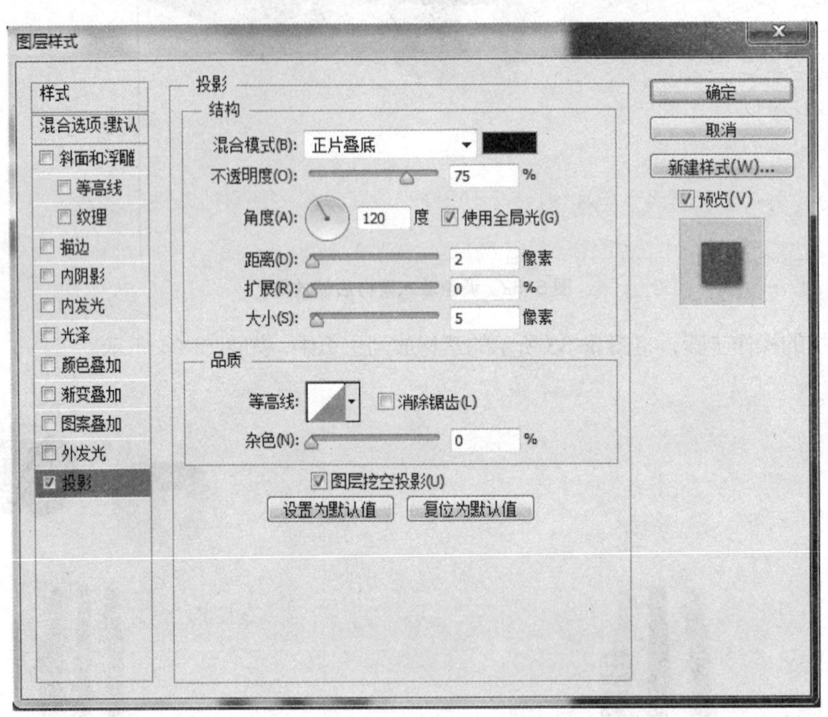

图 5-36　设置阴影

图 5-37　设置样式后的效果

（6）新建图层，设置字体为“魏碑体”，字体大小为 50 点，输入文字“保大家手笔上乘之作”，其中“保大家毛笔”设置颜色 RGB（166:2:2），“上乘之作”颜色为 RGB（0:0:0），调整位置，如图 5-38 所示。

（7）新建图层，字体不变，设置字体大小为 55 点，字体颜色为 RGB（0:0:0），输入文字“清晰画面品质”，双击该图层，打开“图层样式”对话框，选择“渐变叠加”选项，单击渐变颜色，如图 5-39 所示，打开“渐变编辑器”对话框，单击渐变色带左下角的色块，在“色标”栏中设置颜色为 RGB（0:0:0），再单击渐变色带右下角的色块，在“色标”栏中设置颜色为 RGB（216:216:21），单击 确定 按钮，如图 5-40 所示。

图 5-38　输入文字

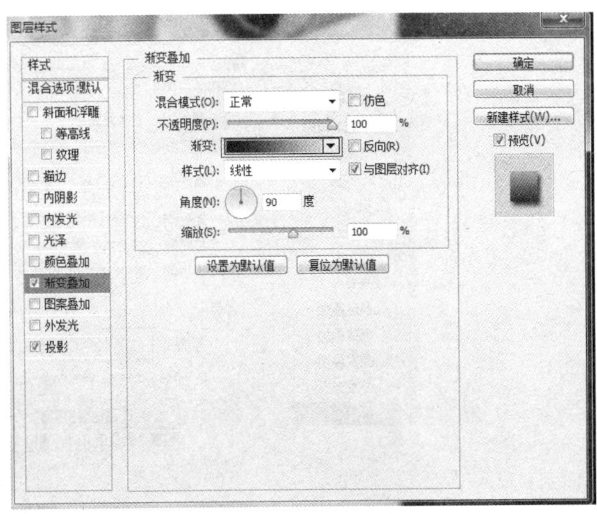

图 5-39　设置渐变叠加

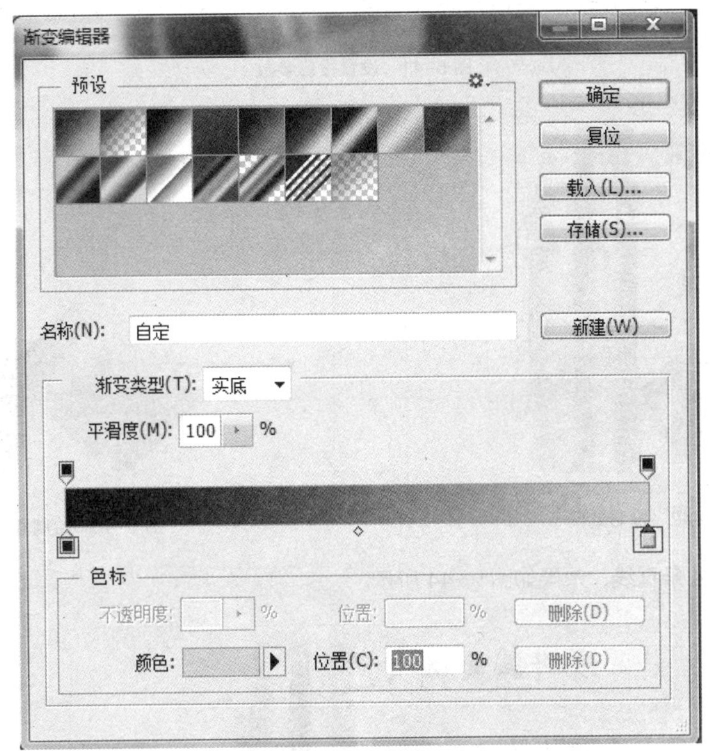

图 5-40　设置渐变颜色

（8）再选择“投影”选项，设置混合模式为正片叠底，颜色为 RGB（0:0:0），不透明度为 75%，角度为 120°，距离为 5 像素，大小为 5 像素，如图 5-41 所示，单击确定按钮，调整位置，效果如图 5-42 所示。

（9）选择直线工具，在工具属性栏中设置填充颜色 RGB（150:150:161），粗细为 3 像素，在主页左下角单击鼠标不放向右拖动鼠标，绘制一条直线，效果如图 5-43 所示。

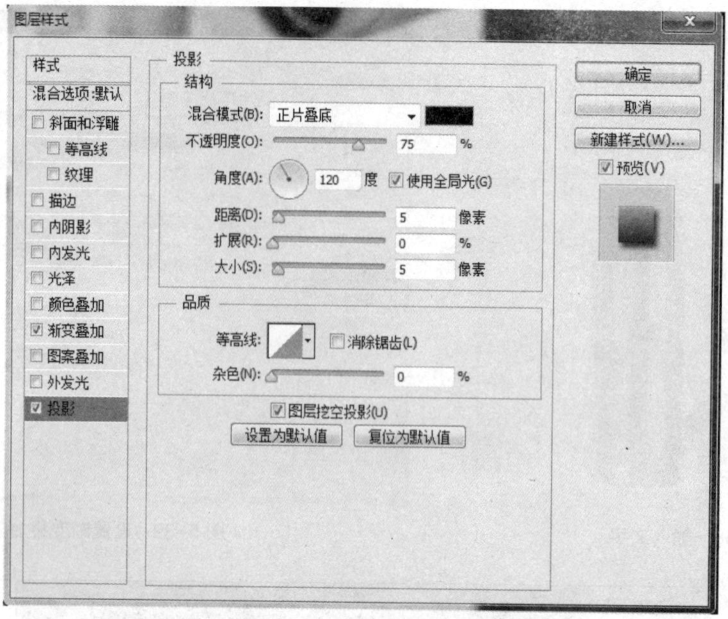

图 5-41　设置投影参数

图 5-42　投影效果

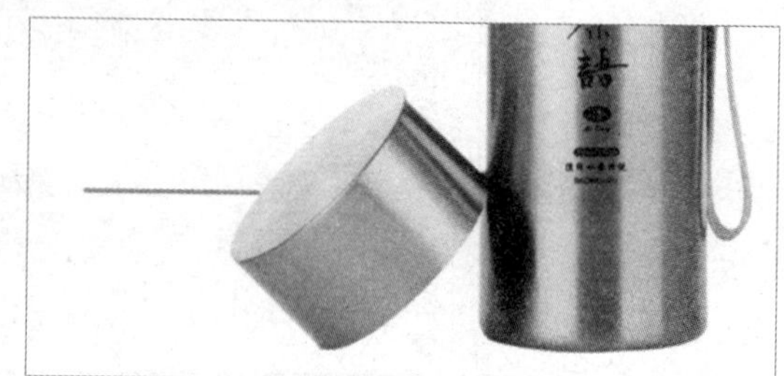

图 5-43　绘制直线

（10）再绘制 4 条直线，效果如图 5-44 所示。

图 5-44　绘制 4 条直线

（11）选择文字工具，设置为黑体，字体大小为 22.12 点，平滑，字体颜色为 RGB（0:0:0），分别输入文字“杯盖”“杯口”“杯身”“杯带”“杯底”，调整位置，效果如图 5-45 所示。

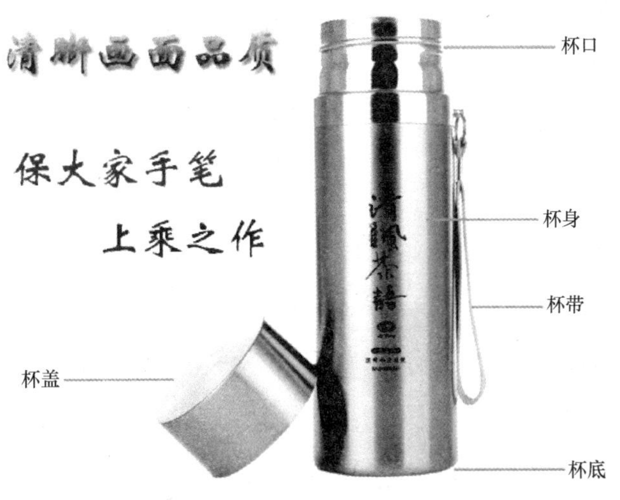

图 5-45　输入文字

实战训练

根据自行选定的金属制品类商品拍摄后的图片，使用 Photoshop CS6 软件，对其图片进行美化（可参照保温杯美化图形式）。

任务评价

自我评价

主要内容		自我评价等级（在符合的情况下面打“√”）			
		全都做到了	大部分（80%）做到了	基本（60%）做到了	没做到
美化图片					
自我总结	我的优势				
	我的不足				
	我的努力目标				
	我的具体措施				

小组评价

主要内容	小组评价等级（在符合的情况下面打“√”）			
	全都做到了	大部分（80%）做到了	基本（60%）做到了	没做到
美化图片				
建议	组长签名：　　年　月　日			

教师评价

主要内容	教师评价等级（在符合的情况下面打“√”）			
	优秀	良好	合格	不合格
美化图片				
评语	教师签名：　　年　月　日			

任务 5.3　保温杯商品详情页制作

任务目标

利用图层样式进行字体排版设计。

用文字工具展示商品细节信息。

用矩形工具制作商品说明图。

任务描述

小李要将保温杯美化后的成品图以及给定的介绍文字，进行适当的组合排版，最终制作出如图 5-46 所示的详情页效果图片。细看这张保温杯详情页的效果图，整体以白色调打底，标题区块分割布局，用标签划分出 4 个部分，分别是产品信息、产品参数、产品尺寸和产品结构。在详情页中需要完成这 4 个部分内容。

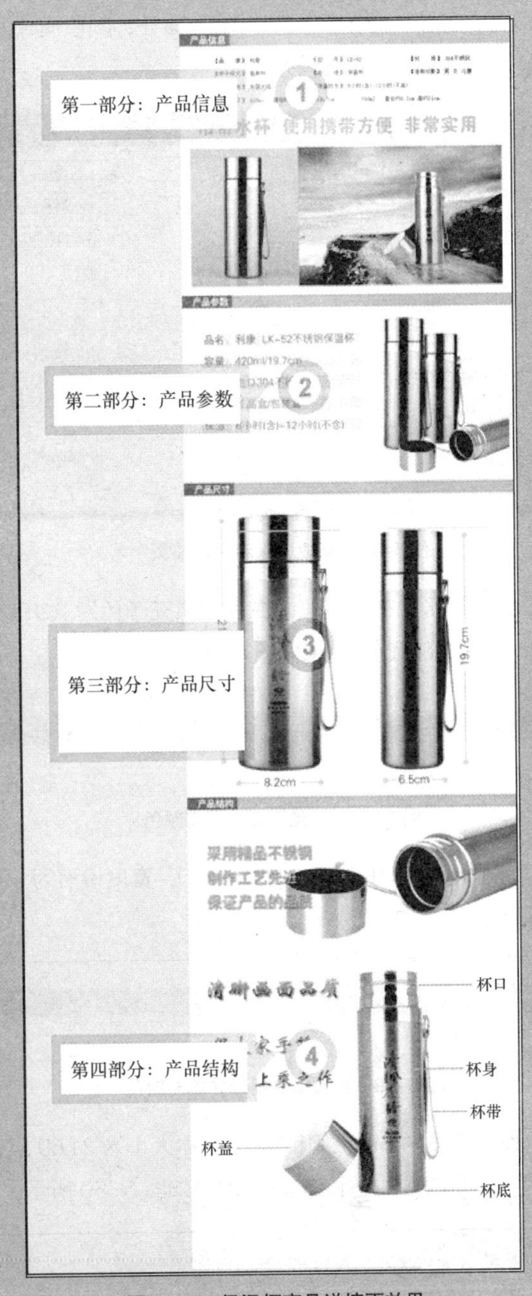

图 5-46 保温杯商品详情页效果

任务实施

5.3.1 制作产品信息部分

下面对产品信息部分的制作方法进行详细介绍，其具体操作如下。

（1）选择【文件】→【新建】命令，打开“新建”对话框，设置名称为“保温杯详情页”，设置宽度为 794 像素，高度为 2895 像素，分辨率为 72 像素/英寸，颜色模式为 RGB 颜色 8 位，背景内容为白色，单击 确定 按钮，如图 5–47 所示。

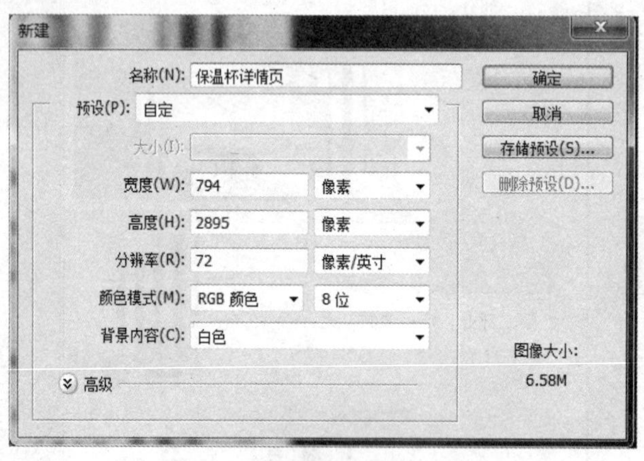

图 5–47 新建“保温杯详情页”

（2）选择矩形工具，绘制矩形，在工具属性栏设置填充颜色为 RGB（167:208:52），设置宽度为 678 像素，高度为 28 像素，调整位置，效果如图 5–48 所示。

图 5–48 新建矩形并填充颜色

（3）绘制矩形，设置填充颜色为 RGB（108:109:111），宽度设置为 120 像素，高度为 28 像素，调整位置，效果如图 5–49 所示。

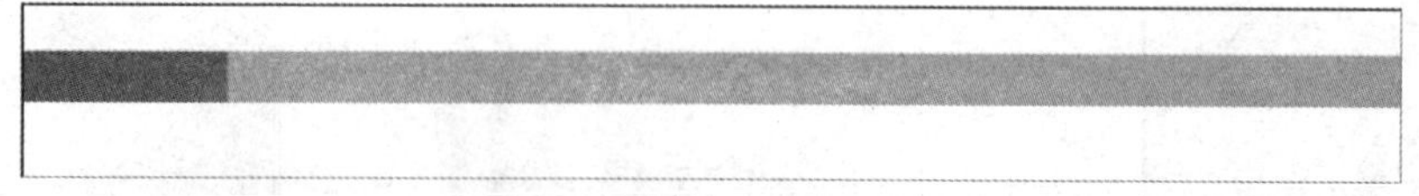

图 5–49 再次新建矩形并填充颜色

（4）选择文字工具，设置字体为“创艺简粗黑”，字体大小为 21.69 点，平滑，字体颜色为 RGB（255:255:255），输入文字“产品信息”，调整位置，效果如图 5–50 所示。

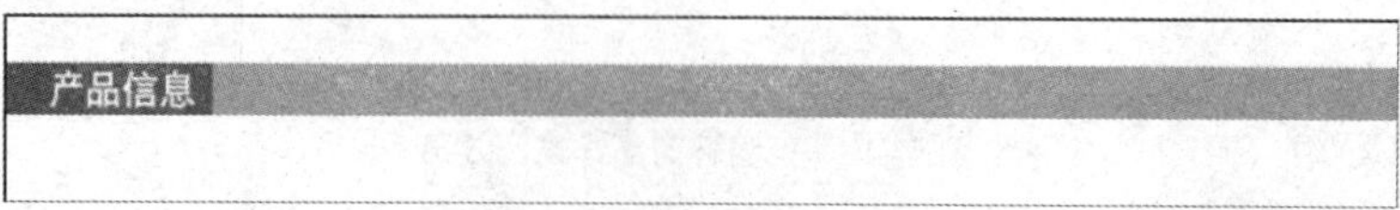

图 5–50 输入文字（一）

（5）新建图层，设置字体为宋体，字体大小为 13 点，颜色为 RGB（0:0:0），输入文字“【品牌】利康”“【型号】LK-52”“【材质】304 不锈钢”“【杯子样式】直身杯”“【用途】保温杯”“【适用对象】男女儿童”“【产地】中国大陆”“【保温时长】6 小时（含）～12 小时（不含）”“【产品尺寸】420mL 直径约 6.5cm 高约 19.7cm 700mL 直径约 8.2cm 高约 21cm”，设置行距为 30.66 点，如图 5.57 所示，调整位置，效果如图 5-51 所示。

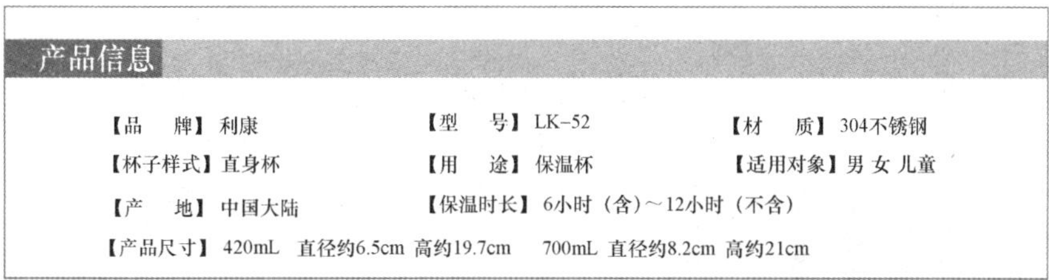

图 5-51　输入文字（二）

（6）新建图层，设置字体为“方正大黑简体”，字体大小为 44.2 点，锐利，颜色为 RGB（167:208:52），输入文字“吊带水杯 使用携带方便 非常实用”，调整位置，效果如图 5-52 所示。

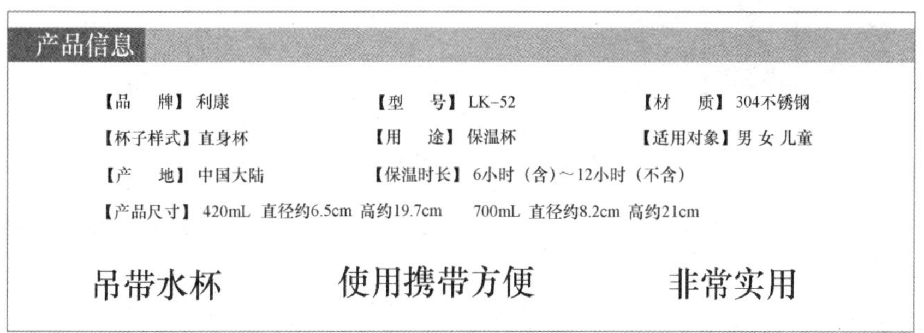

图 5-52　输入文字（三）

（7）选择【文件】→【打开】命令，打开素材如图 5-53 所示。双击图片图层，新建图层，如图 5-54 所示。直接把图片拖到主页中，合理调整大小和位置，效果如图 5-55 所示。

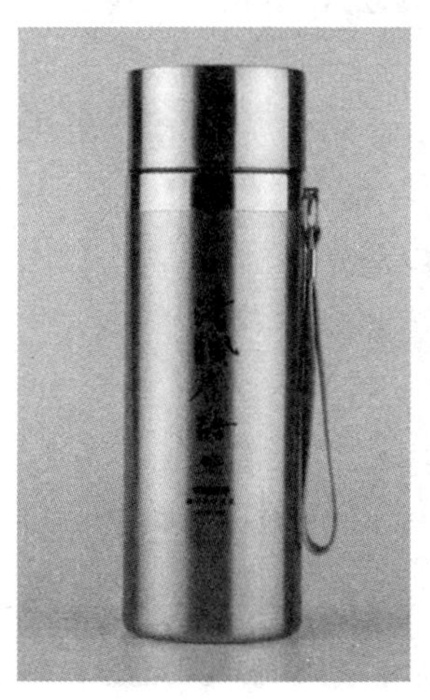

图 5-53　打开素材

新建图层
名称(N): 图层 0　确定
使用前一图层创建剪贴蒙版(P)　取消
颜色(C): 无
模式(M): 正常　不透明度(O): 100 %

图 5-54　新建图层

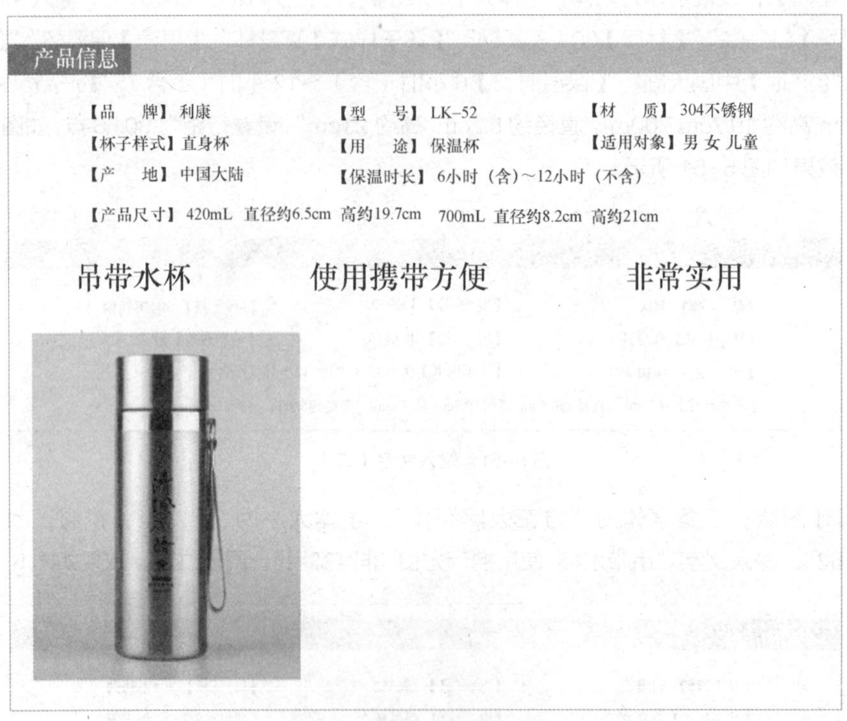

图 5–55　拖动后调整图片效果

（8）用相同的方法打开如图 5–56 所示的美化后的图片素材，将图片拖到主页中，调整位置，效果如图 5–57 所示。

图 5–56　打开美化后的素材

图 5-57 添加图片后的效果

5.3.2 制作产品参数部分

下面对产品参数部分的制作方法进行详细介绍，其具体操作如下。

（1）选择矩形工具，绘制矩形，在工具属性栏设置填充颜色为 RGB（167:208:52），设置宽度为 678 像素，高度为 28 像素，调整矩形位置，效果如图 5-58 所示。

图 5-58 新建矩形

（2）绘制矩形，在工具属性栏设置填充颜色为 RGB（108:109:111），设置宽度为 120 像素，高度为 28 像素，调整矩形位置，效果如图 5-59 所示。

图 5-59 再次新建矩形

（3）选择文字工具，设置字体为“创艺简粗黑”，字体大小为 21.69 点，平滑，字体颜色为 RGB（255: 255:255），输入文字“产品参数”，调整位置，效果如图 5-60 所示。

图 5-60 输入文字

（4）新建图层，设置字体为“方正细黑一简体”，字体大小为 25 点，平滑，颜色为 RGB（0:0:0），添加字体“品名：利康 LK-52 不锈钢保温杯”“容量：420mL/19.7cm”“杯身：进口 304 不锈钢”“包装：礼品盒/包装盒”“保温：6 小时（含）～12 小时（不含）”，设置字符行距为 50 点，调整位置，效果如图 5-61 所示。

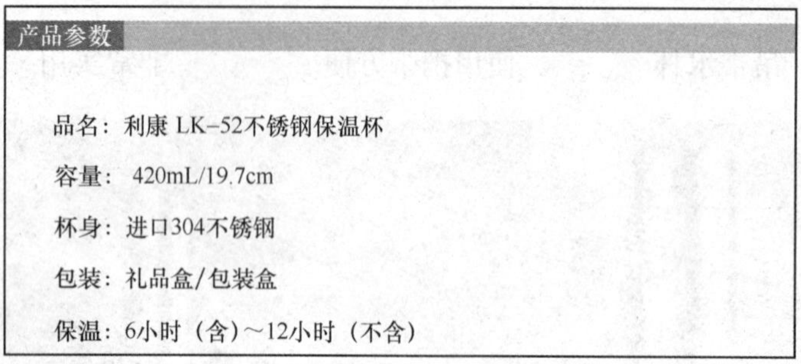

产品参数

品名：利康 LK-52不锈钢保温杯

容量：420mL/19.7cm

杯身：进口304不锈钢

包装：礼品盒/包装盒

保温：6小时（含）～12小时（不含）

图 5-61　输入产品参数详情

（5）选择【文件】→【打开】命令，打开素材，如图 5-62 所示。选择钢笔工具，抠取保温杯，效果如图 5-63 所示。再使选择移动工具将图片拖到主页中，调整大小和位置，效果如图 5-64 所示。

图 5-62　打开素材文件

图 5-63　抠取保温杯

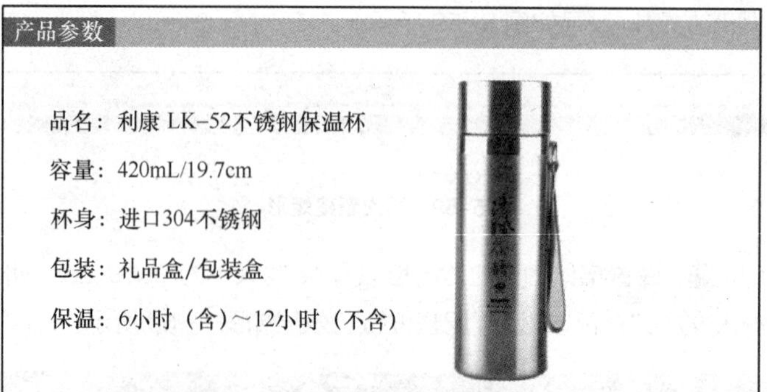

图 5-64　插入图片后的效果

（6）选择魔棒工具，设置容差为 32，单击保温杯拉环灰色块部分，如图 5-65 所示。再按【Backspace】键，删除选中的灰色部分，效果如图 5-66 所示。

图 5-65　选择保温杯拉环灰色块部分

图 5-66　查看删除后的效果

（7）选择保温杯图层，按【Ctrl+J】组合键复制保温杯，调整大小和位置，效果如图 5-67 所示。

图 5-67　复制保温杯并查看效果

（8）打开如图 5-68 所示的保温杯素材，使用相同的方法抠取保温杯图像，然后将其拖到主页中，调整位置和大小，效果如图 5-69 所示。

图 5-68　打开素材

图 5-69　调整素材中的保温杯

5.3.3　制作产品尺寸部分

下面对产品尺寸部分的制作方法进行详细介绍，其具体操作如下。

（1）选择矩形工具，绘制矩形，在工具属性栏中设置填充颜色为 RGB（167:208:52），设置宽度为 678 像素，高度为 28 像素，调整矩形位置，效果如图 5-70 所示。

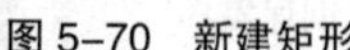

图 5-70　新建矩形

（2）绘制矩形，在工具属性栏中设置填充颜色为 RGB（108:109:111），设置宽度为 120 像素，高度为 28 像素，调整矩形位置，效果如图 5-71 所示。

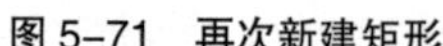

图 5-71　再次新建矩形

（3）选择文字工具，设置字体为“创艺简粗黑”，字体大小为 21.69 点，平滑，字体颜色为 RGB（255:255:255），输入文字“产品尺寸”，调整位置，效果如图 5-72 所示。

图 5-72　输入文字

（4）选择产品参数部分的 2 个大小不同的保温杯图层，各复制 1 个，放到产品尺寸部分，调整大小，效果如图 5-73 所示。

（5）选择椭圆工具，绘制椭圆，在工具属性栏中设置填充颜色为 RGB（212:209:203），设置宽度为 13 像素，高度为 13 像素，调整椭圆位置，如图 5-74 所示。

图 5-73　调整保温杯尺寸

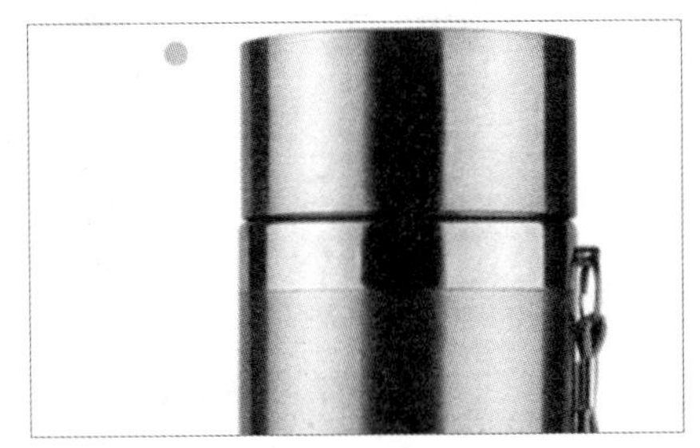

图 5-74　调整保温杯尺寸

（6）选择圆形图层，按【Ctrl+J】组合键复制 7 个圆，调整位置，如图 5-75 所示。

（7）选择直线工具，设置填充颜色为 RGB（212:209:203），粗细为 3 像素，在原点处，从上到下，绘制一条直线，如图 5-76 所示。

图 5-75　复制 7 个圆

图 5-76　绘制直线

（8）在其他圆形处绘制直线，效果如图 5-77 所示。

（9）选择文字工具，设置字体为“方正细黑一简体”，字体大小为 27.6 点，平滑，字体颜色为 RGB（0:0:0），分别输入横向文字为“8.2cm”“6.5cm”，纵向文字为“21cm”“19.7cm”，调整位置，效果如图 5-78 所示。

图 5-77　绘制直线

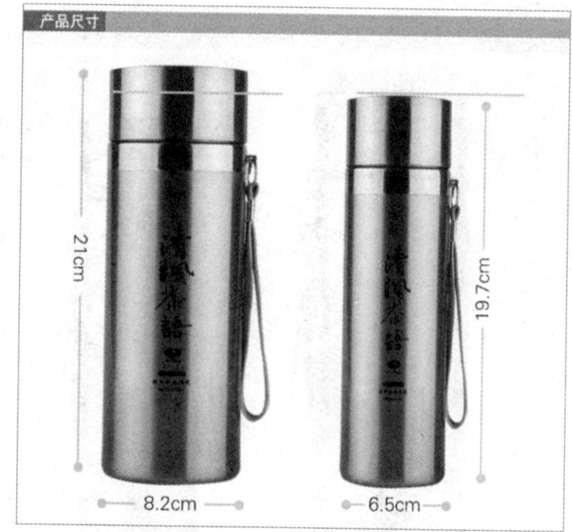

图 5-78　输入文字

5.3.4　制作产品结构部分

下面对产品结构部分的制作方法进行详细介绍，其具体操作如下。

（1）选择矩形工具，绘制矩形，在工具属性栏设置填充颜色为 RGB（167:208:52），设置宽度为 678 像素，高度为 28 像素，调整矩形位置，效果如图 5-79 所示。

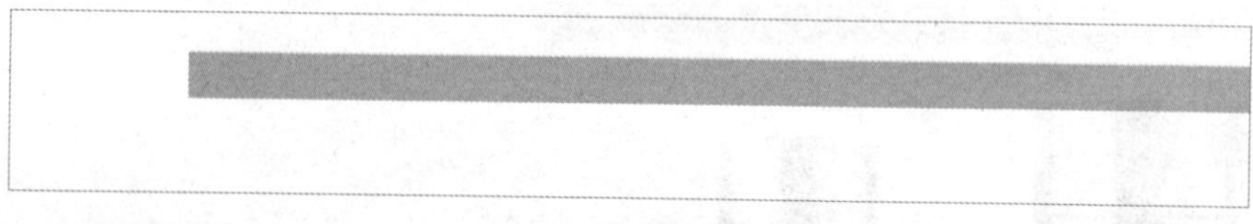
图 5-79　新建矩形

（2）绘制矩形，在工具属性栏设置填充颜色为 RGB（108:109:111），设置宽度为 120 像素，高度为 28 像素，调整矩形位置，效果如图 5-80 所示。

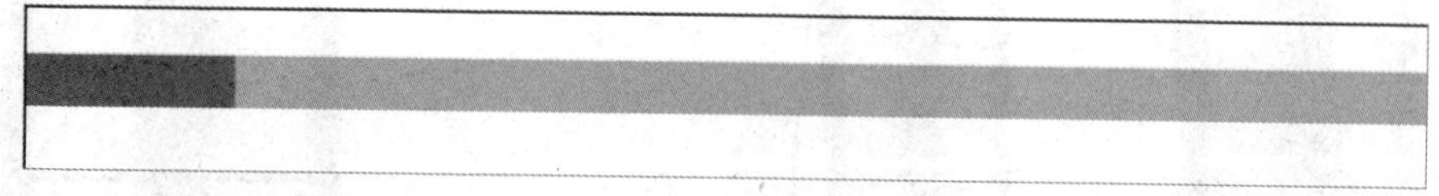
图 5-80　再次新建矩形

（3）选择文字工具，设置字体为“创艺简粗黑”，字体大小为 21.69 点，平滑，字体颜色为 RGB（255:255:255），输入文字“产品结构”，调整位置，效果如图 5-81 所示。

产品结构

图 5-81　输入文字

（4）选择【文件】→【打开】命令，打开素材，如图 5-82 所示。双击图片图层，新建图层，直接将图片拖到详情页中，合理调整大小和位置，效果如图 5-83 所示。

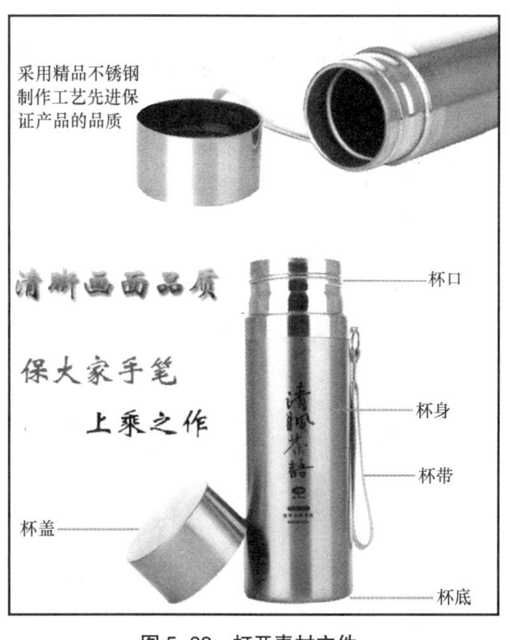

图 5-82　打开素材文件

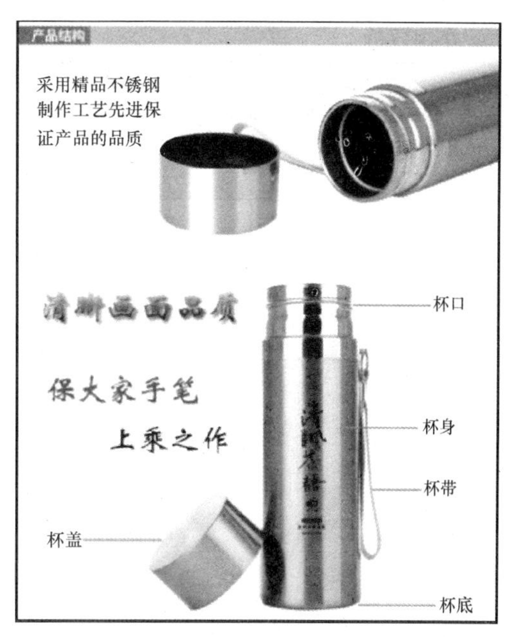

图 5-83　查看完成后的效果

实战训练

请根据自行选定的金属制品类商品图片素材，使用 Photoshop CS6 软件完成商品详情页的制作（可参照保温杯详情页形式）。

任务评价

自我评价

<table>
<tr><th rowspan="2" colspan="2">主要内容</th><th colspan="4">自我评价等级（在符合的情况下面打“√”）</th></tr>
<tr><th>全都做到了</th><th>大部分（80%）做到了</th><th>基本（60%）做到了</th><th>没做到</th></tr>
<tr><td colspan="2">详情页制作</td><td></td><td></td><td></td><td></td></tr>
<tr><td rowspan="4">自我总结</td><td>我的优势</td><td colspan="4"></td></tr>
<tr><td>我的不足</td><td colspan="4"></td></tr>
<tr><td>我的努力目标</td><td colspan="4"></td></tr>
<tr><td>我的具体措施</td><td colspan="4"></td></tr>
</table>

小组评价

主要内容	小组评价等级（在符合的情况下面打“√”）			
	全部做到了	大部分（80%）做到了	基本（60%）做到了	没做到
详情页制作				
建议	组长签名：　　　　　年　　月　　日			

教师评价

主要内容	教师评价等级（在符合的情况下面打“√”）			
	优秀	良好	合格	不合格
详情页制作				
评语	教师签名：　　　　　年　　月　　日			

项目小结

本项目首先介绍了保温杯的拍摄，其次对保温杯商品图片的美化方法进行了介绍，最后讲解了保温杯商品详情页的制作方法。

保温杯属于金属制品类商品。为了促进保温杯的销售量，在制作时应从保温杯的功能、产品的材质、设计和健康的理念进行分析，并根据提供的信息设计拍摄角度，使拍出的图片更能够满足制作和视觉的需要。完成拍摄后，使用钢笔和文字等工具，结合图层蒙版的使用，对保温杯的“图片一”和“图片二”进行美化操作。然后根据完成后的图片制作保温杯的商品信息采编，在制作时，主要从 4 个部分入手，分别是产品信息、产品参数、产品尺寸和产品结构，每个部分都需进行文字说明的编写，并对处理后的图片进行排版使其能够更加完美地表现该部分的内容。需要注意的是每个部分的效果都要以白色调打底。完成 4 个部分的编辑后，即可查看最后的整体效果。

06 项目六 玻璃制品类商品信息采编与优化

在已经顺利完成前面 4 个商品卖点总结和拍摄样张思路设计后，小李积累了一定的工作经验，于是项目主管交给了小李一个全新的任务——玻璃糖果罐的拍摄，并要求其独立完成。项目主管针对玻璃材质物品的拍摄和图片美化对小李进行了指导。经过分析准备，小李很快就制定了以下工作计划。

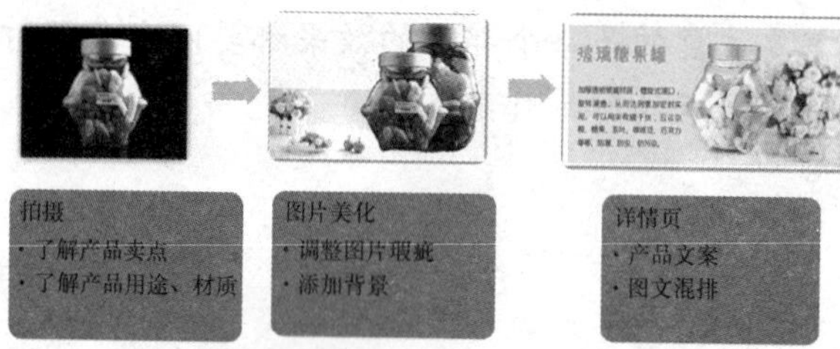

知识目标

- 玻璃糖果罐的拍摄
- 玻璃糖果罐商品图片美化
- 玻璃糖果罐商品详情页制作

技能目标

- 掌握玻璃器皿类的拍摄技巧
- 掌握玻璃糖果罐商品详情页制作的方法

素养目标

- 具备条理清晰的思维能力
- 具有严谨的工作态度和良好的工作习惯

任务 6.1 玻璃糖果罐的拍摄

任务目标

分析玻璃糖果罐产品的卖点。

理清玻璃糖果罐样张的整体设计思路。

任务描述

对于玻璃糖果罐商品的拍摄，小李尝试从商品设计本身找寻卖点，对于糖果罐的整体设计，通过对整体效果和用途展示进行拍摄，突出设计的卖点。下面以小李拍摄的其中一款玻璃糖果罐作为拍摄案例，了解玻璃制品类商品在拍摄过程中需要掌握的拍摄流程和拍摄技巧。

任务实施

6.1.1 了解玻璃糖果罐的产品卖点

在正式拍摄之前，需要仔细阅读厂家提供的产品介绍资料或者在网上查询类似商品的参考数据，了解产品的材质、用途和注意事项，并根据提供的信息设计拍摄角度。

通过仔细查询和阅读相关资料，将这款玻璃糖果罐的卖点总结为 3 点。

玻璃材质

加厚透明玻璃材质，外观美观大方，同时具有良好的密封效果，瓶身壁厚均匀结实，由耐高温高硼硅玻璃制成，无二次加工，无痕、无气泡、无瑕疵。

罐口设计

螺旋式罐口，旋转罐盖，使用起来更加方便。密封效果良好且实用。可以用来收藏干货、五谷杂粮、糖果、茶叶、咖啡豆、巧克力等。防潮、防虫、防污染。

瓶盖材质

采用食品级塑料，使用更加安全环保。均匀结实，曲线优美，外形美观。

6.1.2 拍摄样张的思路设计

通过对玻璃糖果罐产品卖点的细致分析，最终选择 2 个角度对其进行详细拍摄。

1. 整体展示图

整体展示图可以给人以直观、整体的感受，能够展现出商品的整体特点和优点。本款玻璃糖果罐有光亮的外观，采用玻璃材质，给人以视觉上的美感，在拍摄时为了突出其外观设计，需要对玻璃糖果罐的外观整体进行拍摄。

（1）由于拍摄的商品瓶身是透明玻璃材质，内置彩色糖果，为了凸显透明感，在拍摄瓶身正面时选用黑色背景和黑色亚克板来加强对比，展示其简约和唯美，如图 6-1 所示。

（2）对商品进行侧面的拍摄，可以让消费者感受到其立体感，如图 6-2 所示。

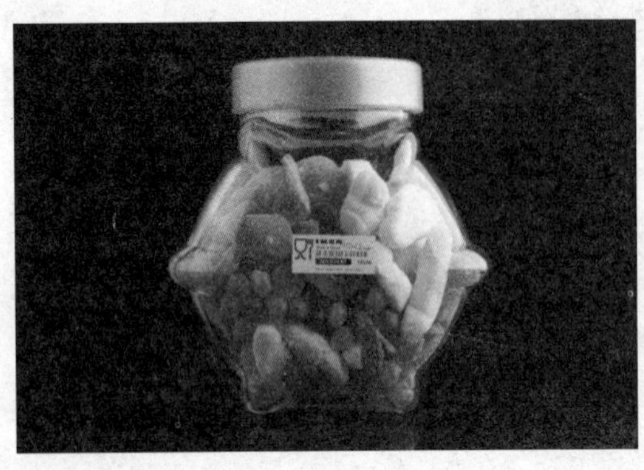

图 6-1　正面效果

图 6-2　侧面效果

（3）搭配小商品，展示布景场景图，能让消费者了解其使用场景和使用的良好效果，如图 6-3 所示。

图 6-3　搭配商品效果

2. 用途展示图

用途展示图可以具体展示商品的使用方法，并且突出商品在使用中的优点。本款玻璃罐主要的作用是可以储存糖果等食材，且安全环保，在拍摄时，为了突出这样的特点需要对储藏的糖果加以拍摄，给人以直观的视觉感受。

（1）对罐内储藏的糖果，用白色果盘装饰展示，让消费者联想到商品使用的场景，从而产生购买欲望，如图 6-4 所示。

（2）细节展示罐内的糖果，使画面彩色发布均匀、有层次，让购买者产生食欲，促进购买转化率，如图 6-5 所示。

图 6-4　白色果盘展示糖果

图 6-5　细节展示糖果

（3）细节处展示果盘的糖果，如图 6-6 所示。

图 6-6　细节展示白色果盘内糖果

6.1.3　拍摄数据参考

进行拍摄时，要用到以下设备，如图 6-7～图 6-11 所示。

图 6-7　照相机

图 6-8　反光伞

图 6-9 闪光影室灯 2 套

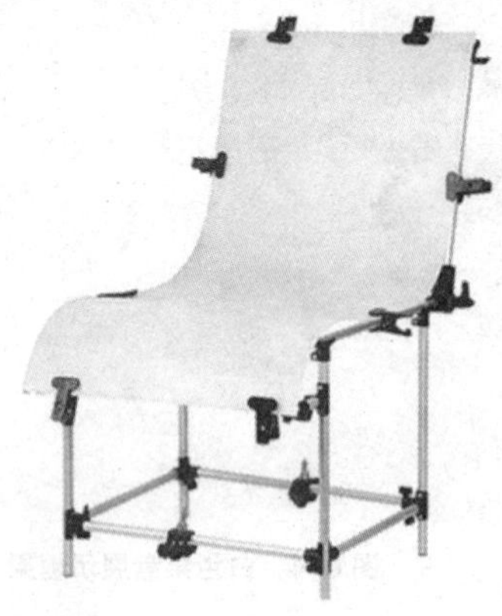

图 6-10 小型静物台

图 6-11 黑色背景纸

其拍摄环境如图 6-12 所示。

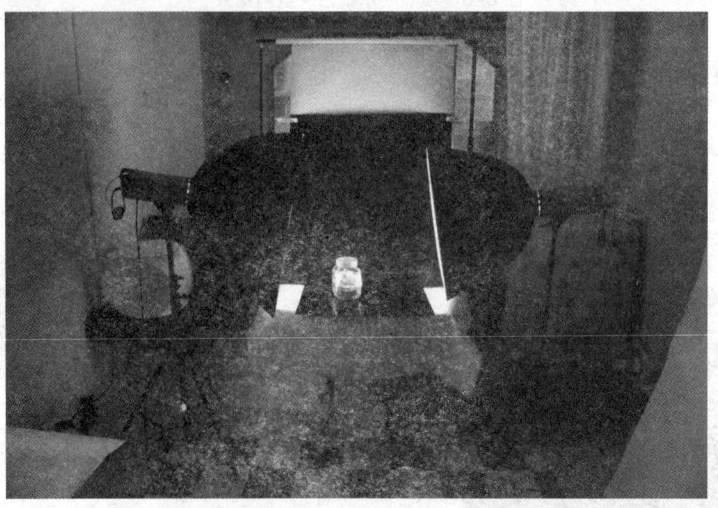

图 6-12 拍摄环境

拍摄时的注意事项主要包括 2 点。

（1）禁止使用闪光灯。

（2）打开柔光箱对物体进行观测，两个柔光箱在物体左右两侧斜上方照射，避开材质上的反光点。其样张详情及拍摄参数如表 6-1 所示。

表 6-1　样张详情及拍摄参数

样张详情	拍摄参数
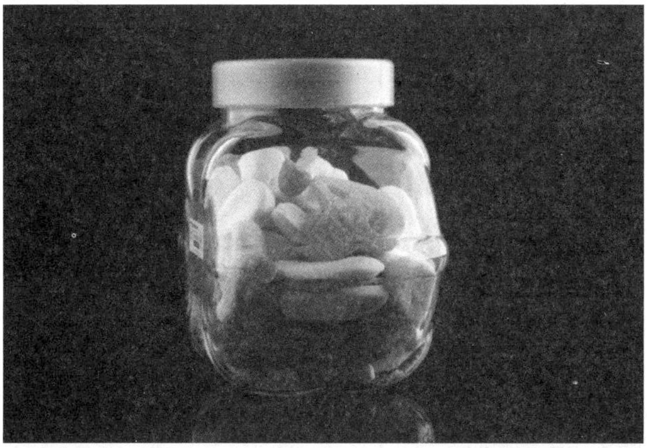	1. 光圈 F/10 2. 快门 1/125 秒 3. ISO-100
	1. 光圈 F/10 2. 快门 1/125 秒 3. ISO-100
	1. 光圈 F/4 2. 快门 1/80 秒 3. ISO-1250

续表

样张详情	拍摄参数
	1. 光圈 F/4 2. 快门 1/200 秒 3. ISO-1600
	1. 光圈 F/10 2. 快门 1/125 秒 3. ISO-640
	1. 光圈 F/4 2. 快门 1/40 秒 3. ISO-200

续表

样张详情	拍摄参数
	1. 光圈 F/4 2. 快门 1/200 秒 3. ISO-1600

拍摄时产生错误的照片主要包括 2 点。

（1）图片拍摄出现反光，建议使用逆光拍摄。

（2）侧正面灯光不对，导致半面强反光，商品整体效果不够，如图 6-13 所示。

图 6-13　拍摄时产生错误的照片

6.1.4　玻璃器皿类拍摄技巧

玻璃大体分为钠玻璃、钾玻璃、半水晶玻璃和水晶玻璃 4 种。在材质使用上，牛奶瓶、啤酒瓶和普通廉价的餐具一般使用钠玻璃；稍微好一点的餐具和化妆品容器使用钾玻璃或半水晶玻璃；而水晶玻璃是最高级的玻璃，比前三者更加明亮、美观，还给人以稳重感，用于高档餐具、美术工艺品等。

若透明玻璃器皿融化在背景里，将显示不出它的形状和层次的质感。因此，要把玻璃器同背景分离开，拍出清晰的轮廓并体现出质感。

为了拍出玻璃制品的质感，要解决照明问题。一般所选用的背景色调，基本上可采用两种——白色和黑色，然后对其相应地进行照明。

（1）白色背景。在选用白色背景时，可使用白色制图纸、乳白色丙烯板、描图纸和墙纸等。使用制图纸、墙纸这些不透明的材料时要从前面照明；而使用丙烯板、描图纸等半透明纸时，灯光要从背后作为透射光照在纸上。描图纸要使用较厚的，薄的描图纸由于纸上的纤维、纸面不平等原因，会使透光不均匀。白色背景适合拍摄玻璃器的轮廓和造型，但玻璃器与背景的距离不能太靠近，否则，两者的亮度差别缩小，致使轮廓不清。如图 6-14 所示，将场景安排在一个玻璃架上。玻璃板的下面，衬以纯白色的布。灯光则安放在白布的下面，由下朝上打光。这样一来，既避免了背景的杂乱，又躲开了光斑，在玻璃茶具边缘部分所出现的黑色线条恰好可以勾勒出茶具优美的轮廓。

图 6-14　白色背景照片

（2）黑色背景。在选用黑色背景时，可使用黑色制图纸、黑棉绒、黑色无光丙烯板和黑色彩砖等。无颜色的玻璃器用黑色背景拍摄更能表现其质感和光泽，更趋于自然。以黑色为背景时，玻璃器皿的轮廓和明暗、层次要靠光线的折射和平滑的玻璃面来反映形成。使用相机的角度应充分考虑，需要随机应变，但总的来说，强光部分不能过于强，宽度大体上与玻璃器的平面宽度相同为宜。为了避免照明以外的光线映射到玻璃器，室内不能有回光的地方，有白色的易反光体应恰当处理。如图 6-15 所示，选用台子配合 3 盏灯，灯光不直接打在玻璃物品上，而是通过四周的塑料垫打进去，这样光线被柔和地分散开，玻璃上的反光就不会太强烈，所选用的玻璃制品能与黑色背景形成良好的视觉效果（打灯方式：两盏灯从侧面打，一盏灯从顶部正上方往下打）。

关于玻璃制品类商品的拍摄技巧，综合玻璃糖果罐的拍摄过程总结出以下 5 点。

（1）商品的卖点从品牌、材质、设计等方面进行细分。拍摄的思路要紧密结合卖点，从整体到局部、用途展示、商品使用场景展示等都要以突出卖点进行拍摄。

（2）在拍摄时可适时增加比对物，展示商品的大小、体积，不要使消费者对真实商品产生误解；并可采用拍摄产品集体照的手法，使买家在浏览某种玻璃制品的同时对其他玻璃商品产生兴趣，进而增加访问量。如图 6-16 所示，为了明确杯子的实际大小，放 2 个柠檬进行对比，形成画面的视觉平衡。

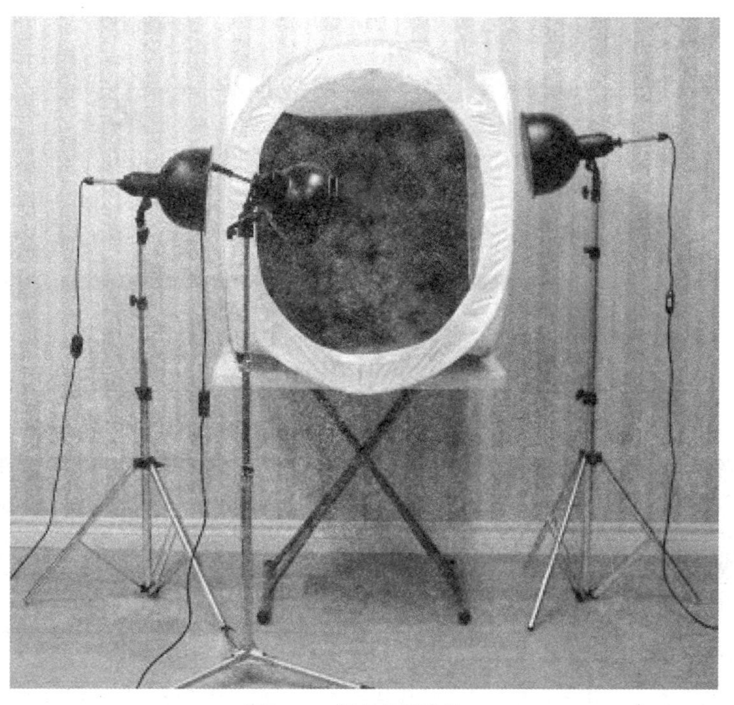

图 6–15 黑色背景照片

图 6–16 对比图片

（3）拍摄时所用器材，可结合商品的需要自由调整。使用相机时，拍摄数据参数尽量统一，以保持整体图片的风格统一性。

（4）为避免拍摄照片时出现错误，可以多次尝试拍摄角度，适度微调官方提供的数据。

（5）拍摄时光线最重要，尽量不要逆光拍摄；采用纯色背景（黑白色），不要产生背景色喧宾夺主的情况；还原产品的真实性，不要因为追求图片的美观而使图片失真。

实战训练

1. 请按照上述的操作流程设计出玻璃制品类商品的拍摄思路，拍摄思路以 Word 形式保存（自行选取玻璃制品类商品）。

2. 完成其中一个玻璃制品类商品样张的拍摄，以.jpg 形式保存。

任务评价

自我评价

<table>
<tr><th rowspan="2" colspan="2">主要内容</th><th colspan="4">自我评价等级（在符合的情况下面打“√”）</th></tr>
<tr><th>全都做到了</th><th>大部分（80%）做到了</th><th>基本（60%）做到了</th><th>没做到</th></tr>
<tr><td colspan="2">设计思路</td><td></td><td></td><td></td><td></td></tr>
<tr><td colspan="2">拍摄样张</td><td></td><td></td><td></td><td></td></tr>
<tr><td rowspan="4">自我总结</td><td>我的优势</td><td colspan="4"></td></tr>
<tr><td>我的不足</td><td colspan="4"></td></tr>
<tr><td>我的努力目标</td><td colspan="4"></td></tr>
<tr><td>我的具体措施</td><td colspan="4"></td></tr>
</table>

小组评价

<table>
<tr><th rowspan="2">主要内容</th><th colspan="4">小组评价等级（在符合的情况下面打“√”）</th></tr>
<tr><th>全都做到了</th><th>大部分（80%）做到了</th><th>基本（60%）做到了</th><th>没做到</th></tr>
<tr><td>设计思路</td><td></td><td></td><td></td><td></td></tr>
<tr><td>拍摄样张</td><td></td><td></td><td></td><td></td></tr>
<tr><td>建议</td><td colspan="4">组长签名：　　　　　　年　　月　　日</td></tr>
</table>

教师评价

主要内容	教师评价等级（在符合的情况下面打"√"）			
	优秀	良好	合格	不合格
设计思路				
拍摄样张				
评语	教师签名：　　　　年　月　日			

任务 6.2　玻璃糖果罐商品图片美化

任务目标

学会用图层蒙版制作衬底图片。

学会设置不透明度来设计边框透明效果。

学会用矢量蒙版做出背景图片效果。

学会用钢笔工具抠取图片。

任务描述

小李要将已经拍摄好的糖果罐原始素材图片，通过钢笔工具和矩形工具并结合图层蒙版的使用，制作两幅成品图，如图 6-17 所示的"美化图片一"和如图 6-18 所示的"美化图片二"。

图 6-17　美化图片一

图 6-18 美化图片二

任务实施

6.2.1 制作糖果罐的美化图片一

下面对制作糖果罐的美化图片一的方法进行详细介绍，其具体操作如下。

（1）选择【文件】→【新建】命令，打开“新建“对话框，设置名称为“产品展示”，设置宽度为 747 像素，高度为 484 像素，分辨率为 72 像素/英寸，颜色模式为 RGB 颜色 8 位，背景内容为白色，如图 6-19 所示。

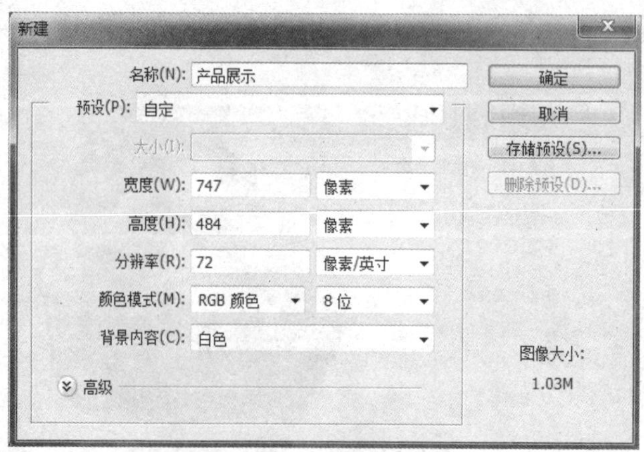

图 6-19 新建“产品展示”

（2）单击前景色，打开“拾色器”对话框，设置颜色 RGB（239:239:238），单击确定按钮，选择油漆桶工具，在主页中单击鼠标填充前景色，效果如图 6-20 所示。

图 6-20 填充前景色

（3）选择【文件】→【打开】命令，打开素材，如图 6-21 所示。

图 6-21 打开素材

（4）双击图片图层，新建图层，如图 6-22 所示。

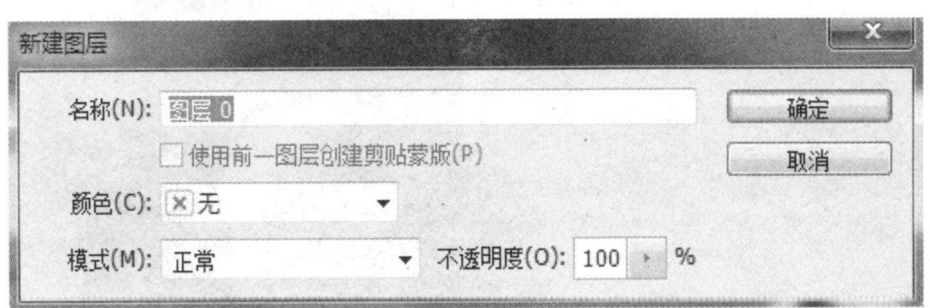

图 6-22 新建图层

（5）选择钢笔工具，抠取糖果罐的图像，如图 6-23 所示。

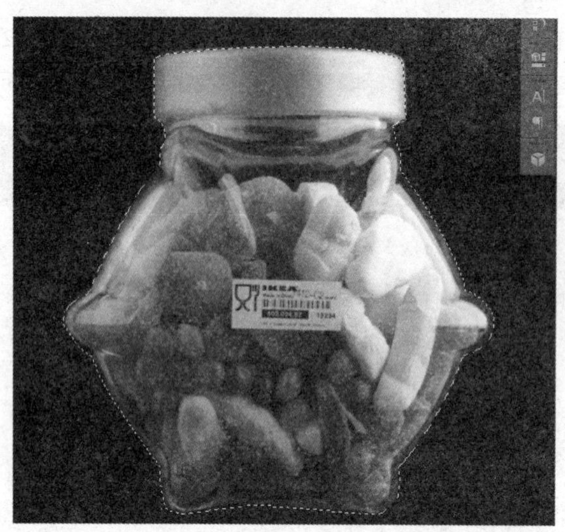

图 6-23 用钢笔工具抠取糖果罐图像

（6）把糖果罐图像拖到主页中，合理调整位置和大小，效果如图 6-24 所示。

图 6-24 移动到主页后的效果

（7）同样的操作步骤，打开另一个糖果罐素材，并抠取另一个糖果罐图像，将图片拖到主页中，效果如图 6-25 所示。

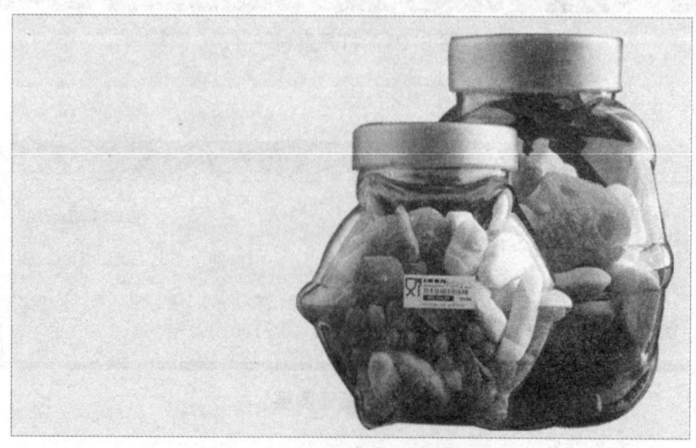

图 6-25 抠取另一个糖果罐图像

（8）选择【文件】→【打开】命令，打开素材，如图 6-26 所示。

图 6-26　打开素材文件

（9）双击图片图层，新建图层，如图 6-27 所示。

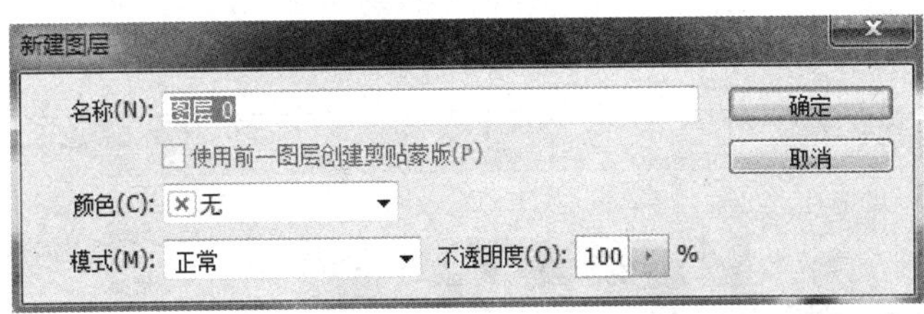

图 6-27　新建图层

（10）直接把图片拖到主页中，合理调整大小和位置，（建议宽度为 348 像素，高度为 231 像素），效果如图 6-28 所示。

图 6-28　导入素材后的效果

（11）双击该背景图层，打开“图层样式”对话框，选择“渐变叠加”选项，设置混合模式为滤色，不透明为 55%，缩放为 83%，单击渐变色框，如图 6-29 所示。

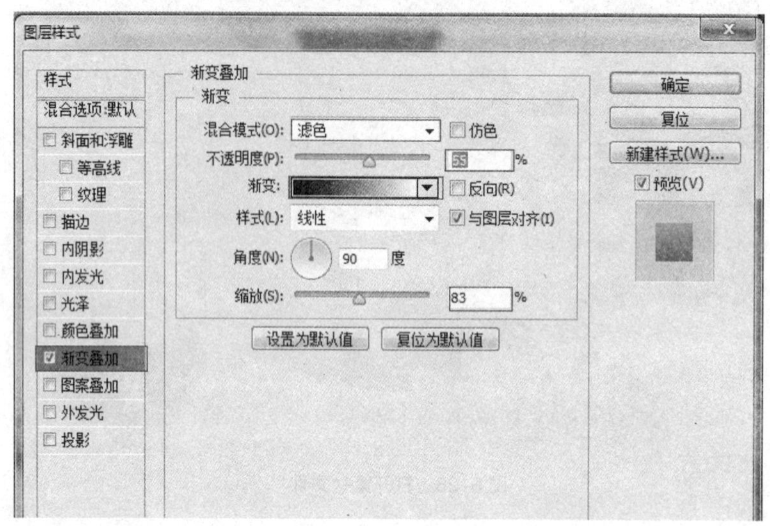

图 6-29 设置渐变叠加

（12）打开“渐变编辑器”对话框，如图 6-30 所示。

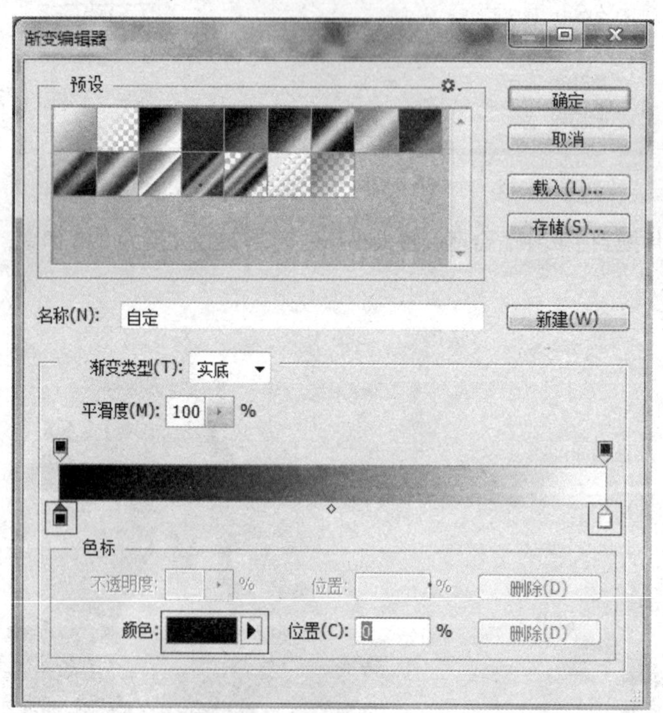

图 6-30 打开“渐变编辑器”对话框

（13）单击渐变色带左下角的色块，在“色标”栏中设置颜色为 RGB（0:0:0），再单击渐变色带右下角的色块，在“色标”栏中设置颜色为 RGB（255:255:255），返回“图层样式”对话框，单击 确定 按钮，效果如图 6-31 所示。

图 6-31　设置渐变叠加后的效果

（14）选择文字工具T，设置字体为“创艺简粗黑”，字体大小为 52.29 点，平滑，字体颜色为 RGB（93:67:6），输入文字“大罐装 1000g”，调整文字位置，效果如图 6-32 所示。

图 6-32　输入文字后的效果

（15）新建图层，设置字体为“创艺简魏碑”，字体大小为 32.5 点，字体颜色为 RGB（136:98:7），输入文字“玻璃密封瓶储物罐”，调整位置，效果如图 6-33 所示。

图 6-33　输入下方文字

（16）新建图层，其他不变，设置字体大小为 24.02 点，输入文字“加厚透明玻璃材质　螺旋式罐口　旋转罐盖　密封效果良好且实用”，调整位置，最终效果如图 6-34 所示。

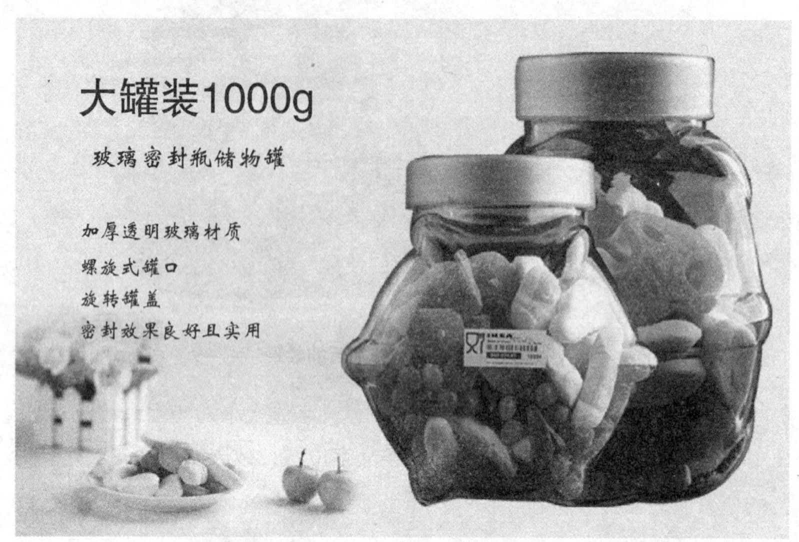

图 6-34　输入其他文字

6.2.2　制作糖果罐的美化图片二

下面对制作糖果罐的美化图片二的方法进行介绍，其具体操作如下。

（1）选择【文件】→【新建】命令，打开“新建”对话框，设置名称为“用途”，设置宽度为 749 像素，高度为 887 像素，分辨率为 72 像素/英寸，颜色模式为 RGB 颜色 8 位，背景内容为白色，单击确定按钮，如图 6-35 所示。

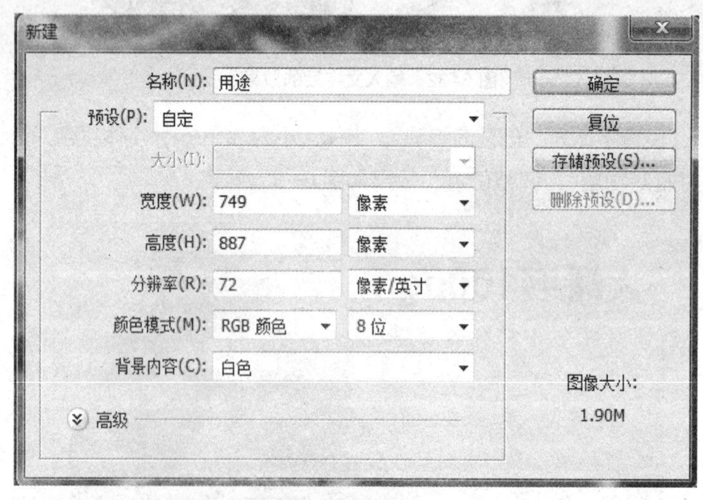

图 6-35　新建“用途”

（2）选择油漆桶工具，设置前景色为黑色，单击主页填充前景色，效果如图 6-36 所示。

（3）选择【文件】→【打开】命令，在打开的“打开”对话框中选择需要打开的素材，单击打开(O)按钮，打开素材，如图 6-37 所示。

图 6-36　填充前景色

图 6-37　打开素材

（4）双击图片图层，新建图层，如图 6-38 所示。

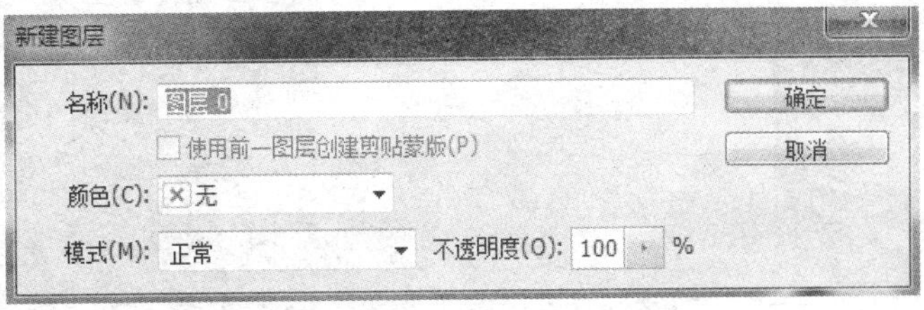

新建图层

名称(N): 图层 0　　确定

使用前一图层创建剪贴蒙版(P)　　取消

颜色(C): 无

模式(M): 正常　不透明度(O): 100 %

图 6-38　新建图层

（5）将图片拖到主页中，合理调整位置和大小，设置宽度为 478 像素，高度为 264 像素，效果如图 6-39 所示。

图 6–39　将素材拖入后的效果

（6）同样的操作步骤，将其他素材图片拖到主页中。素材 2 图片的宽度设置为 478 像素，高度设置为 151 像素，素材 3 图片的宽度设置为 209 像素，高度设置为 218 像素，素材 4 图片的宽度设置为 263 像素，高度设置为 218 像素，素材 5 图片的宽度设置为 141 像素，高度设置为 216 像素，素材 6 图片的宽度设置为 332 像素，高度设置为 217 像素，调整位置，效果如图 6–40 所示。

图 6–40　调整后的效果

（7）选择文字工具 T，设置字体为“汉仪中黑简”，字体大小为 20 点，输入文字“加厚透明玻璃材质，螺旋式罐口，旋转罐盖，从而使密封效果更好。可以用来收藏干货，五谷杂粮、糖果、茶叶、咖啡豆、巧克力等。防潮、防虫、防污染。”“【材质】罐身：高白透明玻璃”“盖子：食品级 PP 塑料”“【注意事项】1.请存放液体时，罐身不要倒置，避免存放物体洒落。2.本款储物罐为机器压制，罐底、罐身有压印痕迹，不是裂纹，请亲知悉。”，其中“可以用来收藏干货，五谷杂粮、糖果、茶叶、咖啡豆、巧克力等。【材质】罐身：盖子：【注意事项】”文字的颜色设置为 RGB（252:113:32），其他颜色设置为 RGB（255:255:255）。设置字符行距为 35，合理调整位置，效果如图 6-41 所示。

图 6-41　输入说明文字并调整文字颜色

实战训练

根据自行选定的玻璃制品类商品拍摄后的图片，使用 Photoshop CS6 软件，对其图片进行美化（可参照玻璃糖果罐美化图形式）。

任务评价

自我评价

主要内容		自我评价等级（在符合的情况下面打“√”）			
		全部做到了	大部分（80%）做到了	基本（60%）做到了	没做到
美化制作					
自我总结	我的优势				
	我的不足				
	我的努力目标				
	我的具体措施				

小组评价

主要内容	小组评价等级（在符合的情况下面打“√”）			
	全部做到了	大部分（80%）做到了	基本（60%）做到了	没做到
美化制作				
建议	组长签名:　　　　年　月　日			

教师评价

主要内容	教师评价等级（在符合的情况下面打“√”）			
	优秀	良好	合格	不合格
美化制作				
评语	教师签名:　　　　年　月　日			

任务 6.3　玻璃糖果罐商品详情页制作

任务目标

用钢笔工具、油漆桶工具制作标题。

用参考线工具精确排版。

使用矩形工具和文字工具组合排列形成表格。

任务描述

小李要将玻璃糖果罐美化后的成品图以及给定的介绍文字，进行适当的组合排版，最终制作出如图 6-42 所示的详情页效果图片。细看这张玻璃糖果罐详情页的效果图，整体以白色调打底，挂牌区块分割布局，用标签划分出四个部分，分别是产品信息、产品展示、产品用途和产品规格。在详情页中需要完成这四个部分。

图 6-42　玻璃糖果罐商品详情页效果

任务实施

6.3.1　制作产品信息图

下面对产品信息图的制作方法进行介绍，其具体操作如下。

（1）选择【文件】→【新建】命令，打开“新建”对话框，设置文件名称为“玻璃糖果罐详情页”，设置宽度为 794 像素，高度为 2825 像素，分辨率为 72 像素/英寸，颜色模式为 RGB 颜色 8 位，背景内容为白色，单击确定按钮，如图 6-43 所示。

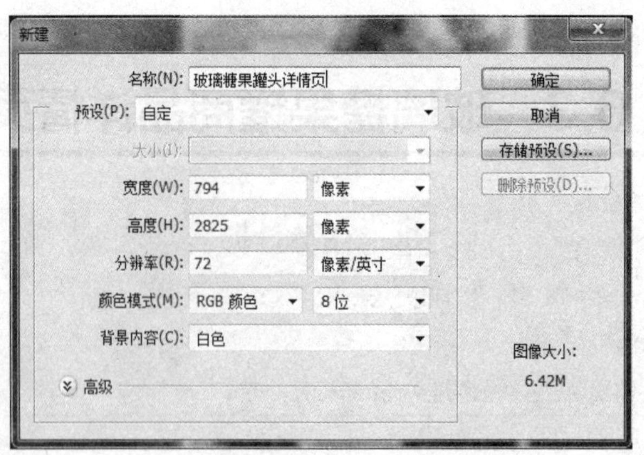

图 6–43　新建页面

（2）选择矩形工具，绘制矩形，在工具属性栏设置填充颜色为 RGB（245:245:245），设置宽度为 794 像素，高度为 66 像素，调整位置，如图 6–44 所示。

图 6–44　绘制矩形

（3）双击该图层，打开“图层样式”对话框，选择“描边”选项，设置大小为 1 像素，设置颜色为 RGB（179:172:172），如图 6–45 所示。

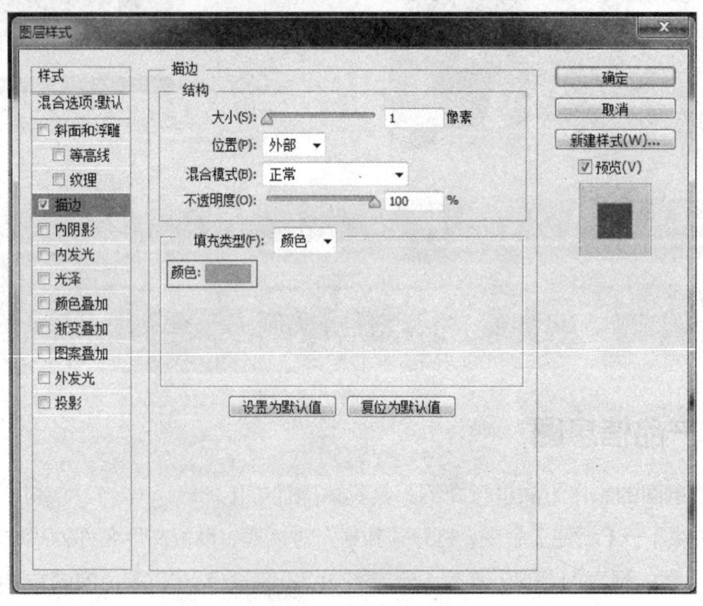

图 6–45　设置描边

（4）单击 确定 按钮，完成后的效果如图 6-46 所示。

图 6-46 为图层描边后的效果

（5）绘制矩形，设置填充颜色为 RGB（252:113:32），设置宽度为 137 像素，高度为 73 像素，调整位置，效果如图 6-47 所示。

图 6-47 绘制矩形

（6）选择钢笔工具，新建图层，在刚绘制的矩形左上角，创建 3 个点，形成一个直角三角形，按【Ctrl+Enter】组合键，进入到编辑状态，设置前景色为 RGB（191:2:0）。选择油漆桶工具，单击三角形，填充前景色，效果如图 4-48 所示。

（7）使用相同的方法，在矩形的右上角制作一个同等大小、方向相反的直角三角形，效果如图 6-49 所示。

图 6-48 制作一个三角形

图 6-49 制作另一个三角形

（8）选择文字工具，设置字体为"创艺简粗黑"，字体大小为 27.69 点，字体颜色为 RGB（255:255:255），输入文字"产品信息"，调整位置，效果如图 6-50 所示。

（9）新建图层，设置字体为宋体，字体大小为 13 点，颜色为 RGB（0:0:0），输入文字"【体积（含包装）】200""【重量（含包装）500""【个数】1 个""【材质】罐身：高白透明玻璃 盖子：食品级 PP 塑料"，合理排版，设置字符的行距为 30.66 点，如图 6-51 所示。调整位置，效果如图 6-52 所示。

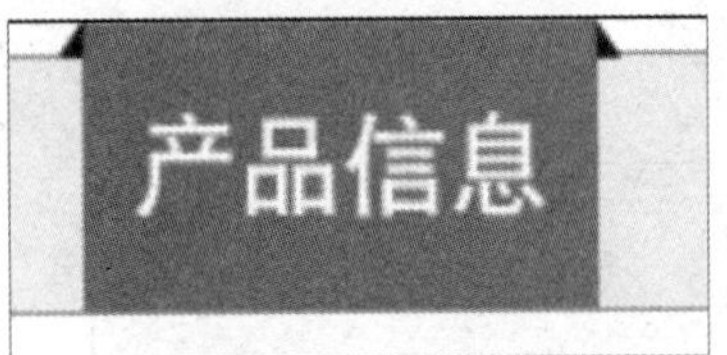

图 6-50　输入文字

图 6-51　设置文字参数

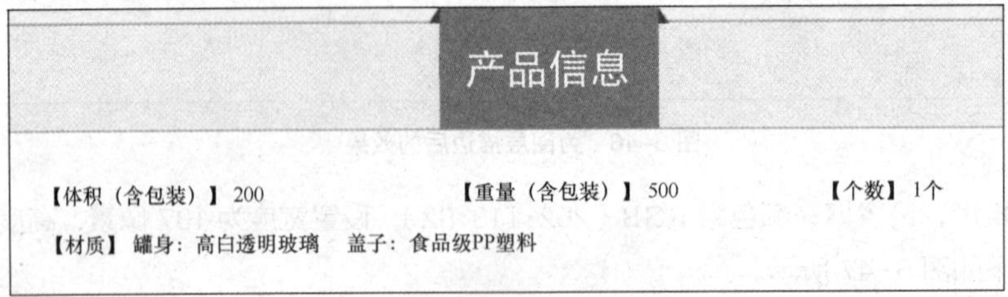

图 6-52　输入产品信息后的效果

（10）选择矩形工具，绘制矩形，在工具属性栏设置填充颜色为 RGB（224:220:215），设置宽度为 748 像素，高度为 325 像素，调整位置，效果如图 6-53 所示。

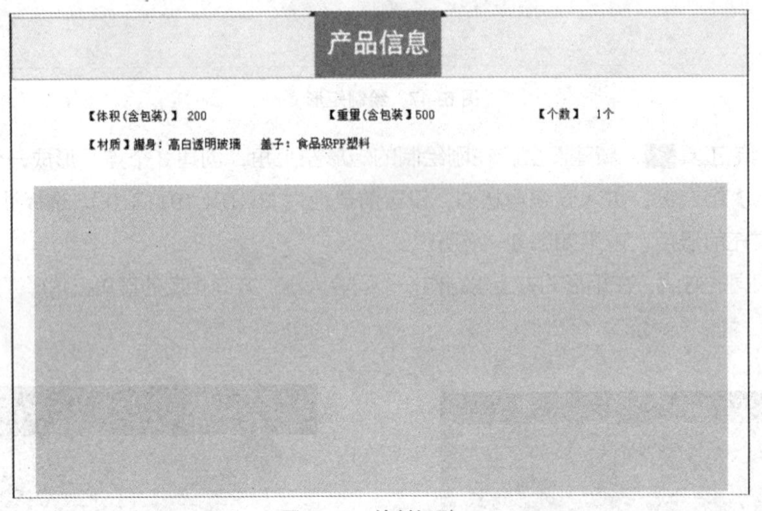

图 6-53　绘制矩形

（11）单击【文件】→【打开】命令，在打开的“打开”对话框中选择需要打开的素材，单击 打开(O) 按钮，打开素材，如图 6-54 所示。

图 6-54　打开素材文件

（12）双击图片图层，新建图层，如图 6-55 所示。

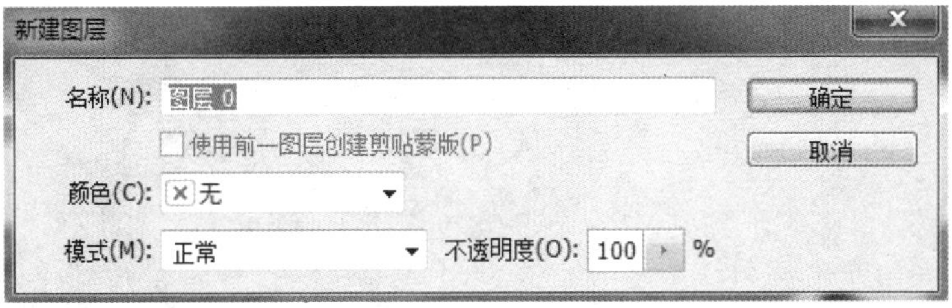

新建图层

名称(N): 图层 0　　确定

使用前一图层创建剪贴蒙版(P)　　取消

颜色(C): 无

模式(M): 正常　不透明度(O): 100 %

图 6-55　新建图层

（13）将图片拖到详情页中，合理调整大小和位置，效果如图 6-56 所示。

图 6-56　查看添加后的效果

（14）选择橡皮擦工具，设置笔擦为“柔边圆”，大小为 30 像素，如图 6-57 所示。擦去罐头展示图边角部分，使其与后面背景融合，效果如图 6-58 所示。

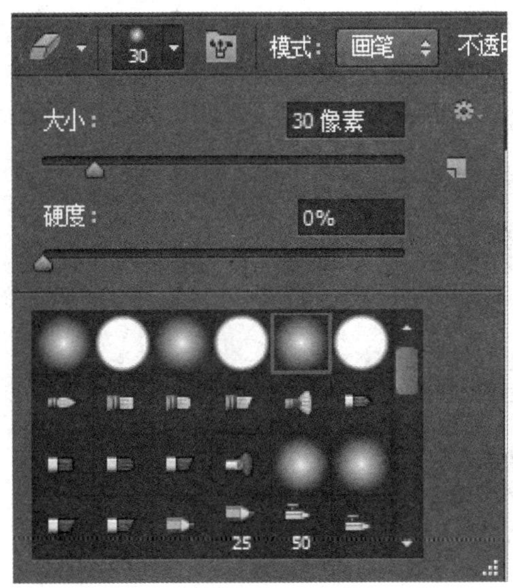

图 6-57　设置橡皮擦

图 6-58　擦出后的效果

（15）选择文字工具，设置字体为“迷你简毡笔黑”，字体大小为 45 点，字体颜色为 RGB（252:113:32），输入文字“玻璃糖果罐”，调整位置，效果如图 6-59 所示。

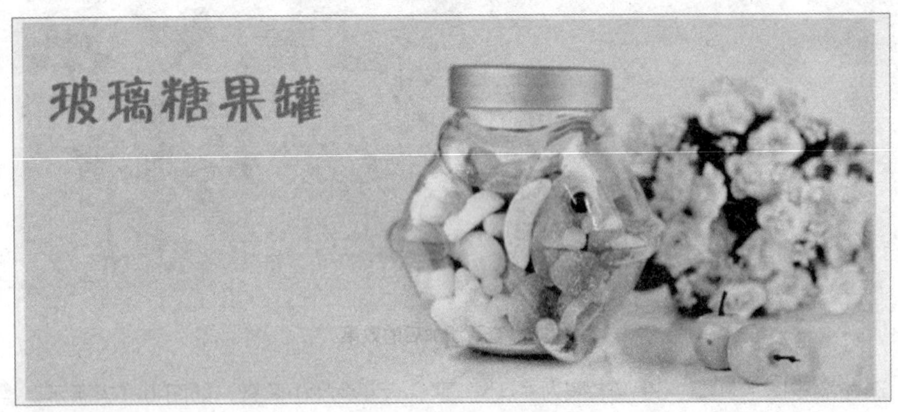

图 6-59　输入文字

（16）新建图层，设置字体为“微软雅黑”，平滑，字体大小为 18 点，颜色为 RGB（0:0:0），输入文字“加厚透明玻璃材质，螺旋式罐口，旋转罐盖，从而使密封效果更好。可以用来收藏干货，五谷杂粮、糖果、茶叶、咖啡豆、巧克力等。防潮、防虫、防污染。”调整位置，效果如图 6-60 所示。

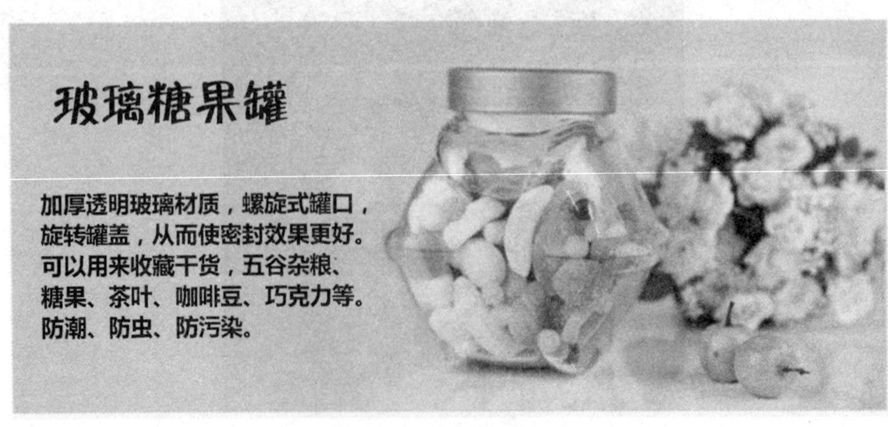

图 6-60　输入其他说明文字

6.3.2 制作产品展示图

下面对产品展示图的制作方法进行介绍，其具体操作如下。

（1）选择矩形工具，绘制矩形，在工具属性栏设置填充色为 RGB（245:245:245），设置宽度为 794 像素，高度为 66 像素，调整矩形位置，如图 6-61 所示。

图 6-61 绘制矩形

（2）双击该图层，打开“图层样式”对话框，选择“描边”选项，设置大小为 1 像素，单击颜色色块，打开“拾色器”对话框，设置颜色为 RGB（179:172:172），单击确定按钮，返回“图层样式”对话框，如图 6-62 所示。

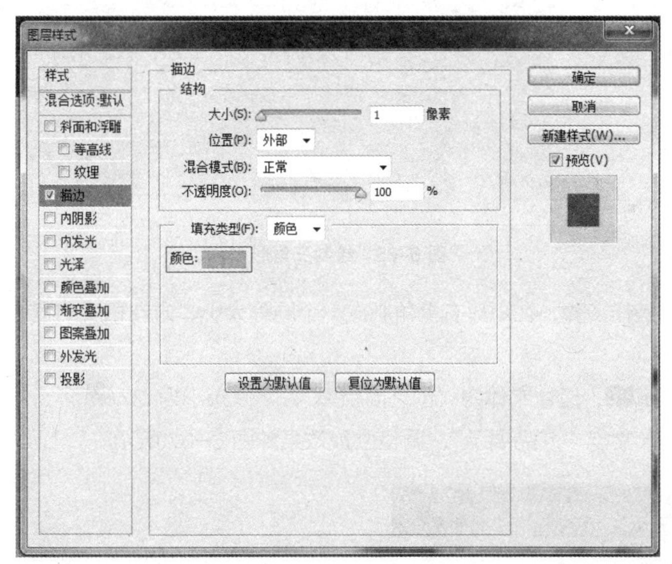

图 6-62 设置描边样式

（3）点击确定按钮，设置描边后的效果如图 6-63 所示。

图 6-63 设置描边后的效果

（4）绘制矩形，在工具属性栏设置填充色为 RGB（252:113:32），设置宽度为 137 像素，高度为 73 像素，调整位置，效果如图 6-64 所示。

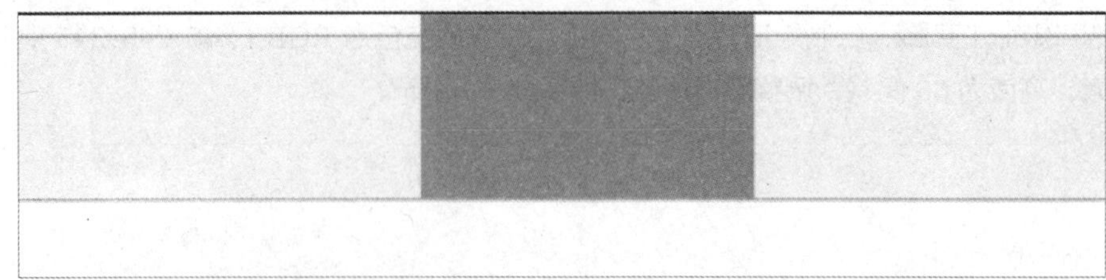

图 6-64　绘制橘色框

（5）选择钢笔工具，新建图层，在橙色矩形左上角，创建 3 个点，形成一个直角三角形，按住【Crtrl+Enter】组合键，进入编辑状态，设置前景色为 RGB（191:2:0）。选择油漆桶工具，单击三角形，填充前景色，效果如图 6-65 所示。

图 6-65　绘制三角形

（6）使用同样的操作步骤，在矩形右上角制作一个同等大小、方向相反的直角三角形，如图 6-66 所示。

（7）选择文字工具，设置字体为“创艺简粗黑”，字体大小为 27.69 点，字体颜色为白色 RGB（255:255:255），输入文字“产品展示”，调整位置效果如图 6-67 所示。

图 6-66　绘制另一个三角形

图 6-67　输入文字

（8）选择【文件】→【打开】命令，在打开的“打开”对话框中选择需要打开的素材，单击 打开(O) 按钮，打开素材，如图 6-68 所示。

图 6-68　打开素材图

（9）双击图片图层，新建图层，如图 6-69 所示。

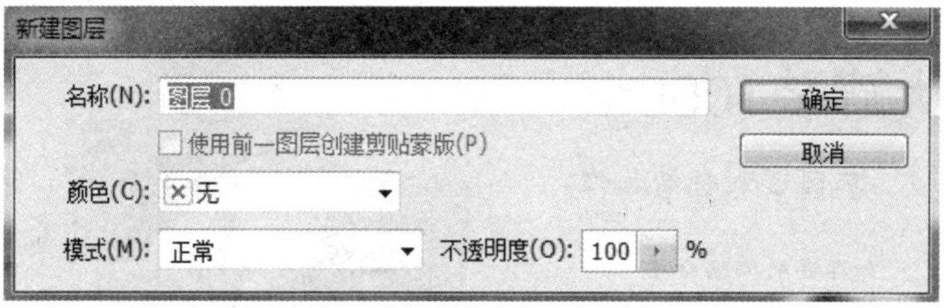

新建图层

名称(N): 图层 0　　确定

使用前一图层创建剪贴蒙版(P)　　取消

颜色(C): 无

模式(M): 正常　　不透明度(O): 100 %

图 6-69　新建图层

（10）将图片拖到主页中，合理调整大小和位置，效果如图 6-70 所示。

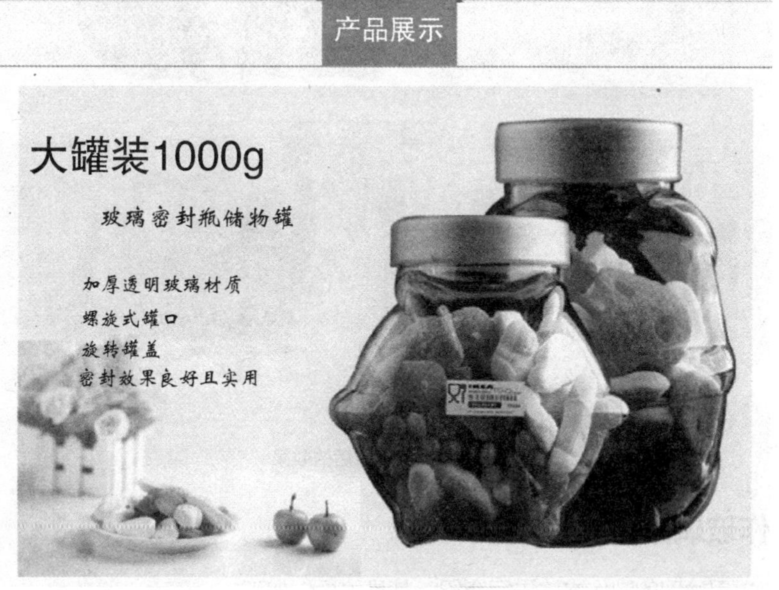

图 6-70　调整大小和位置

（11）使用相同的操作步骤，打开如图 6-71 和图 6-72 所示的罐头素材。

图 6-71　插入素材

图 6-72　插入另一个素材

（12）将两个罐头素材拖到主页中，调整位置，效果如图 6-73 所示。

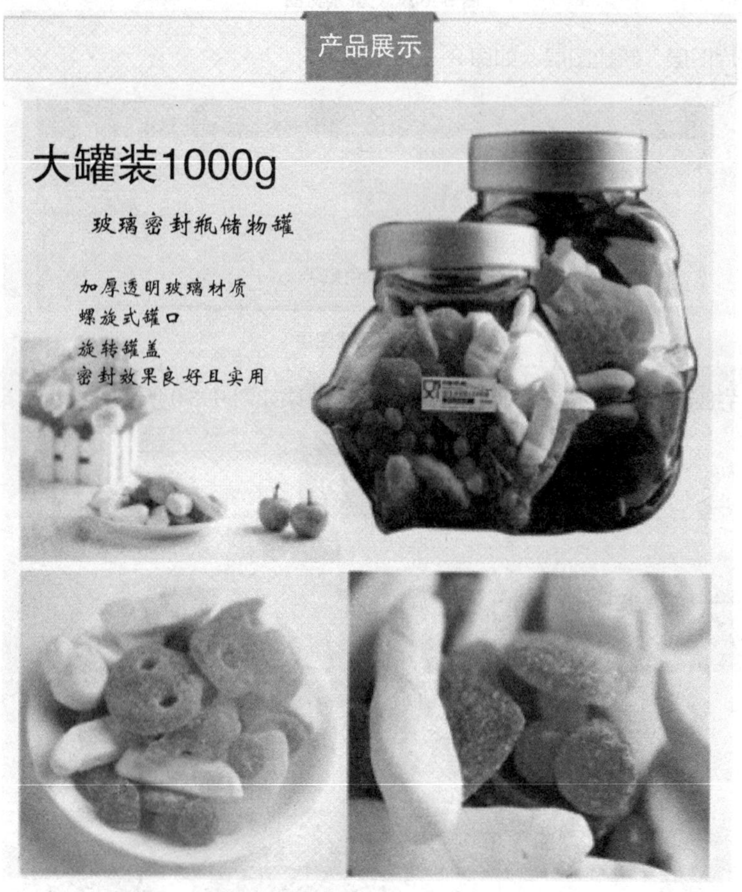

图 6-73　调整素材后的效果

6.3.3　制作玻璃罐用途图

下面对玻璃罐用途图的制作方法进行介绍，其具体操作如下。

（1）选择矩形工具▣，绘制矩形，在工具属性栏设置填充色为 RGB（245:245:245），设置宽度为 794 像素，高度为 66 像素，调整位置，如图 6-74 所示。

图 6-74　绘制矩形

（2）双击该图层，打开“图层样式”对话框，选择“描边”选项，设置大小为 1 像素，设置颜色为 RGB（179:172:172），单击［确定］按钮，如图 6-75 所示，设置描边样式后的效果如图 6-76 所示。

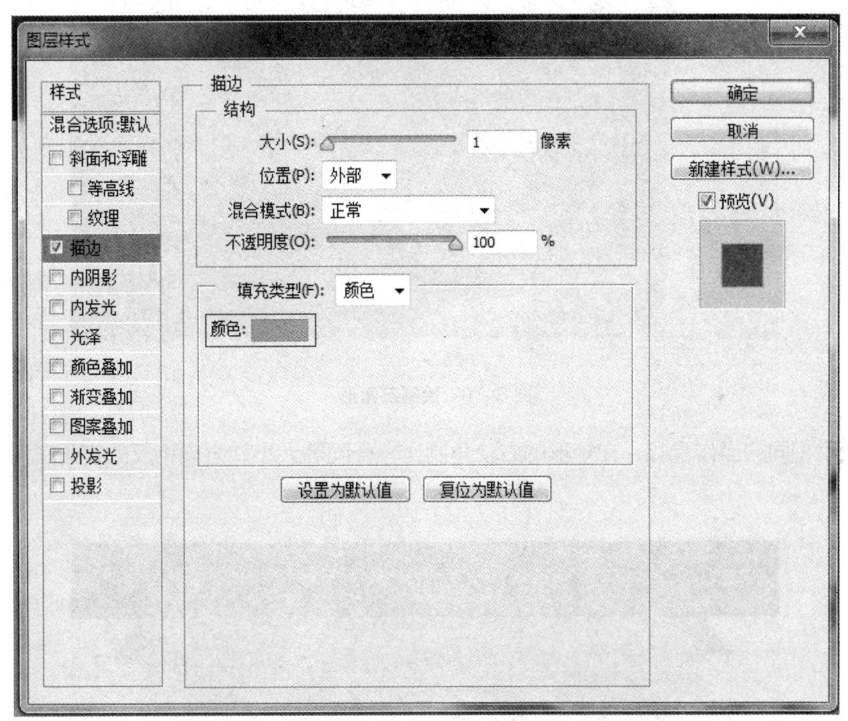

图 6-75　设置描边样式

图 6-76　查看描边效果

（3）绘制矩形，在工具属性栏设置填充色为 RGB（252:113:32），设置宽度为 137 像素，高度为 73 像素，调整位置，效果如图 6-77 所示。

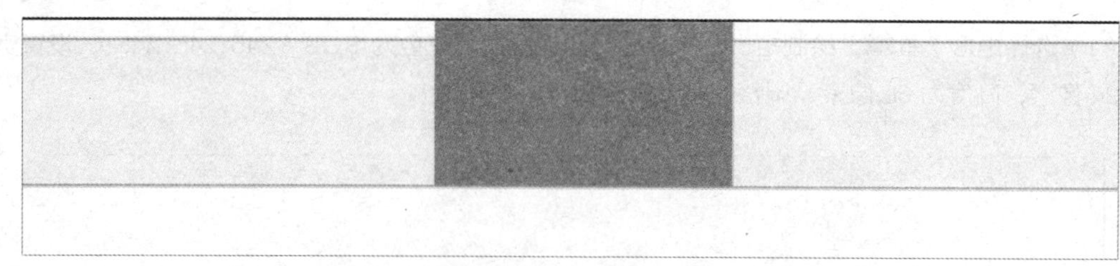

图 6-77　绘制矩形

（4）选择钢笔工具，新建图层，在橙色矩形左上角，创建 3 个点，形成一个直角三角形，按住【Ctrl+Enter】组合键，进入编辑状态，设置前景色为 RGB（191:2:0）。选择油漆桶工具，单击三角形，填充前景色，如图 6-78 所示。

图 6-78　绘制三角形

（5）使用相同的操作步骤，在矩形的右上角制作一个同等大小、方向相反的直角三角形。效果如图 6-79 所示。

图 6-79　绘制另一个三角形

（6）选择文字工具，设置字体为“创艺简粗黑”，字体大小为 27.69 点，字体颜色为 RGB（255:255:255），输入文字“玻璃罐用途”，调整位置，效果如图 6-80 所示。

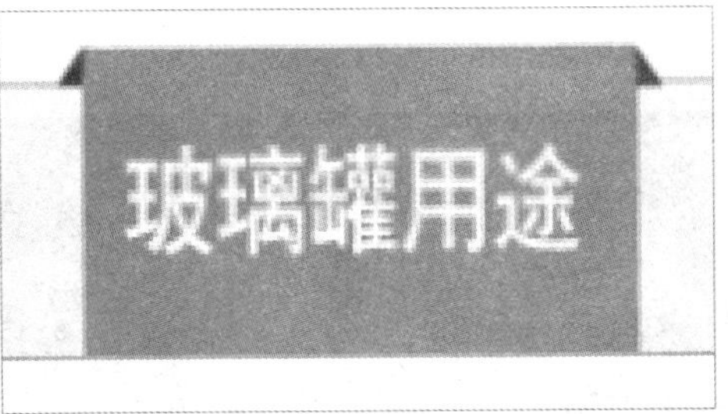

图 6-80 输入文字

（7）选择【文件】→【打开】命令，打开素材，如图 6-81 所示。

图 6-81 打开素材

（8）双击图片图层，新建图层，如图 6-82 所示。

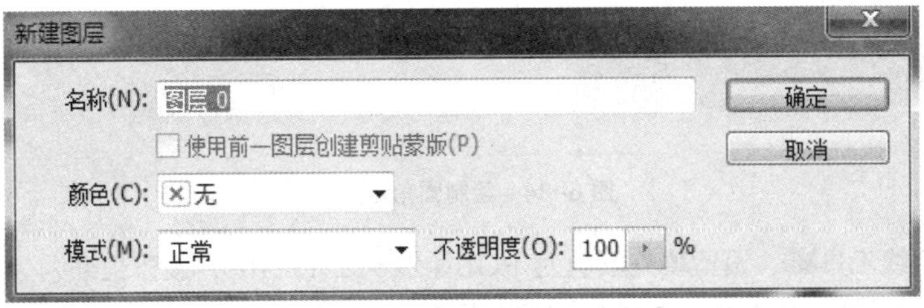

新建图层
名称(N): 图层 0　确定
使用前一图层创建剪贴蒙版(P)　取消
颜色(C): 无
模式(M): 正常　不透明度(O): 100 %

图 6-82 新建图层

（9）将图片拖到主页中，合理调整大小和位置，效果如图 6-83 所示。

图 6-83 调整图片位置

（10）选择圆角矩形工具，在工具属性栏设置填充色为 RGB（252:113:32），设置宽度为 200 像素，高度为 32 像素，单击主页空白处，打开“创建圆角矩形”对话框，单击 确定 按钮，绘制圆角矩形，调整位置，效果如图 6-84 所示。

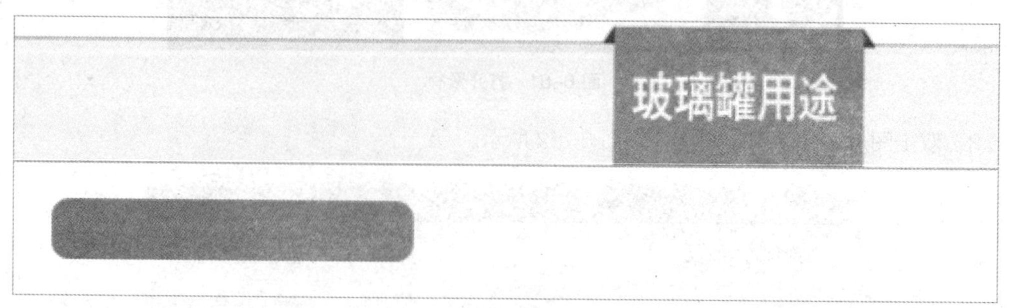

图 6-84 绘制圆角矩形

（11）选择直线工具，设置填充颜色为 RGB（225:221:216），设置粗细为 1 像素，在圆角矩形的右下角单击向右滑行，绘制一条直线，效果如图 6-85 所示。

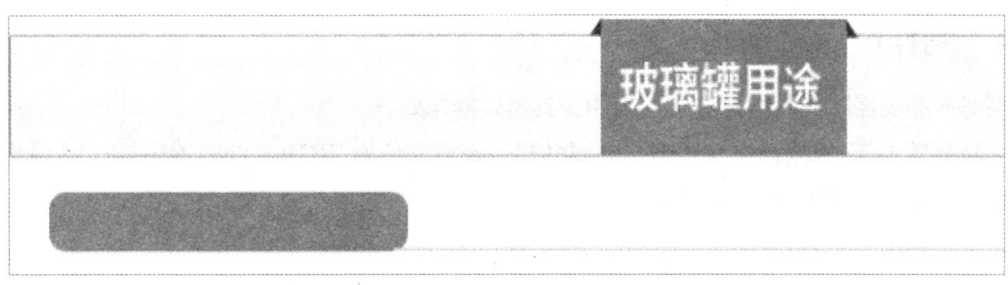

图 6-85　绘制直线

（12）选择文字工具T，设置字体为“汉仪大黑简”，字体大小为 20.27 点，犀利，字体颜色为 RGB（255:255:255），输入文字“请使用玻璃密封罐”，调整位置，效果 6-86 所示。

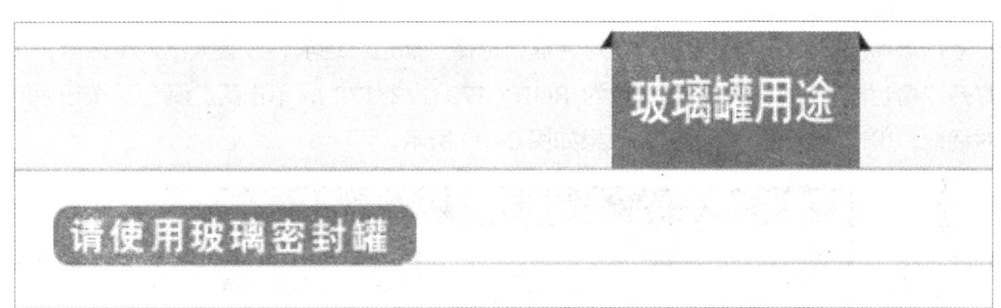

图 6-86　输入圆角矩形文字

（13）新建图层，设置字体为“汉仪中简黑”，设置字体大小为 16.24 点，字体颜色为 RGB（0:0:0），输入文字“玻璃密封储物罐，安全放心”，调整位置，效果如图 6-87 所示。

图 6-87　输入文字

（14）新建图层，其他不变，设置字体大小为 18 点，输入文字“玻璃密封储物罐凭借着干净、卫生、易清洗、便捷性、多功能等优势，受到大家好评！”，其中“玻璃密封储物罐”颜色设置为 RGB（0:0:0），“凭借着”，“等优势，受到大家好评！”文字颜色设置为 RGB（77:184:240），“干净、卫生、易清洗、便捷性、多功能”文字颜色为 RGB（252:113:32），如图 6-88 所示。

图 6-88　输入其他文字

6.3.4　制作产品规格图

下面对产品规格图的制作方法进行介绍，其具体操作如下。

（1）选择矩形工具，绘制矩形，在属性栏设置填充色为 RGB（245:245:245），设置宽度为 794 像素，高度为 66 像素，效果如图 6-89 所示。

图 6-89　绘制矩形

（2）双击该图层，打开“图层样式”对话框，选择“描边”选项，设置大小为 1 像素，单击颜色色块，打开“拾色器”对话框，设置颜色为 RGB（179:172:172），单击确定按钮返回“图层样式”对话框，单击确定按钮，效果如图 6-90 所示。

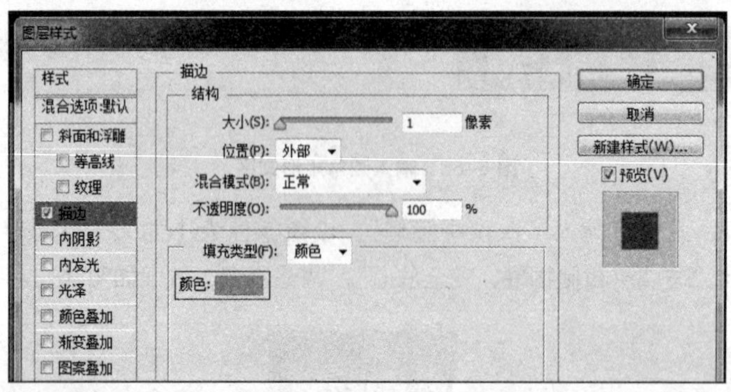

图 6-90　设置描边样式

（3）设置描边样式后的效果如图 6-91 所示。

图 6-91　设置描边样式后的效果

（4）绘制矩形，在工具属性栏设置填充色为 RGB（252:113:32），设置宽度为 137 像素，高度为 73 像素，调整位置，效果如图 6-92 所示。

图 6-92　绘制矩形

（5）选择钢笔工具，新建图层，在橙色矩形左上角，点击三个点，形成一个直角三角形，按住【Ctrl+Enter】组合键，进入编辑状态，设置前景色为 RGB（191:2:0）。选择油漆桶工具，单击三角形，填充前景色，效果如图 6–93 所示。

（6）使用相同的操作步骤，在矩形右上角制作一个同等大小、方向相反的直角三角形，效果如图 6–94 所示。

图 6–93　绘制三角形

图 6–94　绘制另一个三角形

（7）选择文字工具，设置字体为“创艺简粗黑”，字体大小为 27.69 点，字体颜色为 RGB（255:255:255），输入文字“产品规格”，调整位置，效果如图 6–95 所示。

图 6–95　输入文字

（8）选择矩形工具，绘制矩形，在工具属性栏设置填充色为 RGB（204:2:2），设置宽度为 127 像素，高度为 42 像素，再双击该图层，打开“图层样式”对话框，选择“描边”选项，设置大小为 1 像素，颜色为 RGB（0:0:0），单击 确定 按钮，如图 6–96 所示。调整位置，效果如图 6–97 所示。

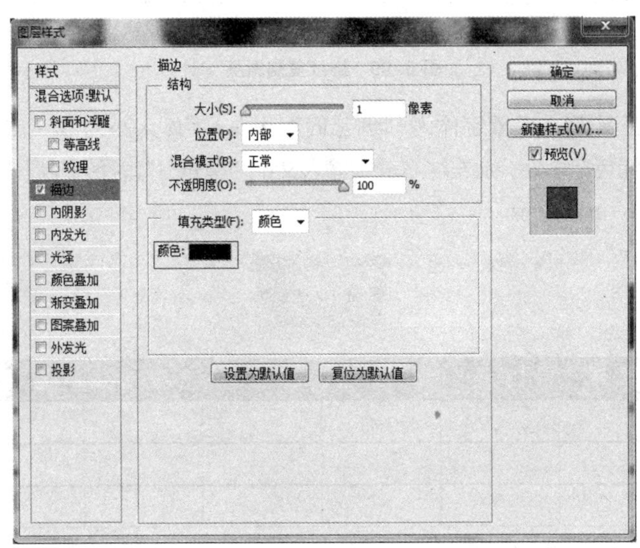

图 6–96　设置描边

产品规格

图 6-97 绘制矩形

（9）选择该图层，拖动至右下角“创建新图层”按钮上，复制 5 个图层，调整位置，效果如图 6-98 所示。

图 6-98 复制绘制的矩形

（10）再复制一个图层，选择该图层，重新调整颜色，设置填充色为 RGB（255:255:255），选择该图层，使用同样的操作步骤，复制 17 个，排列组合，形成一个 6×3 的矩形表格，效果如图 6-99 所示。

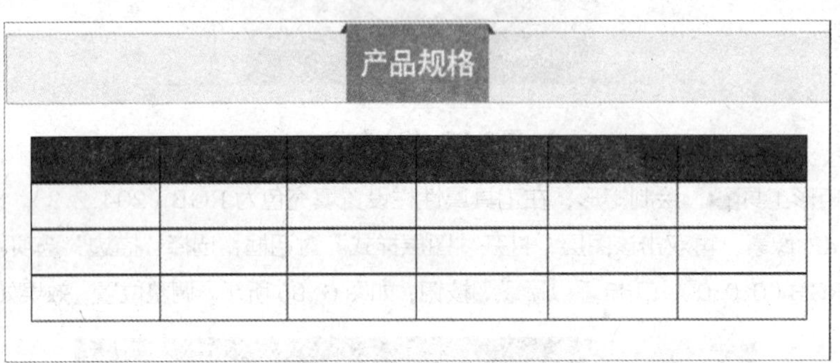

图 6-99 继续复制图层

（11）选择文字工具，设置字体为“创艺简粗黑”，字体大小为 22 点，字体颜色为 RGB（255:255:255），在红色矩形处，从左往右分别输入文字“型号”“口径”“高”“底”“容量”“重量”，调整位置，效果如图 6-100 所示。

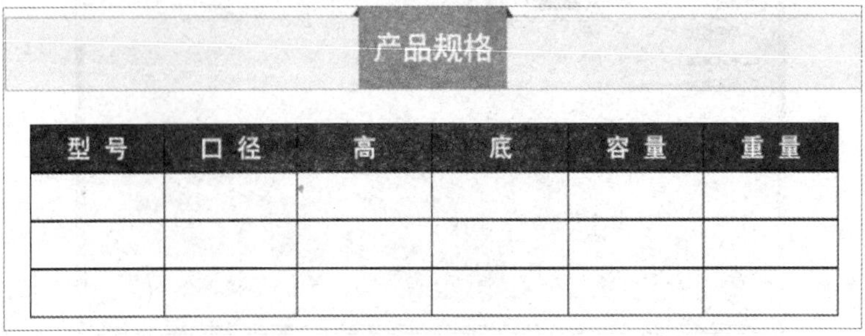

产品规格

型 号	口 径	高	底	容 量	重 量

图 6-100 输入文字

（12）第二排，从左往右分别输入“MFG08-950”“10cm”“11cm”“9.5cm”“950mL”“0.55kg”，调整位置，效果如图 6-101 所示。

产品规格

型 号	口 径	高	底	容 量	重 量
MFG08-950	10cm	11cm	9.5cm	950mL	0.55kg

图 6-101　输入表格中内容

（13）第三排，从左往右分别输入“MFG08-1300”“10cm”“15cm”“9.5cm”“1300mL”“0.75kg”，调整位置，效果如图 6-102 所示。

产品规格

型 号	口 径	高	底	容 量	重 量
MFG08-950	10cm	11cm	9.5cm	950mL	0.55kg
MFG08-1300	10cm	15cm	9.5cm	1300mL	0.75kg

图 6-102　输入第三排文字

（14）第四排，从左往右分别输入“MFG08-1750”“10cm”“19cm”“9.5cm”“1750mL”“1.0kg”，调整位置，效果如图 6-103 所示。

产品规格

型 号	口 径	高	底	容 量	重 量
MFG08-950	10cm	11cm	9.5cm	950mL	0.55kg
MFG08-1300	10cm	15cm	9.5cm	1300mL	0.75kg
MFG08-1750	10cm	19cm	9.5cm	1750mL	1.0kg

图 6-103　输入第四排文字

实战训练

请根据自行选定的玻璃制品类商品图片素材，使用 Photoshop CS6 软件完成商品详情页的制作（可参照玻璃糖果罐详情页形式）。

任务评价

自我评价

<table>
<tr><th rowspan="2" colspan="2">主要内容</th><th colspan="4">自我评价等级（在符合的情况下面打“√”）</th></tr>
<tr><th>全都做到了</th><th>大部分（80%）做到了</th><th>基本（60%）做到了</th><th>没做到</th></tr>
<tr><td colspan="2">详情页制作</td><td></td><td></td><td></td><td></td></tr>
<tr><td rowspan="4">自我总结</td><td>我的优势</td><td colspan="4"></td></tr>
<tr><td>我的不足</td><td colspan="4"></td></tr>
<tr><td>我的努力目标</td><td colspan="4"></td></tr>
<tr><td>我的具体措施</td><td colspan="4"></td></tr>
</table>

小组评价

<table>
<tr><th rowspan="2">主要内容</th><th colspan="4">小组评价等级（在符合的情况下面打“√”）</th></tr>
<tr><th>全都做到了</th><th>大部分（80%）做到了</th><th>基本（60%）做到了</th><th>没做到</th></tr>
<tr><td>详情页制作</td><td></td><td></td><td></td><td></td></tr>
<tr><td>建议</td><td colspan="4">组长签名：　　　　　　　　年　　月　　日</td></tr>
</table>

教师评价

主要内容	教师评价等级（在符合的情况下面打"√"）			
	优秀	良好	合格	不合格
详情页制作				
评语	教师签名：　　　　年　　月　　日			

项目小结

本项目首先介绍了玻璃糖果罐的拍摄，其次介绍了玻璃糖果罐商品图片的美化，最后介绍了玻璃糖果罐商品详情页的制作。

本项目的操作过程不仅实现了图片的拍摄，还运用了项目四所学的图片美化，以及项目三所学的为商品添加文字的方法，并配合拍摄的玻璃糖果图片完成商品详情页的制作。制作过程不仅能让消费者清晰地了解玻璃糖果罐的完整商品内容，还使整个采编制作过程更加符合中国职业教育的特点和要求（定位于培养能熟练处理图片，能制作商品详情页的应用型商品采编工作人员）。